„Unser Lebensstil ist die wirkungsvollste Medizin, die wir kennen – mit dem Potenzial, dem Leben nicht nur Jahre hinzuzufügen, sondern das Mehr an Jahren auch mit Leben zu erfüllen und das Risiko für alle schweren chronischen Erkrankungen um 80 Prozent zu senken – das Essen spielt hierbei eine Schlüsselrolle. Mit diesem wunderbaren Buch verschreibt Sue Radd die perfekte Arznei in all ihrer Vielfalt: Essen als Quell großen Genusses und bester Gesundheit."

– Dr. David Katz, Leiter des Zentrums für Präventionsforschung, Medizinische Fakultät der Yale University, American College of Lifestyle Medicine; Gründer der True Health Initiative

„Dies ist ein bitter nötiges, umfassendes Buch, das sich auf nachweislich gesunde Essgewohnheiten konzentriert. Der sehr praxisnahe Ansatz, jedoch untermauert durch medizinische Fakten, wird bei einer großen Leserschaft Anklang finden. Obwohl dieses Buch in erster Linie für all jene überaus wertvoll sein wird, die bereits Probleme mit Übergewicht, Diabetes oder Herzleiden haben, können auch andere bisher beschwerdefreie (jedoch mehrheitlich gefährdete) Menschen gleichsam großen Nutzen daraus ziehen - denn hiermit werden sie in die Lage versetzt, bis ins hohe Alter ihre Gesundheit zu erhalten."

– Dr. Gary Fraser, Professor für Medizin, School of Medicine, und Professor für Epidemiologie, School of Public Health, Loma Linda University, Kalifornien, USA; Klinischer Studienleiter, Adventist Health Studies

„Sue Radd ist eine Koryphäe zum Thema „Essen fürs Leben – gewusst wie", und dieses wunderbar aufgemachte Buch mit herausragendem Inhalt wird Ihren Appetit auf mehr Gesundheit anregen."

– Dr. Darren Morton, Studiengang-Leiter, Postgraduate Studies in Lifestyle Medicine, Lifestyle Research Centre, Avondale College of Higher Education, Cooranbong, Australien; Autor von „Live More: Active"

„Was für einen beeindruckenden Wissensfundus dieses Buch bietet! Aus pädagogischer Sicht ist es sehr überzeugend – und für mich als Organisatorin von Kochdemonstrationen ist es von unschätzbarem Wert!"

– Carol Boehm, Hauswirtschaftslehrerin und staatliche Gesundheitspädagogin, Sydney, Australien

„Wenn Ihnen Gesundheit, gutes Essen oder Ernährung ein Anliegen sind, empfehle ich diese reiche Sammlung an genussvollen und heilsamen Rezepten mit praktischen Informationen einer erfahrenen Ernährungspädagogin. Ein Werk, das einfach in jede Bibliothek gehört und auch in Ihrem Buchregal nicht fehlen sollte."

– Elaine Tam, Wissenschaftliche Bibliothekarin, Universitätsbücherei, Universität Sydney, Australien

HEALTH FOOD

150 GESUNDE UND GENUSSVOLLE REZEPTE FÜR DIE GANZE FAMILIE

Dank

Für Nicholas, meine inspirierende Großmutter und meine Eltern – ich danke euch und
den Tausenden von Patienten, die ich bisher beraten habe, ganz herzlich.

Sue Radd

HEALTH FOOD

150 GESUNDE UND GENUSSVOLLE REZEPTE FÜR DIE GANZE FAMILIE

INHALT

ENTDECKEN SIE DAS HEALTH-FOOD-KOCHBUCH

Gute Ernährung und gesundheitliche Fitness fängt in der Küche an!

In den frühesten Erinnerungen an meine Kindheit in Kroatien sehe ich meine Großmutter an ihrem Holzofen im Küchengarten stehen – während ich auf ihre Kirschbäume klettere. Sie war es, die mir stets den Wert von frisch gekochten Speisen und „ungespritzten" Zutaten vermittelt hat.

In meiner Arbeit als diplomierte Ernährungsberaterin verschrieb ich meinen Patienten jahrelang eine medizinische Ernährungstherapie. Als jedoch Wissenschaftler zunehmend über klinische Studien berichteten, die den verblüffenden gesundheitlichen Nutzen einer rein pflanzlichen Kost nachwiesen, konzentrierte ich mich immer stärker darauf, Menschen beizubringen, Essen ganz praktisch als Medizin einzusetzen.

2009 startete ich in der Demo-Küche der Klinik in Syndey, an der ich beschäftigt war, mit einer Reihe von kulinarisch-medizinischen Kochseminaren. Diese sollten wichtige, klinisch verordnete Ernährungspläne keineswegs ersetzen, sondern ein zusätzliches Angebot sein, um Patienten wohlschmeckende Gerichte näherzubringen, die ihrer Gesundheit guttaten und die sie zu Hause schnell und umkompliziert nachkochen konnten. Inzwischen haben wir über 86 Kochevents mit 1.720 Teilnehmern veranstaltet!

Meine Entdeckung

Die Erfahrung, dass gesunde Lebensmittel auch lecker schmecken, kann Sie zu einer tatsächlichen Ernährungsumstellung motivieren.

Oft reagieren Ärzte hellauf begeistert auf meine Kochevents und berichten mir, dass sie an nur einem Abend mehr über die Bekämpfung chronischer Erkrankungen gelernt hätten als während ihrer gesamten Ausbildungszeit! Und sie gehen anschließend voll neuer Inspiration nach Hause, um ihre Lebens- und Ernährungsweise zu optimieren.

Genau dafür habe ich dieses Gesundheits-Kochbuch geschrieben. Es gibt Ihnen Empfehlungen an die Hand, wie Sie mit vollwertigem und leckerem Essen nicht nur ein längeres Leben, sondern auch eine höhere Lebensqualität erreichen; denn mit der richtigen Kost lassen sich die fatalen Auswirkungen schleichender Erkrankungsprozesse bekämpfen. Die Umsetzung ernährungswissenschaftlicher Erkenntnisse kann den Bedarf an Medikamenten und chirurgischen Eingriffen erheblich verringern. Ebenso können tödlich verlaufende chronische Erkrankungen in vielen Fällen abgewendet oder sogar rückgängig gemacht werden.

Leider hat heilendes Essen trotz des rasanten medizinischen Fortschritts in den letzten Jahren noch immer einen viel zu geringen Stellenwert. Nur wenige Universitäten oder Krankenhäuser bieten medizinisch ausgerichtete Kochkurse an, um zukünftigen Ernährungsexperten wie auch Patienten eine gesundheitserhaltende Lebensweise zu vermitteln. Wie hilfreich wäre es doch, wenn man chronisch Kranken schon im Krankenhaus zeigte, wie sie im Rahmen ihrer Behandlung und Rehabilitation wohlschmeckende Gerichte mit Heileffekt zubereiten können.

Als erfahrene Ernährungswissenschaftlerin und Diätassistentin, die gerade im Rahmen einer Doktorarbeit herausfinden will, wie sich durch die richtige Ernährung das Demenzrisiko verringern lässt, habe ich mich unzählige Stunden mit wissenschaftlichen Studien befasst, um Ihnen hier die neuesten Denkansätze zum Thema Essen als Medizin vorzustellen. Wiederholt hat die Ernährungsforschung gezeigt, dass pflanzliche Kost (Seite 334) mit natürlichen, minimal bearbeiteten Lebensmitteln am gesündesten ist. Eine rein pflanzliche Ernährung bekämpft auf verschiedenen Ebenen die Ursachen einer Erkrankung, statt nur an den Symptomen herumzudoktern.

Mit fortschreitendem Alter wird zunehmend wichtiger, was wir essen. Unsere Ernährung kann Krankheitsverläufe beschleunigen oder abbremsen. Niemand kann sich dem entziehen. Es ist wissenschaftlich erwiesen, dass sich unser Leben durch regelmäßige Bewegung, pflanzliche Ernährung, den täglichen Verzehr einer Handvoll Nüsse, ein konstantes Körpergewicht und den Verzicht auf Nikotin um zehn Jahre verlängern lässt.

Das Beste aber ist, egal, ob Sie gesund bleiben oder einer fortschreitenden Erkrankung entgegenwirken wollen: Für eine gesunde Ernährung ist es nie zu spät – Ihre Gesundheit wird es Ihnen danken!

Hier ist mein Geschenk an Sie: 150 meiner besten Rezepte, die Ihnen zeigen, wie Sie Essen als Medizin für sich nutzen können. Dazu finden Sie im letzten Drittel des Buches (ab Seite 320) ein wissenschaftliches Resümee. Sie können das Buch Seite für Seite lesen, je nach Interesse einzelne Abschnitte studieren oder nur die Rezepte ausprobieren.

Ich hoffe, Sie werden beim Aufstellen des Speiseplans für Ihre Familie diese Seiten immer wieder durchblättern. Meine Rezepte sind auch hilfreich, wenn Sie regelmäßig für größere Gruppen kochen, oder wenn Sie als Ernährungsexperte oder Gesundheitspädagoge tätig sind und Ihren Patienten oder Studierenden einen praxisnahen Ernährungsleitfaden für gesünderes Kochen an die Hand geben wollen.

Ob Sie nun in Eigenregie oder in Abstimmung mit Ihrem Hausarzt oder Heilpraktiker nach diesem Buch kochen – dieser Wellness-Fahrplan erspart Ihnen, so hoffe ich, einige Krankenhausaufenthalte, er reduziert Ihren Bedarf an Medikamenten und gibt Ihnen neuen Schwung. Genießen Sie diese Gerichte und erfreuen Sie sich bester Gesundheit!

Dem Leben zuliebe,

Sue Radd
Anerkannte praktizierende Ernährungswissenschaftlerin und Leiterin der Diätabteilung der Nutrition and Wellbeing Clinic *in Sydney (Australien)*

www.sueradd.com

Was Sie lernen werden ...

Genießen Sie traditionelle Rezepte mit pflanzlichen Zutaten (Seite 27) in moderner Form, inklusive aller wissenschaftlich nachgewiesenen Vorteile.

Ändern Sie Ihre Vorratshaltung (Seite 16) und bereiten Sie einfache Mahlzeiten (Seite 312) gekonnt zu.

Entdecken Sie, warum es auf jede Mahlzeit ankommt (Seite 322) und wie Ihr Essverhalten die Genexpression steuert (Seite 327). Dies ist umso wichtiger bei einer familiären Vorbelastung.

Erfahren Sie, wie sich – ähnlich wie bei medikamentösen Behandlungen – durch eine gesunde Ernährung eine Reihe positiver Auswirkungen zeigt (Seite 328).

Erkennen Sie, warum Ihr Wohlbefinden vom Zeitpunkt der Nahrungsaufnahme (Seite 325) beeinflusst wird und warum gedankenloses Essen gefährlich ist.

Von Bio-Lebensmitteln (Seite 370), Rohkost-Trends (Seite 372) und Alkohol (Seite 370) bis hin zu rotem Fleisch (Seite 364), mit Zucker gesüßten Getränken (Seite 369) und Nahrungsergänzungsmitteln (Seite 368) – Informieren Sie sich über die wichtigen Themen, über die man heute spricht, damit Sie selbst entscheiden können, wie viel und was Sie essen wollen.

Lernen Sie die gesündesten Zubereitungsmethoden (Seite 378) kennen und erfahren Sie, welche Behälter und welches Kochgeschirr Sie am besten verwenden (Seite 20), um die toxische Belastung durch Schadstoffe, die in Ihr Essen übergehen können, zu minimieren (Seite 381). Ab sofort werden Sie eine Pfanne mit Antihaftbeschichtung in einem anderen Licht sehen!

Meine Kernbotschaft ist, dass die Qualität und nicht die Menge Ihrer Kalorien (oder Kilojoules) am wichtigsten ist. Wenn Sie die in diesem Buch beschriebene gesunde Ernährungsweise beibehalten, werden Sie wahrscheinlich nie wieder eine Diät machen müssen. Meine Patienten erzählen mir, dass sie sich selbst beim Abnehmen ausreichend satt fühlen. Das liegt vor allem an den volumigen pflanzlichen Mahlzeiten mit natürlichen Zutaten, die rundum sättigen. Wenn Sie einen klassischen Diätplan einhalten, können Sie kurzfristig vielleicht etwas an Gewicht verlieren, indem Sie sich bei jeder Mahlzeit streng an die Vorschriften halten (Seite 332). Mein Ansatz besteht jedoch darin, Ihnen beizubringen, wie und warum Sie Ihre Ernährung auf eine pflanzliche Kost umstellen sollten, damit Ihre Gesundheit ein Leben lang erhalten bleibt.

Erkrankungen, deren Heilungschancen sich durch Rezepte aus diesem Kochbuch verbessern

Angesichts der vermehrten wissenschaftlichen Belege dafür, dass sich die Risiken vieler chronischer Erkrankungen im Zusammenhang mit einer modernen Ernährung durch pflanzliche Kost reduzieren beziehungsweise besser in den Griff bekommen lassen, können Sie die aromatischen Köstlichkeiten aus diesem Kochbuch absolut unbeschwert genießen – Pflanzenkost hilft gegen:

- Adipositas
- Angststörungen
- Asthma
- Darmentzündung (Morbus Crohn und Colitis ulcerosa)
- Demenz (inklusive Alzheimer)
- Depression
- Diabetes
- Divertikulose
- Emphysem
- Fettleber
- Gallensteine
- Gelenkrheumatismus
- Gicht
- Grauer Star

- Herzinfarkt (inklusive erhöhtem Cholesterinspiegel und Bluthochdruck)
- Insulinresistenz
- Makuladegeneration
- Multiple Sklerose (MS)
- Nierensteine
- Parkinson
- PCO-Syndrom (polyzystisches Ovar-Syndrom)
- Rückgang der Nierenfunktion
- Stoffwechsel-Syndrom
- Verstopfung

SCHÄDLICHES ESSEN
HEILENDES ESSEN

Entscheiden Sie sich für das richtige Essen!

Du bist, was du isst – jeder Bissen zählt!

Die gute Nachricht zuerst: Ihr Körper weiß instinktiv, wie er sich selbst regeneriert und seine Gesundheit erhalten kann. Allerdings treten sowohl die schädigenden Wirkungen wie auch die notwendigen Selbstregulierungsprozesse schneller ein, als gedacht. Je früher Sie selbst beginnen, den Schaden rückgängig zu machen, desto besser! Gesunde Menschen führen meist auch ein glücklicheres Leben. Die mediterrane Kost, als Beispiel für eine überwiegend pflanzliche Ernährungsweise, wird schon lange mit einem niedrigeren Risiko für Depression, Schlaganfall und Demenz in Verbindung gebracht – Zivilisationserkrankungen, die uns in der modernen Welt heimsuchen.

10 REGELN FÜR EINE GESUNDE ERNÄHRUNG

Einige Lebensmittel heilen, andere schaden. Doch Sie können etwas tun, um sich fit zu essen:

1. *Genießen Sie farbenfrohe Mahlzeiten mit natürlichen beziehungsweise nur wenig bearbeiteten pflanzlichen Zutaten mit wenigen oder keinen Zusatzstoffen. Sie sind gesünder und tierfreundlicher und schonen die Ressourcen unseres Planeten.*

2. *Planen Sie Mahlzeiten mindestens einen Tag im Voraus. Das beschert Ihnen eine größere Vielfalt.*

3. *Essen Sie drei sättigende Mahlzeiten pro Tag, immer etwa zur gleichen Zeit und nicht zu spät am Abend. Vermeiden Sie zwischendurch das Naschen von Fertigsnacks, selbst wenn „bio" draufsteht.*

4. *Kochen Sie mit saisonalen Produkten: Sie schmecken besser, enthalten mehr Nährstoffe und sind günstiger.*

5. *Wenn Sie im Alltag zu stark ausgelastet sind, um jeden Abend frisch zu kochen, bereiten Sie am Wochenende drei Rezepte in größeren Mengen zu – wie etwa indisches Dal mit Linsen, Kichererbsen-Curry oder Suppe. Bewahren Sie das Essen portionsweise im Kühlschrank oder im Tiefkühlfach für die darauffolgende Woche auf. Servieren Sie zu den Mahlzeiten einen frischen Salat.*

6. *Machen Sie sich ein Lunchpaket (eventuell auch eine Frühstücksbox), wenn Sie außer Haus arbeiten. Reste von selbst gemachten Speisen sind hierfür ideal.*

7. *Essen Sie gemeinsam mit jemandem, den Sie mögen oder mit dem Sie sich gut unterhalten können, aber auf keinen Fall bei laufendem Fernseher oder mit elektronischen Geräten nebenbei. Seien Sie Ihren Kindern ein gutes Vorbild!*

8. *Essen Sie langsam und achtsam, und hören Sie auf Ihr Sättigungsgefühl, bevor Sie sich einen Nachschlag nehmen. Warten Sie zuerst 20 Minuten.*

9. *Essen Sie mehr Gerichte aus aller Welt und suchen Sie sich das Beste heraus, was zum Beispiel die indische, japanische, libanesische, griechische oder italienische Küche zu bieten hat. Lassen Sie sich von Familie oder Freunden zeigen, wie man traditionelle Gerichte mit pflanzlichen Zutaten zubereitet.*

10. *Suchen Sie nicht nach dem Allheilmittel. Es geht vor allem um ein umfassendes vollwertiges Ernährungskonzept. Die Qualität der Lebensmittel ist immer wichtiger als ihre Menge, unabhängig vom persönlichen Gewicht.*

Zubereitung einer gesunden Mahlzeit

Viele Menschen möchten durch besseres Essen ihr Wohlbefinden steigern. Nach einer 2010 in Australien durchgeführten Umfrage ernährten sich 70 Prozent der Bevölkerung teilweise pflanzlich, in dem Glauben, durch geringeren Fleischkonsum und mehr pflanzliche Lebensmittel ihre Gesundheit verbessern zu können. Sogar teurere Restaurants präsentieren immer häufiger Speisekarten mit überwiegend saisonalem Gemüse. Sie drängen Fleisch an den Rand des Tellers und verzichten manchmal sogar ganz darauf!

Fleisch muss nicht mehr im Rampenlicht stehen.
Gemüse sollte die Hauptrolle spielen.

Falls Sie sich Sorgen um die Eiweißzufuhr machen: In Wirklichkeit können Sie alle lebensnotwendigen Proteine aus Pflanzen beziehen (Seite 343). Sie müssen dazu nicht täglich rotes Fleisch, Geflügel oder Fisch essen. Eiweiß ist in Hülsenfrüchten, Vollkorngetreide, Nüssen, Samen und sogar in Gemüse enthalten – und über den Tag verteilt kommt da einiges zusammen.

Wie könnte eine gesunde, fleischfreie Mahlzeit aussehen?

Mein „Gesunder Teller" zeigt es Ihnen. Ob Sie nun einen flexitarischen Ansatz verfolgen – einschließlich dem gelegentlichen Stück Fleisch – oder Vegetarier werden wollen. Weiterführende Informationen zu verschiedenen Lebensmitteln – von Pilzen und Algen bis hin zu Speiseölen, Kräutern und Gewürzen – und ihre Wirkung auf die Gesundheit finden Sie auf Seite 342.

DER GESUNDE TELLER

Obst
Meist ganze Früchte

Vollkorn-getreide

Gemüse oder Salate

Pflanzliche Eiweiße

Milch-produkte
oder angereichertes
Soja

www.sueradd.com

Soll ich zum Vegetarier oder sogar zum Veganer werden?

Für gewöhnlich wird Ihr Körper auch bei einer rein pflanzlichen (veganen) Ernährung ausreichend mit Nährstoffen versorgt, wie es eine 2013 erschienene wissenschaftliche Beilage des *Medical Journal of Australia* mit dem Titel „Ist eine vegetarische Ernährung ausreichend?" zeigte. Bei einer Umstellung auf eine vegane Lebensweise erfordern einige Nährstoffe wie etwa Kalzium, Zink, Vitamin B_{12} und Omega-3-Fettsäuren zusätzlich Aufmerksamkeit. Angereicherte Lebensmittel und/oder Nahrungsergänzungsmittel (Seite 368) können unterstützend eingesetzt werden. Es ist empfehlenswert, sich professionell beraten zu lassen, denn schlechte Ernährungspläne können zu Mangelerscheinungen führen. Durch eine Diät- oder Ernährungsberatung (Seite 386) können Sie sicherstellen, dass Sie ein besseres Verständnis für eine bedarfsgerechte Speiseplanung erlernen.

Besser heute als morgen anfangen

Chronische Erkrankungen wie Krebs entwickeln sich über Jahrzehnte. Am besten ist es also, so früh wie möglich gesund zu essen; dabei zählt jede Mahlzeit! Ihre Vergangenheit können Sie nicht ändern, aber Sie können sich selbst – und Ihrer Familie – einen Gefallen erweisen, indem Sie vorangehen. Warum geben Sie sich nicht eine faire Chance im Kampf gegen die Krankheit?

Sie müssen nicht übergewichtig und bereits 40 sein, um einem Herzinfarkt entgegenzusteuern. Arterienverkalkung beginnt schon bei Kleinkindern! Allerdings kann es mit dem plötzlichen Motivationsschub schwierig sein, denn meist entsteht der unmittelbare Schaden durch ein ungesundes Essverhalten lautlos.

Einer der Nachteile des Älterwerdens liegt darin, dass sich unsere Selbstregulierungsmechanismen verlangsamen. Wir können dem Körper mehr Schaden zufügen, als er verkraftet. Wenn Sie also kein junger Hüpfer mehr sind bzw. im mittleren Lebensalter an Taillenumfang zugelegt haben, ist es wichtig, durch heilende Mahlzeiten aktiv zu werden. Eine gesundheitsbewusste Ernährung, die auch noch gut schmeckt, ist leichter umzusetzen, als Sie denken.

HEALTH FOOD AUF DEM TISCH

Der ultimative Küchen-Check

Sabotieren Vorratsschrank, Kühlschrank und Tiefkühlfach Ihre Gesundheitsziele?

Falls eine chronische Erkrankung bei Ihnen diagnostiziert wurde, Sie durch Risikofaktoren belastet sind oder Sie Ihre Familie einfach nur gesund ernähren wollen, dann ist es Zeit für ein Update im Vorratsschrank:

1. **Entfernen Sie alles, was nicht gesundheitsfördernd ist, aus Ihrem Vorratsregal.**
2. **Überprüfen Sie anhand der unten stehenden Checkliste den Inhalt Ihres Vorrats-schranks. Welche Vollwertprodukte fehlen? Notieren Sie diese auf Ihrer Einkaufsliste.**

Trotz unserer guten Absichten können wir uns nicht immer auf unsere Willenskraft verlassen. Laut Forschungen der Cornell University treffen Menschen rund 250 Ernährungsentscheidungen pro Tag. Die meisten davon werden automatisch vom Unterbewusstsein getroffen, deswegen ist es unmöglich, perfekt zu sein! Um Ihre Ziele zu erreichen, ist es hilfreich, ein gesundheitsförderliches Umfeld zu schaffen – zu Hause, am Arbeitsplatz oder unterwegs im Auto.

Was gehört in Vorratsschrank, Kühlschrank und Tiefkühlfach?

Um meinen Fokus auf eine Vollwerternährung zu richten, habe ich möglichst die nachfolgend aufgeführten Grundnahrungsmittel (Seite 17) im Vorrat. Je nachdem, welche Lebensmittelallergien oder Intoleranzen in Ihrer Familie bestehen, können Sie Ihren Grundstock anpassen oder aber entscheiden, inwieweit Sie Ihre Ernährung auf eine Pflanzenkost umstellen wollen. Selbst wenn Sie einige tierische Produkte verwenden, wird Ihnen meine praktische Liste helfen, im Kampf gegen chronische Erkrankungen wichtige Vollwertzutaten immer parat zu haben.

Planung und Zubereitung sind das Erfolgsgeheimnis für eine Veränderung des Lebenstils.

Nahrungsmittel, die ich regelmäßig essen sollte, haben bei mir absoluten Vorrang. In meinem Regal stehen Hülsenfrüchte und Vollkornprodukte in separaten Glasbehältern stets in Augenhöhe, sodass ich immer angespornt werde, sie im Wechsel zu essen.

Was Frischware betrifft, so versuche ich regelmäßig auf Bauernmärkten einzukaufen, um mir das saisonale Angebot bewusst zu machen.

Auch wenn einige Nahrungsmittel auf der Liste stehen, die Ihnen vielleicht nicht vertraut sind, geht es im ersten Schritt darum, für Abwechslung in der Küche zu sorgen. Fangen Sie gleich damit an und probieren Sie meine sättigenden Rezepte einfach aus!

Im Vorratschrank

> Vollkorngetreide aller Art, entweder als ganzes Korn, geschrotet oder als Flocken, wie etwa Hafer, Dinkel, Weizen, Reis, Buchweizen, Graupen, Quinoa, Hirse und andere Getreidesorten. Man denke hier beispielsweise an Haferflocken, grünen Hartweizen (Freekeh) und Bulgur; ebenso Vollkornnudeln in verschiedenen Formen sowie Vollkornmehl (vorzugsweise grob gemahlen) oder Grieß

> Sobanudeln (100 % Buchweizen), Glasnudeln aus Mungbohnen, Algennudeln

> Konnyaku-Produkte in Form von Nudeln, Reis, Blocks oder Bällchen

> Pumpernickel, Knäckebrot (möglichst Vollkorn) mit Körnern und Samen, Pappadums

> Sämtliche Kartoffelsorten; Carisma-, Nicola- und kleine Frühkartoffeln haben einen niedrigen Glykämischen Index (Glyx-Wert, abgekürzt auch GI)

> Hülsenfrüchte und Trockenbohnen aller Art, einschließlich Kichererbsen, schwarzer Bohnen, Borlotti- und Cannellini-Bohnen, Schwarzaugenbohnen, Kidneybohnen, Linsen (rote, braune und Puy-Linsen), Limabohnen, Mungbohnen, Spalterbsen u. Ä.; ebenso das jeweilige Mehl wie etwa Kichererbsen- und Lupinenmehl

> Strukturiertes Pflanzeneiweiß (getrocknetes Sojafleisch), Falafelmischung

> Nicht geröstete ganze Samen und Nüsse, einschließlich Chiasamen, Leinsamen, Walnüsse, Mandeln und Erdnüsse; ebenso Flohsamenschalen

> Trockenfrüchte wie Datteln, Feigen, Pflaumen, Birnen, Aprikosen, Cranberrys, Gojibeeren und Physalis

> Honig (dunklere Sorten enthalten mehr Antioxidantien), Ahornsirup, Agavendicksaft

> Nicht koffeinhaltige Kräutertees, einschließlich Rooibos, Zitrone, Ingwer, Kamille, Hagebutte, Hibiskusblüte und Pfefferminze

> Kakaopulver und Johannisbrotkernmehl in Rohkostqualität

> Kräuter und Gewürze aller Art; einschließlich orientalischer Gewürzmischungen wie 7-Gewürze-Pulver und Zahtar. Gemüsebrühen und Würzmittel, u. a. Misopaste, helle und dunkle Sojasauce/Tamari/Shoyu, Hefeextrakt als Würzmittel, Trockenpilze, Rotalgengranulat und Algenflocken aus der Streudose

> Tomate – als Nudelsauce, Püree, Tomatenmark und getrocknete Tomaten

> Speiseöl – kalt gepresstes Öl extra vergine, u. a. Olivenöl, Macadamianussöl, Avocadoöl, Senfsamenöl und Kürbiskernöl

> Säuerungsmittel wie Zitronen- oder Limettensaft, Essig (z. B. Apfelessig, Balsamico bianco), Sumach, Granatapfel-Melasse und Verjus (die beiden letzteren nach dem Öffnen im Kühlschrank aufbewahren)

Im Kühlschrank

> Saisonales Obst und Gemüse, Wurzel- und Kohlgemüse, Sprossen und Kräuter aller Art

> Aufstriche, inklusive Hummus, Baba-Ganoush, Pestos/Pasten aus Nüssen und Samen, Ajvar und frische Avocado

> Brot aus Keimen, z. B. Mehrkornbrot, Urkornbrot mit Kamut, Ezekiel-Brot

> Sojamilch und -joghurt, Mandelmilch, Reismilch – mit Kalzium und Vitamin B_{12} angereichert

> Tofu (fest, normal, seiden oder mariniert), Tempeh

> Für „Notfälle": Fertigsnacks wie Linsenburger, Soja-Frühstücksfleisch oder vegetarische Wurstspezialitäten

> Samen, u. a. Sesamsamen, Kürbiskerne, Sonnenblumenkerne, Chiasamen-Kleie

> Sesampaste (Tahin), z. B. für Hummus

> Speiseöl – kalt gepresstes Leinsamen- oder Chiasamenöl (aufgrund des hohen Gehalts an Omega-3-Fettsäuren leicht verderblich)

SOJASAUCE UND WAS MAN ÜBER SIE WISSEN SOLLTE

Sojasauce enthält pro Löffel weniger Natrium als Salz und verleiht Speisen die unverwechselbare Umami-Note – schmackhaft und würzig.

Chinesische Sojasauce wird „hell" oder „dunkel" angeboten. Letztere ist dickflüssiger und enthält gewöhnlich mehr Natrium. Meist wird sie ihrer Farbe wegen verwendet. Die helle Sauce ist dünner, weniger natriumhaltig und wird zum Aromatisieren benutzt. In der Regel verlangen Gerichte nach beiden Saucen in Kombination.

Japanische Sojasaucen werden meist in zwei Kategorien eingeteilt: Shoyu und Tamari. Shoyu ist die natürliche Sojasauce, während Tamari gewöhnlich weizenfrei ist (immer das Lebensmitteletikett lesen!). Tamari ist dicker, farbintensiver und kräftiger im Geschmack als Shoyu. Meist wird sie deswegen eher zum Eintunken als zum Kochen verwendet.

Alle Sojasaucen – sogar die salzreduzierten Sorten – haben einen hohen Natriumgehalt. Deshalb bitte sparsam verwenden! Wer Chemiezusätze vermeiden will, sollte die über sechs Monate bis zwei Jahre natürlich fermentierten/gebrauten Saucen wählen. Bei industriell hergestellter Massenware wird nämlich die Fermentation in nur sechs Wochen eingeleitet, und diese Saucen enthalten viele Zusatzstoffe wie Farbstoffe, Zucker und Konservierungsmittel. Die Sojasauce Bragg's Liquid Aminos (über das Internet zu beziehen) wird oft als gesündere Variante angeboten, hat jedoch noch immer einen hohen Natriumgehalt und ist kein natürlich gebrautes Produkt.

Im Tiefkühlfach

> In Scheiben geschnittenes Brot oder Wraps aus Vollkorngetreide, steingemahlenem Mehl oder auf Sauerteigbasis mit jeder Menge Samen und Schrot, wie etwa Soja und Leinsamen, dunkler Roggenteig, Dinkelsauerteig mit Sonnenblumenkernen

> Hochwertiges Frischobst – Beeren, überreife Bananen und Mangofleisch

> Hochwertiges Frischgemüse – Maiskolben, Erbsen, Edamame, gemischte Familienpackungen und gehackte Kräuter

> Frischer Ingwer, frische Kurkuma, frische Chilischoten, Curryblätter und Kaffir-Limettenblätter

> Nüsse/Samen ohne Schale, einschließlich Walnüsse, Cashewnüsse, Macadamianüsse, Mandeln und Paranüsse. (Durch die Aufbewahrung im Tiefkühlfach wird der Oxidationsprozess reduziert und Nährstoffe und Aromen bleiben erhalten.)

> Tiefgekühlter Quorn (vegetarischer Fleischersatz aus fermentiertem Schimmelpilz auf Mykoproteinbasis) sowie andere pflanzliche Eiweißprodukte

LEINSAMEN RICHTIG AUFBEWAHREN

Mahlen Sie mit einer Kaffeemühle kleine Mengen Leinsamen und bewahren Sie das Mehl in Marmeladengläsern im Kühlschrank oder Tiefkühlfach auf. So werden die empfindlichen Omega-3-Fettsäuren vor der Oxidation geschützt. Bitte kaufen Sie kein fertiges Leinsamenmehl; es ist meist bitter im Geschmack. Man könnte meinen, es habe schon länger im Regal gestanden und sei zu lange Hitze und Licht ausgesetzt gewesen.

Update für Behälter und Kochgeschirr

Nicht nur, was Sie kochen, sondern auch wie Sie Lebensmittel aufbewahren, kann Einfluss auf Ihre Gesundheit haben. Zwar ist es unmöglich, alle etwaigen Schadstoffquellen in Ihrem Umfeld auszuschalten, doch ist es empfehlenswert, mögliche Risiken zu minimieren. Einige Kochtöpfe, Pfannen und Behälter sind leichter austauschbar als andere.

Tipps zur sicheren Aufbewahrung von Lebensmitteln
- Leben Sie möglichst plastikfrei.
- Kaufen Sie säurehaltige Zutaten wie Tomatenmark in Gläsern. Diese können Sie wiederverwenden oder recyclen.
- Vermeiden Sie Getränke aus Aluminiumdosen und Lebensmittel in Dosen. Wählen Sie besser Dosen aus BPA-freiem Kunststoff.
- Bewahren Sie Vorräte in Gläsern, Keramikgefäßen und Glasflaschen auf.
- Heben Sie gekochte Mahlzeiten in Glas- oder Keramikschüsseln auf.
- Verwenden Sie eine Wasserflasche aus Glas oder Edelstahl.
- Wenn sich Kunststoff nicht vermeiden lässt, wählen Sie BPA-freie Flaschen und Behälter.

Tipps für sicheres Kochgeschirr
Empfehlenswert ist Geschirr mit maximal nicht reaktiven Oberflächen, das beim Kochen keine giftigen Substanzen freisetzt. Verwenden Sie möglichst:

- Töpfe und Pfannen aus Edelstahl. Kochen Sie mit etwas Öl, Saft, Brühe oder Wasser.
- Emaillierte Gusseisentöpfe und hitzefestes Geschirr, da diese praktisch haftfrei sind.
- Eingebrannte Gusseisentöpfe und -pfannen. Mit der Zeit entsteht eine natürliche haftfreie Oberfläche (Patina).
- Töpfe, Pfannen und Backformen aus Glas oder Keramik.
- Leichte Woks und Bratpfannen aus Karbonstahl.
- PFOA-freies Koch- und Backgeschirr mit Antihaftversiegelung.

Küchengeräte und Kochutensilien

Mit den richtigen Geräten und Utensilien verwandeln Sie Ihre Küche in eine Gesundheitsoase. Zeitsparende Küchengeräte motivieren zu mehr Vollwertkost. Hier einige meiner Lieblingsküchenhelfer:

• Schnellkochtopf

Ein Schnellkochtopf ist ein Muss für das regelmäßige Garen von Hülsenfrüchten und Vollkorngetreide, denn damit sparen Sie 75 Prozent der Kochzeit. Moderne Versionen sind benutzerfreundlich. Sicherheitsventile sorgen für unfallfreies Kochen. Ein hochwertiger Schnellkochtopf aus Edelstahl hält ein Leben lang. Für den Familienbedarf empfehle ich meist einen Topf mit 6 bis 8 Liter Fassungsvermögen; dann ist der Topf vielseitig einsetzbar und auch ideal für Suppen.

• Reiskocher

Dies ist die einfachste Art, Vollkorngetreide (fast) jeder Art zu kochen, einschließlich Graupen, Quinoa und Buchweizen. Kreieren Sie Ihre eigenen Kornmischungen (Seite 76) und nehmen Sie in den meisten Fällen ein ähnliches Verhältnis von Wasser und Korn wie beim Reis. Ich finde dieses Gerät einfach wunderbar, denn damit lässt sich mühelos und ohne Aufsicht eine Vollkorn-Beilage *al dente* zaubern.

• Dämpfeinsatz

Gedämpftes Gemüse wird unterbewertet, schmeckt jedoch absolut köstlich! Verwenden Sie einen Edelstahlkorb (leicht zu reinigen, langlebiger) oder einen Bambusdämpfer (günstiger, macht optisch mehr her), der auf Pfanne oder Wok passt.

• Schongarer

Eine weitere gesunde Art, Gerichte wie Eintöpfe und Currys zu kochen. Man braucht jedoch für die meisten Niedrigtemperatur-Rezepte etwas Vorausplanung (Gardauer 4 bis 12 Stunden).

• Salatschleuder

Mit diesem handlichen Utensil sind Salatblätter und Kräuter in einer Minute frisch und trocken und können das Dressing leichter aufnehmen. Salatblätter schmecken nach dem Waschen knackiger und animieren Ihre Familie, mehr davon zu essen.

• Hochleistungsmixer

Diese außergewöhnlichen Standmixer mahlen und hacken völlig mühelos, weswegen Rohkost-Fans darauf schwören. Im Vergleich zu normalen Geräten arbeiten die scharfen Klingen auf sehr hoher Geschwindigkeitsstufe, sodass das Ergebnis samtig weich ist.

• Küchenmaschine

Eine Küchenmaschine mit Rührschüssel ist ideal für Rezepte, deren Zutaten zu einer festeren Masse zerkleinert oder püriert werden. Dank größerer Klinge und breiterem Einfüllschacht als beim Standmixer lassen sich schneller dicksämige Konsistenzen zaubern.

• Gemüsehobel

Zwar können Küchenmaschinen fast alles raspeln und hobeln, nur entsteht hier weit mehr Reinigungsaufwand als bei einem klassischen Gemüsehobel. Ich verwende diese Reibe zum schnellen Hobeln von kleineren Mengen (von Rettich über Zwiebel bis hin zu Gurke und Zitrone). Mit verschiedenen Aufsätzen wird geraspelt, geriffelt, gewürfelt und klein geschnitten. Die gewünschte Dicke kann über Drehknöpfe eingestellt werden.

• Microplane-Reibe

Ein superscharfes Reibeisen für feines Reiben oder grobes Raspeln. Wer einmal diese Reibe verwendet hat, greift nie wieder zur einfachen Vierkant-Reibe.

Clever einkaufen

Bei einer Auswahl von über 30.000 Lebens- und Genussmitteln kann das gezielte Einkaufen in einem durchschnittlichen Supermarkt schnell zur echten Herausforderung werden. Wenn Sie erst einmal verstehen, wie ein Supermarkt aufgebaut ist und wie Etiketten gestaltet sind, um Ihre Aufmerksamkeit zu erregen, dann kann das Ihrer Gesundheit nur zuträglich sein.

6 Tipps für gezieltes Einkaufen im Supermarkt

1. *Schreiben Sie immer einen Einkaufszettel. Planen Sie für mindestens drei Hauptmahlzeiten, die Sie in der kommenden Woche tatsächlich kochen werden.*
2. *Konzentrieren Sie sich auf das Angebot an Vollwertkost in den Randzonen des Supermarkts, d.h. auf die Frischware und das Kühl- und Tiefkühlsortiment, und meiden Sie den mittleren Bereich, wo stärker bearbeitete Lebensmittel lauern. Kaufen Sie saisonale und regionale Produkte. Sie schmecken besser und sind günstiger.*
3. *Halten Sie sich von Ständen für Impulskäufe fern. Dort wird meist mit psychologischen Tricks gearbeitet, damit Sie für Lebensmittel mit der größten Gewinnspanne und dem niedrigsten Nährwert viel Geld ausgeben.*
4. *Greifen Sie nicht auf praktische Fertigprodukte zurück. Es ist klüger, selber auf Vorrat zu kochen und Essensportionen im Kühl- oder Tiefkühlschrank für die kommende Woche aufzubewahren.*
5. *Vertrauen Sie nicht vorschnell Werbe- oder Verpackungsversprechen. Prüfen Sie zunächst ganz genau Zutatenliste und Nährwertangaben.*
6. *Finger weg von stark bearbeiteten Lebensmitteln mit einer langen Liste von Zusatzstoffen! Verschiedenfarbene Produkte aus dem Frischwarenbereich sind unbedenklicher.*

Gesundes Essen muss nicht mehr kosten

Einige Leute glauben, gesundes Essen sei teurer. Laut Untersuchungen der Harvard-Universität sind es tatsächlich nur 1,50 US-Dollar mehr pro Person und Tag. Wenn Sie lernen, Nahrungsmittel wie Hülsenfrüchte frisch zuzubereiten, kann dies günstiger sein als der Griff zu Fertigprodukten oder Fast Food. Australische Forscher haben festgestellt, dass selbst gekochtes Essen im Vergleich zu Mitnahme-Snacks immer günstiger ist und in der Regel auch besser schmeckt. Durch Planung und Zubereitung einiger Mahlzeiten im Voraus – eventuell am Wochenende – können Sie sich während einer arbeitsreichen Woche auf Kurs halten.

Wo man einkaufen sollte

Zwar mögen Supermärkte praktisch sein, doch bieten sie nicht immer die beste Frischware an und können – was stark bearbeitete Lebensmittel betrifft – schnell zur Einkaufsfalle werden. Ich gehe gern auf Bauernmärkte mit ihrem frischen saisonalen Angebot. So sehe ich immer, was gerade am besten schmeckt. Gemüsehändler vor Ort und Gemüseläden mit Ware aus aller Welt bieten nährstoffreiche, frische Zutaten. In Reformhäusern finde ich seltenere Vital- und Vollwertkost. Aber Vorsicht: Nicht alles, was in Naturkost- und Bioläden verkauft wird, ist unbedingt gesünder. Lesen Sie immer das Kleingedruckte!

Gehen Sie mit Ihren Kindern einkaufen

Vorlieben für bestimmte Nahrungsmittel entstehen bereits in sehr jungem Alter. Deshalb ist es wichtig, dass Sie Ihre Kinder zum Einkaufen mitnehmen, um ihnen ein Vorbild in Sachen gesunder Lebensmittelauswahl zu sein. Eine in der amerikanischen Fachzeitschrift *Archives of Internal Medicine* erschienene Studie hat die Nahrungsmittelvorlieben von zwei bis sechs Jahre alten Kindern untersucht, die meist von ihren Eltern zum Einkaufen mitgenommen wurden. Beim erlaubten „Kauf" in einem Testshop mit einer Auswahl von 133 Produkten fand man heraus, dass sogar die jüngsten Kinder das Kaufverhalten ihrer Eltern widerspiegelten! Fazit: Kinder, die das gesündeste Essen auswählten, ahmten die Vorlieben ihrer Eltern nach.

Kochen für die Gesundheit

Mit Kochen verbrachte Zeit ist immer gut investiert. Jedoch scheint heutzutage bei vielen Menschen die Essenszubereitung eine geringe Priorität zu genießen. Vor einem Jahrhundert und in einigen Kulturen wurde der Zubereitung einer Mahlzeit für die ganze Familie sechs Stunden gewidmet. Die schwindende Wertschätzung für das Kochen – ausgenommen dem passiven „Zuschauersport" bei beliebten Kochsendungen – und die gleichzeitige Zunahme an Fertigprodukten sind zur Rezeptur für eine schlechte Gesundheit geworden.

Laut Forschungsergebnissen, die in der amerikanischen Fachzeitschrift *American Journal of Preventive Medicine* veröffentlicht wurden, ist der häusliche Zeitaufwand für die Essenszubereitung ein Indikator für eine gesunde Ernährungsweise. Mehr Zeit zum Kochen ist eng mit einer hochwertigen Ernährung und einem erhöhten Obst- und Gemüsekonsum verknüpft. Wer jedoch weniger als eine Stunde täglich in die Essenszubereitung investiert, isst öfter in Fast-Food-Restaurants und gibt mehr Geld für Essen außer Haus aus.

Wenn Studierende und junge Erwachsene selber kochen, ernähren sie sich weniger häufig von Fast Food und – so eine in der amerikanischen Fachzeitschrift *Journal of the American Dietetics Association* veröffentlichten Studie – decken ihren täglichen Nährstoffbedarf durch Vollkornprodukte, Obst, Gemüse und Kalzium.

In einer anderen Studie mit älteren australischen Männern führte die Verbesserung der Kochkenntnisse zu einer gesünderen Ernährungsweise. Es ist also nie zu spät, kochen zu lernen und davon zu profitieren!

Wie viel Zeit investieren Sie ins Kochen, um das Wohlbefinden Ihrer Familie zu fördern?

BINDEN SIE IHRE FAMILIE MIT EIN

Wenn Sie es mit der richtigen Ernährung wirklich ernst meinen, holen Sie die ganze Familie mit ins Boot und nehmen sie mit auf die Reise. Jeder sollte eingebunden werden – ob beim Einkaufen, Zubereiten, Kochen oder Servieren.

Bringen Sie Ihren Kindern das Kochen bei

Kochen und spezielle Kochkünste werden heute immer seltener von Generation zu Generation weitergegeben oder in der Schule vermittelt. Kindern zu zeigen, wie sich einfache, vollwertige Mahlzeiten für die ganze Familie zubereiten lassen, kann ihnen helfen, sich langfristig besser zu ernähren. Auch Kompetenzen, Einstellungen und Wissen können positiv beeinflusst werden.

Kindern zu zeigen, wie man gesunde Lebensmittel selbst anbaut und erntet und Mahlzeiten frisch zubereitet, erhöht ihre Bereitschaft, Neues auszuprobieren und eine größere Vielfalt an Gemüse zu essen, so die Ergebnisse des *Stephanie Alexander Kitchen Garden National Program*, dem Staatlichen Küchengartenprogramm nach Stephanie Alexander, das zwei Jahre lang in 177 staatlichen Grundschulen in ganz Australien durchgeführt wurde. Dieses Programm war durch die Teilnahme von „nicht wissenschaftlichen" Lernenden und verhaltensauffälligen Kindern besonders erfolgreich. Das Vertrauen der Kinder in ihr Können am Herd verbesserte sich. Sie lernten zudem den sicheren Umgang mit Messern, Abwasch, Tischdecken, gute Tischmanieren und Teamarbeit.

Hier meine Empfehlung: Sobald Ihre Kinder alt genug sind, führen Sie einen Kochabend pro Woche für jedes Kind ein. Geben Sie ihnen ein Budget und eine Speiseplan-Anleitung an die Hand. So wird Ihr Nachwuchs jede Menge lernen, Speisen zu schätzen wissen und sich insgesamt gesünder ernähren. Außerdem genießen Sie einen freien Abend!

DER RICHTIGE UMGANG MIT DEM SUPPENKASPAR

Wenn Sie kleine Kinder nur mit Müh und Not dazu bewegen können, gesunde Dinge zu essen, so geben Sie nicht gleich auf! Untersuchungen haben gezeigt, dass es oft zehn Anläufe braucht, bis neue Nahrungsmittel angenommen werden. Bleiben Sie also dran! Eine „Veggie-Erfolgs-Tabelle" könnte hilfreich sein. Jedes Mal, wenn Ihre Kinder eine neue Gemüsesorte probieren oder etwas essen, was für sie eine Herausforderung bedeutet, gibt es einen „Veggie-Sticker". Wenn das Ziel erreicht ist, bekommen sie eine kleine Belohnung, die nichts mit Essen zu tun hat.

Vorteile von gemeinsamen Familienmahlzeiten

Die Freude am Essen rund um den gemeinsamen Tisch, fernab elektronischer Reizüberflutung, beugt hastigem und unachtsamem Essverhalten vor, das die Gewichtszunahme begünstigt. Die gemeinsame Mahlzeit trägt dazu bei, langsamer und konzentrierter zu essen. Ihre persönliche Slow-Food-Initiative beginnt in Ihrem Esszimmer!

Feste Essenszeiten fördern die Verdauung und den natürlichen Stoffwechselrhythmus, was für die Krankheitsprävention (Seite 325) wichtig ist. Das Adipositasrisiko sinkt um etwa 40 Prozent, wenn Kinder regelmäßig mit der Familie essen, ausreichend Schlaf bekommen und an Wochentagen begrenzte Bildschirmzeiten haben.

Aber nicht nur Kinder profitieren. Die Forschung zeigt, dass häufigere gemeinsame Mahlzeiten auch Eltern anregen, mehr Obst und Gemüse zu essen. Zudem konsumieren Väter letztendlich weniger Fast Food und Mütter wechseln weniger zwischen Diät- und Essphasen – ein echter Gewinn für die ganze Familie!

Einige Leute aus unserem Food-Fotografie-Team
hinter den Kulissen...

Danielle, unsere Allround-Assistentin,
bei der Arbeit

Food-Stylistin Claudia

Bryelle, unser Mädchen für alles

Küchenchef Michel gibt gern
sein Wissen weiter

REZEPTE

„Der Koch ist der Vorläufer des Doktors."

– Professor Maurizio Bifulco, Universität Salerno, Italien

In meinen köstlichen Rezepten stehen natürliche, wenig bearbeitete pflanzliche Lebensmittel im Mittelpunkt. Es gibt bereits jede Menge Kochbücher mit gesunden Gerichten aus Fleisch und Milchprodukten, aber wenige regen dazu an, mehr Gerichte mit Hülsenfrüchten, Vollkorngetreide, Nüssen, Obst und Gemüse zuzubereiten. Doch gerade hier brauchen die meisten Menschen mehr Unterstützung, da sie immer häufiger ihren Fleischkonsum reduzieren wollen.

Viele meiner Rezepte basieren auf einfacher Bio-Hausmannskost aus Ländern, die ich bereist habe, und stammen aus der ländlichen Küche oder von Hobbyköchen, die mich in ihre Küche eingeladen haben. In traditionellen Kulturen profitierte jeder, wenn Zutaten aus dem eigenen Garten vorhanden waren. Tierische Produkte spielten eine geringere Rolle und bearbeitete pflanzliche Lebensmittel wie Weißbrot gab es nicht. Auch heute enttäuschen einige vegetarische Kochbücher, wenn sie in der Zutatenliste reichlich Käse, Eier, Butter und Weißmehl aufführen. Wenn ein Rezept fleisch- oder milchfrei ist, bedeutet dies noch lange nicht, dass es automatisch gesund ist.

Während meine Rezepte darauf zielen, Krankheitsrisiken zu verringern und bestehende chronische Erkrankungen besser in den Griff zu bekommen, kann es in bestimmten Fällen wie etwa beim Reizdarmsyndrom (RDS) notwendig sein, für einige Zeit bestimmte Lebensmittel mit einem hohen Anteil an präbiotischen Ballaststoffen (Seite 324) ganz wegzulassen. Ihr Diätassistent und Ernährungsberater kann Ihnen sagen, wann dies angezeigt ist. Doch es ist wichtig, dass diese Nahrungsmittel so schnell wie möglich wieder auf Ihrem Teller landen. Denn sie sind essenziell für die Fütterung des hungrigen Mikrobioms (Seite 324) und für ein intaktes Immunsystem. Wenn Sie auf bestimmte Bestandteile wie Gluten und Salz verzichten müssen, wählen Sie entsprechende Rezepte oder passen Sie diese Ihren Bedürfnissen an.

Meine Rezepte sind für das Kochen zu Hause konzipiert. Sie verwenden eine begrenzte Zahl an gängigen Zutaten (zusammen mit einigen wertvollen Neuentdeckungen) und sind einfach zuzubereiten. Sie brauchen dazu weniger Töpfe und Pfannen als bei den meisten Profi-Kochbüchern. Die Gerichte sind schnell nachzukochen, sodass sie auch wochentags mit einigen praktischen Küchengeräten (Seite 21) frisch auf den Tisch gezaubert werden können. Von Gerichten, die etwas länger dauern, bereiten Sie einfach gleich die doppelte Menge zu. So müssen Sie nur einmal kochen und können zweimal essen!

Die angegebenen Zeiten sind großzügig bemessen, denn einige Schritte lassen sich parallel erledigen. Die Zubereitungszeit geht davon aus, dass das, was Sie zum Kochen brauchen, bereitsteht, d. h. alle Zutaten, Messbecher und Töpfe. Ich habe die Garzeiten auch am Gasherd überprüft. Es sei vielleicht noch angemerkt, dass die Zeiten je nach Herd- und Backofentyp variieren können.

Meine Rezepte verzichten glücklicherweise nicht auf Fett, denn Fett ist ein wichtiger Geschmacksträger. Jedoch enthält es einen niedrigen Anteil an gesättigten Fettsäuren von tierischen Produkten, die mit chronischen Erkrankungen einhergehen. Ich vermeide auch bearbeitete Pflanzenöle, da ihnen Antioxidantien fehlen. Statt Butter und Sahne nehme ich lieber natürliche pflanzliche Fette wie Nüsse, Avocado und Olivenöl extra vergine – denn diese bekämpfen nachweislich unterschwellige Krankheitsprozesse. Ich verwende nur wenige Milchprodukte und Eier und nenne Alternativen, sodass keiner auf etwas verzichten muss.

Zucker kommt in meinen Rezepten wenig – oder zumindest weniger als üblich – vor. Zum Süßen bevorzuge ich frische Datteln und Honig; manchmal verwende ich aber auch natürlichen Ahornsirup oder Bio-Agavendicksaft – nicht nur wegen ihres Geschmacks, sondern weil diese Süßungsmittel im Vergleich zu Zucker mehr antioxidative Phytonährstoffe mit niedrigerem Glykämischem Index (Seite 346) liefern.

Am Ende eines Rezepts stehen die Nährwertangaben, sodass Sie direkt sehen können, wie hoch der Anteil wichtiger Bestandteile wie Ballaststoffe und Kalzium ist.

Zu guter Letzt können Sie Rezepte aus diesem Buch 1:1 übernehmen oder mit anderen Lieblingszutaten abwandeln. Experimentieren Sie und passen Sie die Zutaten ganz nach Gusto an – egal, ob Sie auf eine mediterrane Kost umsteigen oder einen fleischfreien Montag einführen wollen. Ich hoffe, meine Ideen werden Ihnen die Augen ein bisschen weiter öffnen. Eine größere Vielfalt ist durch die Integration pflanzlicher Mahlzeiten mit naturbelassenen Zutaten möglich und Sie werden sich nach dem Genuss sofort wohlfühlen.

Es ist nicht egal, was Sie essen! Mein Ziel ist es, Ihre Nährstoffaufnahme mit jedem Bissen ein wenig zu verbessern. In dem Wissen, dass alle Rezepte und Empfehlungen durch seriöse wissenschaftliche Studien bestätigt wurden, können Sie entspannen und jedes einzelne köstliche Gericht in vollen Zügen genießen.

SALATE & GEMÜSE-BEILAGEN

„Ich und meine (wunderbar) verrückte griechisch-kroatisch-australische Familie – zusammen am Tisch bei gutem Essen – das uns allen am Herzen liegt!"

Dieser peppige Salat ist ideal zur Krebsbekämpfung! Er wurde als „Rohkost"-Mittagsgericht beziehungs-
weise als Gemüsebeilage zu gegarten Speisen konzipiert. Die Sprossen geben ihm eine bittere Note und
sind ein schöner Kontrast zur süßen und saftigen Papaya. Im Vergleich zu voll ausgereiften Samen sind
Sprossen nährstoff- und vitaminreicher und haben einen höheren Anteil an Mineralien und Antioxidantien.
Das Keimen der Sprossen fördert die Aufnahme von Eisen und Zink und macht Eiweiß leichter verdaulich.
Zudem sind Keimlinge bei einem Reizdarmsyndrom besser verträglich als gekochte Hülsenfrüchte.

BOHNENSPROSSENSALAT MIT AVOCADO UND ROTER PAPAYA

ZUBEREITUNGSZEIT: 20 MINUTEN, FÜR 4 PERSONEN

Für das Dressing:
3 EL Zitronensaft
3 EL Olivenöl extra vergine
1 EL Ahornsirup
1 kleine Knoblauchzehe, geschält und
   durchgepresst
1 rote Chilischote, fein gehackt
¼ TL Salz

Für den Salat:
300 g Sprossen von Mungbohnen,
   Linsen oder Erbsen
1 mittelgroße rote Papaya, in Würfel
   geschnitten
1 reife Avocado, in Würfel geschnitten
1 kleines Bund Schnittlauch, fein gehackt
½ Bund frischer Koriander, gehackt
80 g Rucola oder Pflücksalat
60 g Macadamia-Nusskerne

1. Für das Dressing die Zutaten in einem Marmeladenglas kräftig schütteln, sodass sich alles gut vermischt. Beiseitestellen.
2. Für den Salat die Sprossen in einem feinen Sieb abbrausen und trocken tupfen, dann in eine große Salatschüssel geben.
3. Papaya, Avocado, Schnittlauch und Koriander dazugeben und mit dem Dressing übergießen. Mit einem großen Löffel leicht vermischen.
4. Rucola oder Pflücksalat erst kurz vor dem Servieren unterheben. Mit den Nüssen garnieren und nach Belieben mit etwas Olivenöl beträufeln. Reste sind bis zu 24 Stunden im Kühlschrank haltbar.

Pro Portion: Energie 1828 kJ/437 kcal; Eiweiß 6 g; Fett 38 g; gesättigte Fettsäuren 7 g; Cholesterin 0 mg; Kohlenhydrate 14 g;
Zucker 14 g; Ballaststoffe 8 g; Kalzium 75 mg; Eisen 2,5 mg; Natrium 181 mg

TIPPS:

— Ersetzen Sie den Milchjoghurt durch selbst gemachten Sojajoghurt (Seite 294). Diesen durch ein Passiertuch abseihen, damit er schön fest wird.

— Sie können — als weitere milchfreie Option — die Peperoni auch mit dem frisch zubereiteten Schmand aus Sonnenblumenkernen (Seite 218) beträufeln.

„Genuss, der auf der Zunge zergeht und einfach zuzubereiten ist."

Dies ist eine einfache Art, frische gelbe Peperoni zu genießen und gleichzeitig mehr gesundes Gemüse zu essen. Die mittelgroßen gelben bis hellgrünen Peperoni sind wie Bananen geformt und schmecken eher süß als scharf. Im Backofen geschmort werden sie weich und saftig.

GESCHMORTE GELBE PEPERONI MIT JOGHURTSAUCE

ZUBEREITUNGSZEIT: 4 MINUTEN, GARZEIT: 20 MINUTEN, RUHEZEIT: 10 MINUTEN, FÜR 5 PERSONEN

10 gelbe Peperoni
1 EL Olivenöl extra vergine
Salz
Knoblauch
Joghurt
200 g Naturjoghurt
1 Knoblauchzehe, geschält und
   durchgepresst

1. Den Backofen auf 220 °C vorheizen.
2. Die Peperon waschen und nebeneinander auf einem Backblech auslegen. Mit Olivenöl beträufeln und rundum einreiben. Mit Salz bestreuen.
3. Im vorgeheizten Backofen etwa 20 Minuten goldbraun schmoren. Aus dem Backofen nehmen und 10 Minuten ruhen lassen.
4. Inzwischen den durchgepressten Knoblauch und den Joghurt cremig verrühren.
5. Die geschmorten Peperoni mit der Joghurtsauce beträufeln und servieren. Sie halten sich einige Tage im Kühlschrank, jedoch nicht im Tiefkühlfach.

Pro Portion: Energie 416 kJ/99 kcal; Eiweiß 5 g; Fett 5 g; gesättigte Fettsäuren 1 g; Cholesterin 6 mg; Kohlenhydrate 8 g; Zucker 8 g; Ballaststoffe 3 g; Kalzium 91 mg; Eisen 0,5 mg; Natrium 192 mg

„Wenn Sie genau wie ich einfache mediterrane Gerichte schätzen, sollten Sie dieses günstige und gesunde Gemüse unbedingt kennenlernen."

Arabische und italienische Köche mögen die leicht bittere Zichorie, die einen schönen Kontrast zu fruchtigem Olivenöl bildet. Dieses libanesisch inspirierte Rezept ist eine köstliche Art, das sehr nährstoffreiche dunkelgrüne Blattgemüse zuzubereiten. Traditionell wurde dieses Gericht als einfache Mahlzeit mit Fladenbrot serviert, doch genauso gut passt es als Beilage zu anderen Gerichten. Zichorie ist reich an Inulin, einem Präbiotikum, das das Wachstum guter Darmbakterien anregt.

ZICHORIENSALAT MIT KNOBLAUCH IN OLIVENÖL

ZUBEREITUNG: 15 MINUTEN, GARZEIT: 30 MINUTEN, FÜR 6 PERSONEN

1 TL Salz für das Kochwasser, plus ½ TL zum Würzen
1 Bund Zichorienblätter (ca. 600 g)
2 EL Olivenöl extra vergine
1 mittelgroße Zwiebel, geschält und gehackt
2 Knoblauchzehen, geschält und durchgepresst
½ TL Kreuzkümmelpulver
½ TL 7-Gewürze-Pulver
1 Zitrone, in Spalten geschnitten, zum Servieren

1. Mindestens 4 l Wasser mit 1 TL Salz aufkochen.

2. Die Zichorienblätter von den dicken Blattrippen abtrennen und mit einem Hackmesser in 5 cm große Teile zerkleinern. Gründlich waschen, bis alle Stängel komplett von Erde und Sand befreit sind. Eventuell dreimal das Wasser wechseln.

3. Die Zichorienstücke in kochendes Wasser geben, sodass sie mindestens halb davon bedeckt sind. Bei geschlossenem Deckel in 5 Minuten weich garen. Durch das Salz verliert die Zichorie ihren bitteren Geschmack. Abtropfen lassen.

4. Olivenöl in einer großen Pfanne erhitzen und die Zwiebel darin andünsten. Den Knoblauch hinzufügen und weitere 30 Sekunden dünsten. Zuerst Kreuzkümmel, 7-Gewürze-Pulver und restliches Salz einrühren, dann die Zichorienblätter hinzufügen. Bei mittlerer Hitze anbraten, bis sich die Aromen mischen und die Zichorie weicher geworden ist.

5. Vom Herd nehmen und vor dem Servieren mindestens 5 Minuten abgedeckt ruhen lassen. Dann die Zitronenspalten zum Beträufeln dazu anrichten.

TIPP:

— Das 7-Gewürze-Pulver ist im gut sortierten Supermarkt, im Feinkostladen oder beim orientalischen Gemüsehändler erhältlich.

Pro Portion: Energie 338 kJ/81 kcal; Eiweiß 2 g; Fett 6 g; gesättigte Fettsäuren 1 g; Cholesterin 0 mg; Kohlenhydrate 2 g; Zucker 2 g; Ballaststoffe 3 g; Kalzium 41 mg; Eisen 2,1 mg; Natrium 233 mg

Ein knallig bunter Salat mit sehr wenigen Kalorien, der Ihnen viel Lob einbringen wird! Wegen seiner lebendigen Farben können Sie sicher sein, dass dieser Salat vor krankheitsbekämpfenden Pflanzennährstoffen, wie den Betacyaninen, nur so strotzt. Rote Bete ist außerdem eine ausgezeichnete Nitratquelle, senkt den Bluthochdruck und sorgt für mehr Ausdauer beim Sport durch die Erweiterung der Blutgefäße.

ROTE-BETE-SALAT MIT MÖHRE UND MINZE

ZUBEREITUNGSZEIT: 20 MINUTEN, FÜR 6 PERSONEN

500 g frische Rote Beten

2 Möhren

1 kleine Zwiebel, geschält und sehr fein gehackt

½ Bund frische Minze, gehackt

1½ EL Balsamico bianco

1 EL Apfelessig

2 TL grober Senf

2 EL Olivenöl extra vergine

1 TL Honig

1. Die Rote-Bete-Knollen und Möhren schälen und fein schnitzeln. Tipp: Frische Knollen sind sehr hart. Arbeiten Sie besser mit einer Küchenmaschine mit Schnitzelwerk-Aufsatz.

2. Das zerkleinerte Gemüse mit Zwiebel und Minze in eine Rührschüssel geben.

3. Für das Dressing Balsamico, Apfelessig, Senf, Olivenöl und Honig in einem Marmeladenglas mit Schraubdeckel kräftig schütteln, bis sich alles gut vermischt hat.

4. Den Salat mit dem Dressing übergießen und mit sauberen Händen gut durchmischen, sodass Rote Bete und Möhre nicht zusammenkleben. Sofort als Beilage servieren oder in den Kühlschrank stellen und über mehrere Tage hinweg aufbrauchen. Nicht zum Tiefkühlen geeignet.

TIPPS:

– Verwenden Sie eventuelle Reste für Sandwiches – Kinder mögen die bunten Farben und den leicht süßlichen Geschmack.

– Um verfärbte Hände zu vermeiden, tragen Sie besser Einmalhandschuhe!

Pro Portion: Energie 454 kJ/108 kcal; Eiweiß 2 g; Fett 6 g; gesättigte Fettsäuren 1 g; Cholesterin 0 mg; Kohlenhydrate 10 g; Zucker 9 g; Ballaststoffe 4 g; Kalzium 27 mg; Eisen 0,9 mg; Natrium 77 mg

Fatoush-Salat wird heutzutage in vielen orientalischen Restaurants serviert. Dieser erfrischende Salat – einer meiner Favoriten – ist reich an pflanzlichen Nährstoffen und kommt ursprünglich aus Syrien und dem Libanon. Radieschen gehören zur Kreuzblütlerfamilie und haben – roh verzehrt – hochwirksame krebshemmende Eigenschaften.

FATOUSH-SALAT MIT GERÖSTETEM BROT UND SUMACH

ZUBEREITUNGSZEIT: 20 MINUTEN, GARZEIT: 3 MINUTEN, FÜR 6 PERSONEN

Für das Dressing:
2 Knoblauchzehen, geschält und
   durchgepresst
1 EL Sumachpulver
3 EL Olivenöl extra vergine
Saft von 1 Zitrone
¼ TL Salz

Für den Salat:
1½ Vollkorn-Fladenbrote
1 Baby-Romana-Salat, in 2½ cm große
   Streifen geschnitten
3 mittelgroße Tomaten, in kleine Stücke
   geschnitten
3 kleine Salatgurken, längs halbiert und
   in Scheiben geschnitten
5 Radieschen, in dünne Scheiben
   geschnitten
½ rote Paprikaschote, entkernt und klein
   geschnitten
4 Frühlingszwiebeln, in Ringe
   geschnitten
½ Bund glatte Petersilie, gehackt
1 große Handvoll Minzeblätter, gehackt

1. Für den Salat das Fladenbrot am Rand aufschneiden und dann in dünne runde Scheiben schneiden. Unter dem vorgeheizten Backofengrill kurz knusprig und trocken rösten. Das Brot in mundgerechte Stücke brechen. Beiseitestellen.
2. Für das Dressing die Zutaten in einem kleinen Glas mit Schraubverschluss kräftig schütteln, damit sich alles gut vermischt. Beiseitestellen.
3. Für den Salat das Gemüse und in einer großen Rührschüssel mischen. Den Salat mit dem Dressing übergießen und leicht umrühren, bis alle Zutaten vom Dressing überzogen sind. Dann den Salat in eine Servierschüssel füllen.
4. Kurz vor dem Servieren die gerösteten Brotstücke gleichmäßig unterheben. Achtung: Wenn Sie das Brot früher hinzufügen, weicht es zu stark durch.

Pro Portion: Energie 732 kJ/175 kcal; Eiweiß 4 g; Fett 10 g; gesättigte Fettsäuren 2 g; Cholesterin 0 mg; Kohlenhydrate 15 g; Zucker 6 g; Ballaststoffe 4 g; Kalzium 76 mg; Eisen 1,4 mg; Natrium 219 mg

Bereiten Sie diesen großartigen salzfreien Salat zu, wenn gerade Auberginensaison ist. Er schmeckt herrlich als Brotbelag oder als Beilage zu anderen Gerichten. Die Aubergine ist reich an viskosen Ballaststoffen, die helfen, einen erhöhten Cholesterinspiegel zu senken. Der Knoblauch besitzt entzündungshemmende Eigenschaften und kann hohem Blutdruck entgegenwirken.

AUBERGINENSALAT MIT MINZE UND ROTER PAPRIKA

ZUBEREITUNGSZEIT: 15 MINUTEN, GARZEIT: 40 MINUTEN, FÜR 6 PERSONEN

3 große Auberginen
½ rote Paprikaschote, entkernt und
    fein gehackt
1 Knoblauchzehe, geschält und
    durchgepresst
Saft von ½ Zitrone
2 EL Olivenöl extra vergine
½ Bund frische Minze, gehackt

1. Den Backofen auf 200 °C vorheizen. Die ganzen Auberginen waschen und auf ein Backblech legen. Mit einer Gabel mehrfach einstechen. Dann die Auberginen 30 bis 40 Minuten im vorgeheizten Backofen schmoren, bis sie weich, aber nicht schwarz sind. Aus dem Backofen nehmen und leicht abkühlen lassen. Anschließend schälen und in Würfel oder Streifen schneiden. In eine Rührschüssel geben.
2. Paprikaschote, Knoblauch, Zitronensaft, Olivenöl und Minze vorsichtig unterheben, bis alles locker vermengt ist.
3. Auf einer flachen Platte oder in einer niedrigen Salatschüssel servieren. Der Salat schmeckt bei Zimmertemperatur oder gekühlt. Er kann im Kühlschrank mehrere Tage aufbewahrt werden, eignet sich jedoch nicht zum Tiefkühlen.

TIPPS:
– Um medizinisch das Beste aus dem durchgepressten Knoblauch herauszuholen, lassen Sie ihn 10 Minuten vor Gebrauch stehen.
– Sie mögen keinen Knoblauchatem? Kauen Sie frische Petersilie oder Fenchelsamen oder beißen Sie in eine Zitronenspalte. Das neutralisiert den Geruch.

Pro Portion: Energie 537 kJ/128 kcal; Eiweiß 4 g; Fett 7 g; gesättigte Fettsäuren 1 g; Cholesterin 0 mg; Kohlenhydrate 9 g; Zucker 9 g; Ballaststoffe 8 g; Kalzium 82 mg; Eisen 0,8 mg; Natrium 17 mg

Fenchel-Rucola-Salat mit Apfel,
Seite 44

„Meine köstlichen Ideen mit Auberginen, so wie dieser Salat,
helfen Ihnen, das Gemüse jeden zweiten Tag in die Ernährung
einzubauen, so wie es in Kanada bei der Untersuchung der
cholesterinsenkenden Portfolio-Diät gemacht wurde."

Dieser erfrischende Salat mit leichter Anisnote hat eine gaumenreinigende Wirkung und macht eine schwere Mahlzeit leichter. Er ist ideal, um hohen Blutdruck zu senken (Foto auf Seite 43).

FENCHEL-RUCOLA-SALAT MIT APFEL

ZUBEREITUNGSZEIT: 15 MINUTEN, FÜR 6 PERSONEN

Für das Dressing:

5 EL Olivenöl extra vergine

3 EL Zitronensaft

frisch zerstoßener schwarzer Pfeffer (nach Belieben)

Für den Salat:

1 kleine Fenchelknolle, sehr dünn gehobelt

½ mittelgroße Gemüsezwiebel, geschält und dünn geschnitten

2 kleine säuerliche Äpfel, entkernt, halbiert und in feine Stifte gehobelt

80 g Rucola

2 EL frisch gehackte Minze

1. Für das Dressing die Zutaten in einem Marmeladenglas mit Schraubverschluss kräftig schütteln, damit sich alles gut vermischt.

2. Für den Salat Fenchel, Zwiebel und Äpfel in eine Rührschüssel geben, mit dem Dressing übergießen und gut vermischen. Erst kurz vor dem Servieren Rucola und Minze unterheben. Den Salat auf einer großen Servierplatte anrichten. Frisch serviert schmeckt er am besten, jedoch kann er bis zu 24 Stunden im Kühlschrank aufbewahrt werden, denn die Zitrone wirkt konservierend.

TIPPS:

– Fenchel vor dem Zerkleinern vom Stielansatz befreien, der Länge nach halbieren und mit einem scharfen Küchenmesser den harten Strunk herausschneiden.

– Den Fenchel hauchdünn hobeln. Viele Gemüsehobel haben einen Julienne-Einsatz (für feine und grobe Streifen).

Pro Portion: Energie 623 kJ/149 kcal; Eiweiß 1 g; Fett 13 g; gesättigte Fettsäuren 2 g; Cholesterin 0 mg; Kohlenhydrate 7 g; Zucker 7 g; Ballaststoffe 2 g; Kalzium 23 mg; Eisen 0,4 mg; Natrium 25 mg

„Kinder bevorzugen kleine Obstsorten oder klein geschnittenes Obst – machen wir es ihnen also leichter, mehr davon zu essen!"

„Der säuerliche Apfel macht diesen Salat zum echten Knüller. Einfach
mal probieren und Sie werden verstehen, was ich meine!"

Der perfekte Wintersalat als Ergänzung einer warmen Mahlzeit. Kohlrabi, dessen Knollen über dem Boden wachsen, gehört zur Familie der Kreuzblütler. Wie Brokkoli, Blumenkohl und Brunnenkresse ist er – roh verzehrt – eine ergiebige Quelle von pflanzlichen Nährstoffen mit krebshemmender Wirkung.

KOHLRABI-APFEL-SALAT MIT MINZE

ZUBEREITUNGSZEIT: 15 MINUTEN, FÜR 6 PERSONEN

Für den Salat:
300 g Rotkohl
2 mittelgroße Knollen Kohlrabi, geschält und gehobelt
1 großer grüner Apfel, z.B. Granny Smith, entkernt und in feine Stifte gehobelt
¼ rote Zwiebel, geschält und in dünne Ringe geschnitten
3 EL grob gehackte Minze

Für das Dressing:
2 EL Zitronensaft
2 EL Olivenöl extra vergine, plus etwas Öl zum Anrichten
2 TL Apfelessig

1. Für den Salat den Rotkohl mit dem Gemüsehobel grob raspeln.
2. Kohlrabi-, Apfel- und Zwiebelstücke hinzufügen.
3. Für das Dressing die Zutaten verquirlen und über den Salat gießen. Alle Zutaten mit sauberen Händen mischen, bis alles gleichmäßig verteilt ist.
4. In eine Servierschüssel füllen und mit Minze bestreuen. Nach Belieben kurz vor dem Servieren mit 1 Spritzer Olivenöl beträufeln. Sofort servieren oder im Kühlschrank aufbewahren und innerhalb von 24 Stunden aufbrauchen, da sich der Apfel sonst verfärben kann.

TIPPS:
– Kohlrabi kann auch gedämpft, gebacken oder gedünstet werden.
– Variation: Statt Kohlrabi können Sie auch Daikon-Rettich oder Steckrübe verwenden.

Pro Portion: Energie 452 kJ/108 kcal; Eiweiß 3 g; Fett 6 g; gesättigte Fettsäuren 1 g; Cholesterin 0 mg; Kohlenhydrate 8 g; Zucker 8 g; Ballaststoffe 4 g; Kalzium 38 mg; Eisen 0,8 mg; Natrium 18 mg

Ich liebe diese einfache Art, saftige Rote Bete zuzubereiten. Dieses Gericht wird gewöhnlich kalt serviert, jedoch wird das Gemüse in Griechenland auch warm zum Hauptgang gegessen, wenn die Knollen frisch gegart werden. Das einfache Dressing unterstreicht ihren süßen Geschmack und wirkt konservierend.

GRIECHISCHER ROTE-BETE-SALAT MIT ZITRONE UND OLIVENÖL

ZUBEREITUNGSZEIT: 30 MINUTEN, GARZEIT: 20 MINUTEN INKLUSIVE SCHNELLKOCHTOPF, FÜR 8 PERSONEN

**2 Knollen Rote Bete mit Stielen
und Blättern
2 EL fruchtiges Olivenöl extra vergine
Saft von 1 Zitrone**

1. Rote Bete entstielen, jedoch ca. 2½ cm vom Stielansatz stehen lassen, damit sie während des Kochens weniger „ausblutet". Das Kraut zurückbehalten.

2. Die Rote Bete gründlich abbrausen und in einen Schnellkochtopf geben. Sie sollte halb mit Wasser bedeckt sein. Den geschlossenen Schnellkochtopf auf Druck bringen, dann das Kochgut 5 Minuten unter Dampfdruck garen lassen. Alternativ kann die Rote Bete auch etwa 1 Stunde auf konventionelle Art weich gegart werden. Vor dem Öffnen den Dampf ablassen, dann die Rote Bete abgießen und leicht abkühlen lassen.

3. Inzwischen das zurückbehaltene Kraut waschen; dazu dreimal das Wasser wechseln, damit kein Sand oder Schmutz zurückbleibt. Das Kraut in einen großen Topf mit 2½ cm kochendem Wasser geben und 15 Minuten köcheln lassen, bis die Blätter zusammenfallen. Mit der Küchenzange herausnehmen und abtropfen lassen; dann auf einer Servierplatte anrichten.

4. Die gegarte Rote Bete schälen und in gleichmäßige Würfel schneiden (immer Einmalhandschuhe tragen!). Auf dem Blattgrün anrichten und mit Olivenöl und Zitronensaft beträufeln.

5. Sofort servieren oder abgedeckt in den Kühlschrank stellen und über mehrere Tage verteilt aufbrauchen.

TIPP:

– *Nach dem Verzehr von Roter Bete verfärbt sich bei einigen Menschen (15 %) vorübergehend der Stuhlgang, was aber kein Anlass zur Sorge ist.*

Pro Portion: Energie 573 kJ/137 kcal; Eiweiß 4 g; Fett 5 g; gesättigte Fettsäuren 1 g; Cholesterin 0 mg; Kohlenhydrate 17 g; Zucker 17 g; Ballaststoffe 7 g; Kalzium 16 mg; Eisen 1,8 mg; Natrium 104 mg

– Variation: Für einen süßeren Geschmack die gekochte Rote Bete mit 2 EL Balsamico bianco statt mit Zitronensaft beträufeln. Salz oder Zucker müssen bei Frischware nicht extra hinzugefügt werden.

„Lassen Sie sich von der
Einfachheit dieses Salats
nicht täuschen – er schmeckt
wirklich delikat und kommt bei mir
regelmäßig auf den Tisch."

Roher Wirsing ist extrem gut für Ihre Gesundheit – und dieses Rezept hier ist die einfachste und leckerste Art, ihn zu genießen! Wirsing hat stark krebshemmende Eigenschaften und wird seit jeher in ganz Osteuropa und rund um das Mittelmeer traditionell gegessen.

WIRSINGSALAT MIT ZITRONENDRESSING

ZUBEREITUNGSZEIT: 12 MINUTEN, FÜR 6 PERSONEN

1 kg Wirsing
Saft von 2 Zitronen
5 EL Olivenöl extra vergine
1 TL Salz

1. Die äußeren Blätter (falls schmutzig) entfernen, dann den Kohl in der Mitte längs durchschneiden. Die beiden Hälften auf dem Küchenhobel über einer großen Schüssel fein hobeln.
2. Die restlichen Zutaten dazugeben und das Kraut 1 Minute mit einer sauberen Hand durchkneten, bis es weich wird und das Dressing gut verteilt ist. In eine Salatschüssel füllen und sofort oder innerhalb einiger Stunden servieren. Wirsingsalat kann auch im Kühlschrank aufbewahrt werden. Er sollte jedoch innerhalb von 24 Stunden verbraucht werden, obwohl er durch die Ruhezeit noch weicher wird.

TIPPS:
- Variation: Statt Wirsing mit seinen weichen krausen Blättern können Sie auch normalen Weiß- oder Rotkohl verwenden.
- Sie können den Wirsing einen Tag im Voraus hobeln und bis zum Gebrauch ohne Dressing im Kühlschrank aufbewahren.
- Wirsing kann auch zu Saft gepresst werden. In frischem Gemüsesaft setzt das Enzym Myrosinase verdauungsfördernde Senföle frei (Seite 375).

Pro Portion: Energie 658 kJ/157 kcal; Eiweiß 3 g; Fett 13 g; gesättigte Fettsäuren 2 g; Cholesterin 0 mg; Kohlenhydrate 6 g; Zucker 6 g; Ballaststoffe 5 g; Kalzium 60 mg; Eisen 1 mg; Natrium 407 mg

In Sizilien habe ich mich in diesen herrlichen Salat verliebt! Fenchel hat die Textur von Sellerie, schmeckt aber nach Lakritze bzw. Anis. Während er reich an Ballaststoffen, Vitamin C, Folsäure und Kalium ist, hat er wenige Kalorien sowie blutdrucksenkende und herzstärkende Eigenschaften. Einer der faszinierendsten Phytonährstoffe ist Anethol, das für den süßen Lakritzgeschmack verantwortlich ist. In Tierstudien hat sich wiederholt gezeigt, dass dieser Wirkstoff ein guter Entzündungs- und Krebshemmer ist.

SIZILIANISCHER ORANGEN-FENCHEL-SALAT

ZUBEREITUNGSZEIT: 7 MINUTEN, FÜR 4 PERSONEN

2 sehr große Orangen, geschält und die weiße Haut entfernt
250 g frischer Fenchel, Strunk entfernt
2 EL Olivenöl extra vergine
glatte Petersilienblätter, zum Garnieren

1. Von den vorbereiteten Orangen die Filets zwischen den Trennhäuten herauslösen und jedes Filet in 3 Stücke schneiden. Zusammen mit dem Saft in eine Schüssel geben.
2. Den Fenchel nach Belieben in Streifen schneiden und dazugeben.
3. Mit dem Olivenöl beträufeln und gut mischen. Mit Petersilie bestreuen und servieren. Der Salat hält sich maximal 1 Tag im Kühlschrank.

TIPPS:
— Beim Fenchel kann man nichts verkehrt machen. Für ein leichteres Aroma einfach dünn schneiden. Dickere Stücke haben eine intensivere Anisnote.
— Für mehr Farbe und Geschmack geben Sie einige schwarze Oliven hinzu!

Pro Portion: Energie 572 kJ/137 kcal; Eiweiß 2 g; Fett 9 g; gesättigte Fettsäuren 1 g; Cholesterin 0 mg; Kohlenhydrate 10 g; Zucker 10 g; Ballaststoffe 4 g; Kalzium 40 mg; Eisen 0,6 mg; Natrium 28 mg

„Diese Kombination aus saftigen Orangen und knackigem Fenchel finde ich großartig! Ich bereite den Salat häufig zu, wenn die Zutaten Saison haben."

TIPPS:
— Knollensellerie schmeckt köstlich, wenn er
   zusammen mit Kartoffeln gekocht und püriert wird.
   Man kann ihn aber auch für Salate fein schnitzeln.
— Gewürze frisch aus dem Mörser schmecken
   besonders aromatisch!

„Hier meine Variante von raffinierten und gesunden Gemüsespalten."

Gebackener Sellerie schmeckt lecker! Anders als bei Kartoffelspalten wird er innen nicht weich, sondern behält eine leicht knusprige Textur. Sellerie hat zudem nur ein Viertel des Kohlenhydratgehalts von Kartoffelspalten und ist natriumarm. Da die Schale von Knollensellerie sehr hart ist, teile ich den Sellerie mit einem Hackmesser und schäle ihn dann ½ cm dick.

WÜRZIGE SELLERIESPALTEN AUS DEM OFEN

ZUBEREITUNGSZEIT: 10 MINUTEN, BACKZEIT: 50 MINUTEN, FÜR 6 PERSONEN

1 große Knolle Sellerie (ca. 1½ kg mit Schale)
1 EL Koriandersamen
1 EL Fenchelsamen
1 EL Kreuzkümmelsamen
4 EL Olivenöl extra vergine

1. Den Backofen auf 200 °C vorheizen.

2. Den Sellerie schälen und in 2 cm dicke Spalten schneiden. Locker auf einem Backblech verteilen.

3. Die Samen in der Elektromühle vermahlen oder im Mörser zerstoßen.

4. Das Olivenöl in einer kleinen Pfanne erhitzen und die Samenmischung darin 30 Sekunden leicht rösten, bis sich das Aroma entfaltet, und dann vom Herd nehmen. Beim Backen bräunen die Gewürze zusätzlich.

5. Die Selleriespalten mit dem gewürzten Olivenöl beträufeln und darin wenden, bis sie rundherum davon bedeckt sind.

6. Die Spalten im vorgeheizten Backofen 45 bis 50 Minuten unbedeckt backen, bis sie schön gebräunt sind. Nach der Hälfte der Backzeit einmal wenden. Die Selleriespalten heiß servieren. Nicht zum Tiefkühlen geeignet.

TIPP:
— Den Sellerie nur kaufen, wenn er gerade Saison hat,
    sonst kann er teuer werden!

Pro Portion: Energie 670 kJ/160 kcal; Eiweiß 2 g; Fett 13 g; gesättigte Fettsäuren 2 g; Cholesterin 0 mg; Kohlenhydrate 6 g; Zucker 4 g; Ballaststoffe 6 g; Kalzium 78 mg; Eisen 1,6 mg; Natrium 25 mg

Von meinem griechischen Ehemann und während vieler Sommerurlaube in seiner Heimat lernte ich, diesen griechischen Salat auf landesübliche Weise zuzubereiten. Mit knusprigem Brot schmeckt er perfekt als Mittagsgericht an einem heißen Tag! Sie brauchen reife Tomaten und ein Olivenöl mit hohem Polyphenolgehalt. Die große Menge an Öl mag irritieren, aber bei der traditionellen mediterranen Kost „schwimmt" Salat nun mal in Olivenöl! Die Marinade wird zum Schluss gern mit gutem Brot aufgetunkt. Der Oregano reichert den Salat zusätzlich mit Antioxidantien an.

GRIECHISCHER BAUERNSALAT

ZUBEREITUNGSZEIT: 9 MINUTEN, FÜR 6 PERSONEN

2 große reife Tomaten
2 mittelgroße Salatgurken
½ große rote Paprikaschote, entkernt
½ rote Zwiebel
12 Kalamata-Oliven oder große schwarze Oliven
100 g Fetakäse, zerkrümelt oder in Stücke geschnitten
8 EL Olivenöl extra vergine
2 EL Zitronensaft
1 TL gerebelter Oregano

1. Die Tomatenstücke direkt in eine Salatschüssel oder in einen tiefen Teller schneiden.
2. Die Gurke senkrecht halten und streifenweise schälen, dabei immer einen Streifen auslassen, sodass ein geschälter neben einem ungeschälten Streifen liegt. Das sieht sehr dekorativ aus. Anschließend längs halbieren, kreuzweise einritzen und waagerecht in 1 cm große Stücke direkt in die Schüssel schneiden. Die zweite Gurke auf gleiche Art verarbeiten.
3. Die Paprikaschote in kleine Stücke schneiden. Die ½ Zwiebel schälen und in feine Streifen schneiden. Paprika und Zwiebel zu den Gurken geben.
4. Oliven und Fetakäse darauf verteilen.
5. Den Salat mit Olivenöl und dann mit Zitronensaft übergießen und zum Schluss mit Oregano bestreuen. Sofort servieren oder das Dressing aufbewahren und erst kurz vor dem Servieren über den Salat träufeln. Reste können 24 Stunden im Kühlschrank aufbewahrt werden.

TIPPS:
– Ich bevorzuge Fetakäse von Dodoni aus Schaf- und Ziegenmilch. Er ist sahnig und hat ausreichend Biss. Für eine milchfreie Version ersetzen Sie ihn durch Mandelquark in „Feta"-Form (Seite 224).
– Variation: Nehmen Sie Essig statt Zitronensaft.
– Peppen Sie Salatreste mit weißer Quinoa oder Hirse auf. Das Getreide nimmt die Flüssigkeit aus der Marinade auf.

Pro Portion: Energie 1093 kJ/261 kcal; Eiweiß 5 g; Fett 25 g; gesättigte Fettsäuren 6 g; Cholesterin 11 mg; Kohlenhydrate 5 g; Zucker 4 g; Ballaststoffe 2 g; Kalzium 90 mg; Eisen 0,8 mg; Natrium 320 mg

Die authentische und leckerste Art für die Zubereitung von orientalischem Taboulé: Anders als viele Versionen enthält dieser Salat nur etwas Bulgur für die nötige Textur, während die hellgrüne Petersilie im Mittelpunkt steht. Petersilie steckt voller Antioxidantien und kann mühelos zu Hause in einem Kräutertopf herangezogen werden.

TABOULÉ

ZUBEREITUNGSZEIT: 30 MINUTEN, FÜR 6 PERSONEN

50 g feiner Bulgurweizen
4 Bund glatte Petersilie (für etwa
    500 g weiche Blätter)
1 TL Salz für die Petersilie,
    plus ½ TL Salz zum Würzen
⅓ Bund Minze
5 Tomaten, fein gehackt
1 kleine Salatgurke, mit Schale,
    gewaschen und fein gehackt
½ rote Paprikaschote, entkernt und
    fein gehackt
3 große Frühlingszwiebeln, fein gehackt
¼ TL Kreuzkümmelpulver
4 EL Olivenöl extra vergine
Saft von 2 Zitronen
frisch zerstoßener schwarzer Pfeffer

1. Den Bulgurweizen etwa 10 Minuten in Wasser einweichen und in der Zwischenzeit die anderen Zutaten zubereiten. Im Sieb abgießen und mit dem Löffel gut ausdrücken.
2. Die zarten Blätter und die Stiele von der Petersilie abzupfen und in einem tiefen Spülbecken waschen. Die dickeren Stiele wegwerfen. Mit 1 TL Salz bestreuen und mit Wasser bedecken. Einige Minuten einweichen, dann abgießen und mehrmals mit frischem Wasser abbrausen, bis sich auf dem Spülbeckenboden kein Schmutz mehr absondert. Mit der Salatschleuder oder in einem sauberen Geschirrtuch trocken schleudern.
3. Die Minzeblätter auf gleiche Weise abzupfen, waschen und trocken schütteln.
4. Petersilie und Minzeblätter fein hacken und in eine große Salatschüssel geben.
5. Die restlichen Zutaten hinzufügen und den Salat gut mischen. Als Beilage oder als leichtes Mittagessen auf Romana-Salatblättern anrichten, die das Brot ersetzen können.

Pro Portion: Energie 688 kJ/164 kcal; Eiweiß 5 g; Fett 10 g; gesättigte Fettsäuren 1 g; Cholesterin 0 mg; Kohlenhydrate 10 g; Zucker 6 g; Ballaststoffe 8 g; Kalzium 213 mg; Eisen 6,6 mg; Natrium 260 mg

TIPPS:
— Bulgurweizen gibt es in verschiedenen Texturen. Für ein Taboulé kaufen Sie am besten feinkörnigen Bulgur.
— Das restliche Taboulé sollten Sie vor dem Aufbewahren im Kühlschrank abtropfen lassen, damit es nicht durchweicht. Traditionell wird die Marinade getrunken. Man kann sie auch als Dressing für einen anderen Salat verwenden.

„Dieser Salat kann Sie mit unglaublich viel Eisen versorgen."

„Asiatisches Blattgemüse ist überaus reich an Kalzium, das vom Körper gut absorbiert wird. Wir alle sollten mehr davon essen."

Eine schnelle und überaus köstliche Art, mehr asiatisches Blattgemüse in Ihre Ernährung einzubauen. Leicht gedämpft ist Pak Choi so zart, dass er auf der Zunge zergeht! Der chinesische Senfkohl ist ein Kreuzblütler und wirkt stark krebshemmend.

GEDÄMPFTER BABY-PAK-CHOI MIT KNOBLAUCHSAUCE

ZUBEREITUNGSZEIT: 4 MINUTEN, GARZEIT: 7 MINUTEN, FÜR 4 PERSONEN

1 Bund Baby-Pak-Choi (ca. 500 g)
1 EL Olivenöl extra vergine
4 Knoblauchzehen, geschält und
gehackt
1 EL salzreduzierte Sojasauce
½ TL Maismehl

1. Den Dampfgarer bereitstellen. In der Zwischenzeit den Pak Choi putzen, jedoch ganz lassen.
2. Die Pak-Choi-Köpfe mit weißen Stielen und Blättern halbieren oder vierteln, je nach Größe. Dann ins Wasser tauchen und gründlich waschen. Hartnäckigen Schmutz unter fließendem Wasser herausspülen.
3. Den Pak Choi in den Korb des Dampfgarers legen und 3 Minuten dämpfen.
4. In der Zwischenzeit das Olivenöl in einer kleinen Pfanne erhitzen und den Knoblauch leicht bräunen.
5. Die Sojasauce unterrühren, dann das in 3 EL Wasser aufgelöste Maismehl unter Rühren dazugeben und 1 Minute einkochen lassen.
6. Das gedämpfte Gemüse auf einer Servierplatte anrichten und mit der Sauce beträufeln. Danach sofort servieren. Nicht geeignet zum Tiefkühlen.

TIPP:
– *Auf gleiche Art kann auch anderes asiatisches Blattgemüse zubereitet werden. Falls nötig, die Dämpfzeit anpassen!*

Pro Portion: Energie 353 kJ/84 kcal; Eiweiß 5 g; Fett 5 g; gesättigte Fettsäuren 1 g; Cholesterin 0 mg; Kohlenhydrate 2 g; Zucker 1 g; Ballaststoffe 5 g; Kalzium 156 mg; Eisen 2,8 mg; Natrium 281 mg

Sicher haben Sie schon von Grünkohl in Gemüsesäften oder Smoothies gehört. Hier kann Grünkohl einmal als dekorativer Salat serviert werden! Das Einreiben der Blätter mit Zitronensaft und Salz macht den Grünkohl zart und erinnert im Geschmack an Kaugummi. Avocado und Olivenöl verstärken die Aufnahme der krebsbekämpfenden Carotinoide. Dieser Salat ist eine herrliche Beilage. Reste eignen sich gut als Sandwichbelag. Roher, fein geschnetzelter Grünkohl setzt krebshemmendes Sulforaphan in großen Mengen frei.

GRÜNKOHL-SALAT MIT AVOCADO UND GRANATAPFELKERNEN

ZUBEREITUNGSZEIT: 25 MINUTEN, RUHEZEIT: 30 MINUTEN, FÜR 8 PERSONEN

300 g krause Grünkohlblätter, den Stiel herausgeschnitten
Saft von 1 Zitrone
3 EL Olivenöl extra vergine
½ TL Salz
1 Avocado, geschält, entsteint und in kleine Würfel geschnitten
60 g Granatapfelkerne

1. Die Grünkohlblätter bei mehrfachem Wasserwechsel gründlich waschen. In einer Salatschleuder trocken schleudern oder die Blätter vorsichtig auf einem Küchentuch ausdrücken.
2. Die Blätter aufrollen und sehr fein schnitzeln, dann in eine große Salatschüssel füllen.
3. Zitronensaft, Olivenöl und Salz hinzufügen und mit einer sauberen Hand einige Minuten einarbeiten, bis der Grünkohl weich wird. Mindestens 30 Minuten ruhen lassen, damit sich sein Geschmack voll entfaltet.
4. Vor dem Servieren die Avocadostücke und die Granatapfelkerne unterheben oder als Garnitur verwenden. Der Salat kann 2 Tage im Kühlschrank aufbewahrt werden. Nicht geeignet zum Tiefkühlen.

TIPP:

– Den Bio-Grünkohl vorsichtig putzen, denn manchmal verstecken sich in den Blättern kleine Schnecken und Blattläuse. Falls erforderlich, eine halbe Stunde in Salzwasser eintauchen, dann mehrmals abbrausen.

Pro Portion: Energie 518 kJ/124 kcal; Eiweiß 1 g; Fett 12 g; gesättigte Fettsäuren 2 g; Cholesterin 0 mg; Kohlenhydrate 3 g; Zucker 3 g; Ballaststoffe 2 g; Kalzium 20 mg; Eisen 0,5 mg; Natrium 153 mg

TIPP:
— Variation: Statt Granatapfelkernen bieten sich
auch Mangowürfel an.

Griechen lieben dieses wild wachsende, bittere Blattgemüse, das bei ihnen als Horta bekannt ist. Hier werden die Endivienblätter mit nur wenig Wasser gegart, was ihnen den bitteren Geschmack nimmt, und ganz einfach mit Zitrone und Olivenöl angemacht. Die Kombination an Aromen ist einfach toll! Das Horta wird traditionell zu vielen Hauptspeisen serviert.

GEGARTE ENDIVIENBLÄTTER MIT ZITRONE UND OLIVENÖL

ZUBEREITUNGSZEIT: 15 MINUTEN, GARZEIT: 25 MINUTEN, RUHEZEIT: 15 MINUTEN, FÜR 7 PERSONEN

1 kg Endiviensalat
8 EL Olivenöl extra vergine
Saft von 1 Zitrone

TIPPS:

– *Für ein Horta wurden traditionell alle Arten von „Unkraut" verwendet. Der Salat kann auch mit Löwenzahn, Rote-Bete-Blättern, Zichorie und Brennnesseln oder mit jedem anderen essbaren dunkelgrünen Blattgemüse zubereitet werden.*

– *Wenn die matte dunkle Farbe Sie irritiert, dann schrecken Sie die gegarten Blätter kurz mit eiskaltem Wasser ab!*

1. Einen großen Topf 2 ½ cm hoch mit Wasser füllen, den Deckel auflegen und das Wasser aufkochen.

2. Den Strunk jedes Endivienblatts bis auf 5 cm herausschneiden und wegwerfen. Die Blätter in das mit sauberem Wasser gefüllte Spülbecken legen, einmal durchwirbeln und dann in eine große Schüssel füllen. Das Wasser ablaufen lassen, das Becken ausspülen und erneut frisches Wasser einlaufen lassen. Den Vorgang wiederholen, bis alle Blätter sauber und frei von Schmutz sind. Die Blätter fest ausdrücken; dabei die Schüssel über dem Spülbecken leicht schräg halten, um überschüssiges Wasser abzugießen.

3. Die gewaschenen Endivienblätter in kochendes Wasser geben und zusammendrücken, bis der Topf ganz gefüllt ist und der Deckel noch fest aufliegt. Eventuell den Salat portionsweise garen. Erneut aufkochen lassen und etwa 10 Minuten garen, bis die Blätter zusammenfallen. Die Blätter mit der Küchenzange herausheben. Auf einer Servierplatte oder in einer großen Schüssel locker verteilen, dann klumpen sie nicht zusammen.

4. Den Vorgang wiederholen, bis alle restlichen Blätter fertig gegart sind. Dazu dasselbe Kochwasser verwenden.

5. Den Endiviensalat 10 bis 15 Minuten ruhen lassen, dann mit Olivenöl und Zitronensaft beträufeln und warm servieren. Alternativ kann das Horta auch mehrere Tage im Kühlschrank aufbewahrt und kalt verspeist werden.

Pro Portion: Energie 693 kJ/165 kcal; Eiweiß 2 g; Fett 16 g; gesättigte Fettsäuren 3 g; Cholesterin 0 mg; Kohlenhydrate 1 g; Zucker 1 g; Ballaststoffe 3 g; Kalzium 67 mg; Eisen 2,5 mg; Natrium 109 mg

„In Griechenland wird der bitter schmeckende Horta-Sud gewöhnlich auch getrunken, denn er soll medizinisch hochwirksam sein! Zuerst aber durch ein feines Sieb abseihen, um mögliche Rückstände aufzufangen!"

„Knoblauch sollte ungeschält geröstet werden, damit er nicht anbrennt!"

Eine köstliche Art, mehr Gemüse zu essen. Das cremige Dressing ist ein toller Ersatz für Mayonnaise und kann zum Aromatisieren für viele Salate und weich gekochte Körner verwendet werden. Tahin wird aus Sesamsamen hergestellt und senkt aktiv den Cholesterinspiegel. Kurkuma wirkt entzündungshemmend, was sich bei Chemo- und Strahlentherapien gegen Krebs als sehr effizient erwiesen hat.

RÖSTGEMÜSE-SALAT MIT ORANGEN-TAHIN-DRESSING

ZUBEREITUNGSZEIT: 20 MINUTEN, GARZEIT: 1 STUNDE, FÜR 6 PERSONEN

4 mittelgroße Zucchini, auf einem
    Gemüsehobel in 2½ cm dicke
    Scheiben geschnitten
4 große Wiesenchampignons, in grobe
    Stücke geschnitten
2 rote Gemüsezwiebeln, geschält und
    geviertelt
1 mittelgroße Aubergine, in große Würfel
    geschnitten
6 Knoblauchzehen, ungeschält
1 rote Paprikaschote, entkernt und in
    große Stücke geschnitten
5 EL Olivenöl extra vergine
4 Zweige getrockneter Oregano

Für das Dressing:

Saft von ½ Orange
1 EL Zitronensaft
2 EL Tahin (Sesampaste)
2 TL helle Misopaste (Shiro Miso)
1¼ TL Ahornsirup
1 kleine Knoblauchzehe, geschält
    und durchgepresst
¼ TL Kurkumapulver

Pro Portion: Energie 918 kJ/219 kcal; Eiweiß 6 g; Fett 17 g; gesättigte Fettsäuren 3 g; Cholesterin 0 mg; Kohlenhydrate 8 g; Zucker 6 g; Ballaststoffe 5 g; Kalzium 60 mg; Eisen 1,4 mg; Natrium 91 mg

1. Den Backofen auf 200 °C vorheizen.
2. Zwei Backbleche oder Backformen mit Backpapier auslegen und das zerkleinerte Gemüse darauf verteilen. Mit dem Olivenöl beträufeln und mit den Fingern vorsichtig mischen. Die Oreganozweige leicht zerdrücken und auf das Gemüse legen.
3. Das Gemüse im vorgeheizten Backofen 45 bis 60 Minuten rösten, bis es weich und leicht gebräunt ist.
4. Für das Dressing in der Zwischenzeit die Zutaten in ein Glasgefäß mit Schraubverschluss füllen und kräftig schütteln, damit sich alles gut vermischt.
5. Das Gemüse auf einer Servierplatte anrichten und das Dressing in einem Kännchen dazu reichen. Den Salat pur, als Beilage oder mit gegarter Polenta oder weich gegartem Getreide als Hauptgericht warm genießen. Das Dressing hält sich mehrere Tage im Kühlschrank.

TIPP:

– *Variationen: Das Dressing kann statt mit Kurkuma auch mit frischen Kräutern glatt püriert werden. Als Ersatz für die Misopaste eignet sich Sojasauce recht gut. Statt Ahornsirup können Sie Granatapfelsirup probieren oder etwas Dijon-Senf unterrühren.*

Dieser schmackhafte Salat hat eine herrliche Senf- und Pfeffernote, die einen schönen Kontrast zum süß-lichen Geschmack von Kakifrucht und säuerlichem Zitronensaft bildet. Rucola und Brunnenkresse gehören zur Familie der Kreuzblütler und sind hochwirksame Krebshemmer.

BRUNNENKRESSE-RUCOLA-SALAT MIT KAKI UND WALNÜSSEN

ZUBEREITUNGSZEIT: 15 MINUTEN, FÜR 5 PERSONEN

100 g zarte Brunnenkresseblätter
100 g Rucolablätter
2 EL Olivenöl extra vergine
Saft von 1 Zitrone
1 Kaki, klein geschnitten (möglichst eine feste Sorte wählen)
30 g Walnusskerne
frisch zerstoßener schwarzer Pfeffer

1. Die Blätter von Brunnenkresse und Rucola mehrmals waschen, um Schmutz und eventuelle kleine Schnecken zu entfernen, die sich manchmal in der Brunnenkresse verstecken.
2. Die Blätter in einer großen Rührschüssel mit Olivenöl, Zitronensaft und Pfeffer locker mischen.
3. Auf einer Servierplatte anrichten und mit Kaki-Stückchen und Walnüssen bestreuen. Als Vorspeise oder Salatbeilage zu einem Hauptgericht servieren.

TIPPS:

— Kaufen Sie 400 g Brunnenkresse, sodass Sie 100 g zarte Blätter erhalten. Die restlichen faserigen Stiele können Sie zu Saft pressen.

— Die Kaki ist eine feste Sorte der Persimone. Dank ihrer stabilen Textur lässt sie sich gut klein schneiden. Sie schmeckt süß und muss nicht geschält werden.

— Variation: Wenn Sie keine Kakifrucht bekommen können, verwenden Sie eine frische Mango oder einen Pfirsich.

Pro Portion: Energie 617 kJ/147 kcal; Eiweiß 2 g; Fett 12 g; gesättigte Fettsäuren 1 g; Cholesterin 0 mg; Kohlenhydrate 8 g; Zucker 8 g; Ballaststoffe 2 g; Kalzium 35 mg; Eisen 1,4 mg; Natrium 8 mg

Daikon-Rettich-Salat
mit Zitrone, Seite 70

Der Daikon-Rettich sieht aus wie eine übergroße weiße Möhre. In Japan ist das Gemüse sehr beliebt und wird oft als Suppeneinlage verwendet, kurz angebraten oder sauer eingelegt. Roh verzehrt ist der Garten-Rettich als Kreuzblütler ein hochwirksamer Krebshemmer. Wird er fein gerieben oder gehackt, bilden sich jede Menge Sulforaphane (Rezeptfoto Seite 69).

DAIKON-RETTICH-SALAT MIT ZITRONE

ZUBEREITUNGSZEIT: 5 MINUTEN, FÜR 4 PERSONEN

**1 kleiner Daikon-Rettich (600 g),
ungeschält**
Saft von 1 Zitrone
2 EL Olivenöl extra vergine
Sumach, zum Garnieren

1. Den Rettich schälen und in eine Schüssel reiben.
2. Zitronensaft und Olivenöl hinzugeben und vorsichtig vermengen. In einer Salatschüssel oder auf einzelnen Tellern mit 1 Prise Sumach garniert anrichten. Reste im Kühlschrank aufbewahren und innerhalb von 2 Tagen verzehren. Das Retticharoma wird bei längerer Ruhezeit intensiver, da sich noch mehr Sulforaphane bilden.

TIPPS:

— Daikon-Rettich finden Sie im Asialaden, beim Gemüsehändler oder im gut sortierten Supermarkt. Er wird in verschiedenen Größen angeboten und kann bis zu 1 Meter lang werden!
— In der japanischen Küche wird für Salate in der Regel der obere grüne Abschnitt (unter dem Krautansatz) verwendet, während der eher bitter schmeckende Stiel als Suppeneinlage zurückbehalten wird.
— Den Rettich sollte man unbedingt vorher auf seine Bitterkeit prüfen. Die meisten Exemplare schmecken jedoch angenehm süß.
— Mit 1 TL Algenflocken bestreut, liefert der Salat die tägliche Dosis an lebenswichtigem Jod.

Pro Portion: Energie 468 kJ/112 kcal; Eiweiß 1 g; Fett 10 g; gesättigte Fettsäuren 1 g; Cholesterin 0 mg; Kohlenhydrate 5 g; Zucker 4 g; Ballaststoffe 2 g; Kalzium 39 mg; Eisen 0,4 mg; Natrium 35 mg

„Ich verwende gern viele gesunde Pflanzenfette,
denn sie machen das Essen aromatischer und sind
medizinisch wertvoll."

TIPPS:
- Wählen Sie immer Kai-lan mit kleinen Stielen und leuchtend
  grünen Blättern, da dieser beim Schmoren zarter wird.
  Die dicken Stiele mit dem Kartoffelschäler schälen.
- Variation: Für einen intensiveren Geschmack das Gemüse
  nach dem Garen mit 1 TL Sesamöl beträufeln.
- Variation: Geben Sie noch 4 klein geschnittene
  Austernpilzkappen zum Ingwer.

Probieren Sie diese einfache, aber leckere Zubereitungsart für Kai-lan, einen Gemüsekohl, der als chinesischer Brokkoli bekannt ist. Der krebshemmende Kreuzblütler schmeckt leicht bitter, gilt jedoch als Kronjuwel unter den asiatischen Blattgemüsen. Die frische Ingwer-Knoblauch-Sauce überdeckt den bitteren Geschmack.

GESCHMORTER KAI-LAN MIT INGWER-KNOBLAUCH-SAUCE

ZUBEREITUNGSZEIT: 10 MINUTEN, GARZEIT: 10 MINUTEN, FÜR 4 PERSONEN

**1 Chinesischer Brokkoli
(Kai-lan, ca. 500 g)**
2 EL Erdnussöl in guter Qualität
**1 walnussgroßes Stück Ingwer, geschält
und fein geschnitten**
**4 Knoblauchzehen, geschält und
klein gehackt**
2 TL Sojasauce
2 TL Maismehl

1. Die Kai-lan-Blätter entstielen, schräg in 5 cm große Stücke schneiden, junge Triebe abzupfen und ebenfalls verwenden. Beim Waschen dreimal das Wasser wechseln und die Blätter auf einem Küchentuch abtropfen lassen.

2. Das Öl im Wok oder im Topf erhitzen und den Ingwer 1 Minute darin anbraten, dann den Knoblauch dazugeben und 30 Sekunden anbraten. Achtung: Er sollte nicht anbrennen.

3. Die Sojasauce mit 4 EL Wasser einrühren und aufkochen lassen, dann die Stiele hinzufügen und zugedeckt 2 Minuten schmoren lassen, bis sie kräftig grün sind.

4. Die Blätter hinzufügen und bei geschlossenem Deckel 1 Minute schmoren lassen, bis sie zusammenfallen.

5. Das Maismehl mit 4 EL Wasser verrühren, über den Kai-lan gießen und durchmischen. Stark erhitzen, bis die Sauce eindickt. Das Blattgrün auf einer Servierplatte anrichten und mit der Sauce beträufeln. Das geschmorte Gemüse ist eine wunderbare Beilage zu vielen Hauptgerichten. Zum Tiefkühlen ungeeignet.

Pro Portion: Energie 489 kJ/117 kcal; Eiweiß 4 g; Fett 10 g; gesättigte Fettsäuren 2 g; Cholesterin 0 mg; Kohlenhydrate 2 g; Zucker 1 g; Ballaststoffe 4 g; Kalzium 110 mg; Eisen 2 mg; Natrium 247 mg

SALATE & BEILAGEN MIT VOLLKORN

Vollkorn einfach zubereitet

Es gibt viele Möglichkeiten, Vollkorngetreide zu kochen, wie etwa die Absorptionsmethode oder das Garen im Schnellkochtopf. Am einfachsten gelingt es mit einem Reiskocher. Das gilt für fast jede Kornmischung – auch mit hineingeschmuggelten Hülsenfrüchten! Da viele Vollkorngetreidearten eine unterschiedliche Wirkung auf den Körper haben, ist auf Dauer Abwechslung wichtig. Um den Blutzuckerspiegel zu senken und damit insulintreibende Kohlenhydrate zu reduzieren, insbesondere bei Reis, verwenden Sie nur eine Mindestmenge an Wasser und vermeiden Sie das Einweichen von Körnern. Kochen Sie Reis genau wie Nudeln *al dente*. Bissfeste Körner lassen den Blutzucker weniger ansteigen als breiig gegarte.

5 Tipps zum Würzen von Vollkorngetreide
• Wenig Kurkumapulver unterrühren
• Einige Kardamomsamen einstreuen
• Klein geschnittene getrocknete Shiitakepilze untermischen
• Getrocknete Kräuter hinzugeben
• Einen Gemüsebrühwürfel hineinkrümeln

8 Vollkorn-Mischungen
Füllen Sie 500 g gemischte Körner mit der entsprechenden Menge Wasser in den Reiskocher und garen Sie das Getreide auf Stufe 2 (bei Weizen oder Graupen auf Stufe 2–3). Reste können auch tiefgekühlt werden!
• **Vollkornreis + roter Reis**
• **Vollkornreis + rote Quinoa**
• **Vollkornreis + Wildreis**
• **Vollkornreis + Schwarzaugenbohnen**
• **Vollkornreis + Puy-Linsen + Hirse**
• **Weizenvollkorn + Graupen**
• **Buchweizen + roter Reis**
• **Hirse + weiße Quinoa**

Dieser Salat basiert auf einer Vollkornreis-Wildreis-Mischung und stellt eine tolle Alternative zu normalen Reissalaten dar. Das Vollkorngetreide wirkt aufgrund seiner Ballast- und Phytonährstoffe entzündungslindernd im Körper. Das großartige Dressing verleiht dem Salat eine überraschende Note! Geben Sie zusätzlich 1 EL Essig oder Zitronensaft ins Dressing, um den Blutzucker um 30 Prozent senken (Rezeptfoto Seite 79).

WILDREIS-SALAT MIT WASABI-DRESSING

ZUBEREITUNGSZEIT: 35 MINUTEN, GARZEIT: 45 MINUTEN, FÜR 10 PERSONEN

200 g Wildreis
200 g Vollkornreis (Langkornreis, Basmati-Reis)
650 ml Gemüsebrühe (1 Brühwürfel à 10 g, in kochendem Wasser aufgelöst)
1 kleine Salatgurke, in 1 cm große Würfel geschnitten
½ rote Paprikaschote, entkernt und in 1 cm große Würfel geschnitten
100 g Sultaninen oder Korinthen
1 Bund frischer Koriander, Blätter abgezupft
1 frischer Maiskolben, nur die Körner verwenden

Für das Dressing:
75 g blanchierte Bio-Mandeln
5 EL Olivenöl extra vergine
1 EL Apfelessig
2 Knoblauchzehen, geschält und durchgepresst
2 TL Wasabipaste
4 EL Zitronensaft

1. Die Reismischung in einen mittelgroßen Topf schütten, abbrausen und gut abtropfen lassen. Die Brühe hinzugießen. Bei geschlossenem Deckel den Reis aufkochen und bei schwacher Hitze etwa 45 Minuten leicht köcheln lassen, bis er die Flüssigkeit aufgenommen hat.
2. Sobald der Reis gar ist, den Deckel abnehmen und den Reis 5 Minuten stehen lassen, dann mit der Gabel auflockern.
3. Für das Dressing in der Zwischenzeit die Mandeln in einer kleinen Pfanne bei mittlerer Hitze rösten, bis sie ihr ganzes Aroma entfalten. Vom Herd nehmen und grob hacken.
4. Die gerösteten Mandeln zusammen mit den restlichen Zutaten für das Dressing in einer kleinen Schüssel gut verquirlen.
5. Alle anderen Salatzutaten in einer großen Servierschüssel mit dem Reis vermengen und erst kurz vor dem Servieren mit dem Dressing mischen. Der Salat kann warm oder kalt gereicht werden.

Pro Portion: Energie 1385 kJ/331 kcal; Eiweiß 6 g; Fett 13 g; gesättigte Fettsäuren 2 g; Cholesterin 0 mg; Kohlenhydrate 45 g; Zucker 13 g; Ballaststoffe 4 g; Kalzium 41 mg; Eisen 1,6 mg; Natrium 179 mg

*Kalt serviert ist diese leichte Beilage perfekt bei warmem Wetter. In Hawaii, dessen Küche stark asia-
tisch geprägt ist, erfreut sich dieser Salat an Buffets allgemeiner Beliebtheit. Glasnudeln – weil sie gegart
durchsichtig sind – werden traditionell aus Mungbohnen hergestellt und haben einen niedrigen GI. Sie
sollten nicht mit Reisnudeln verwechselt werden, die nach dem Kochen milchig weiß bleiben.*

CHINESISCHE GLASNUDELN MIT BOHNENSPROSSEN

ZUBEREITUNGSZEIT: 20 MINUTEN, FÜR 8 PERSONEN

**250 g Glasnudeln aus Mungbohnenmehl
(aus dem Bio- oder Asialaden)**
300 g Bohnensprossen
4 EL Mirin (japan. Reiswein)
2 EL helle Sojasauce
1 EL Sesamöl
1 EL frisch geriebener Ingwer
**1 Knoblauchzehe, geschält und
durchgepresst**
1 rote Chilischote, fein gehackt
1 Frühlingszwiebel, fein gehackt
½ Bund Koriander, gehackt
**1 kleine ungeschälte Gurke, entkernt
und in feine Scheiben geschnitten**

1. Die Nudeln nach Packungsanleitung garen. In die Schüssel füllen und mit der Küchenschere grob in 7 ½ cm große Stücke schneiden.
2. In einer zweiten Schüssel die Sprossen mit kochendem Wasser übergießen und 3 Minuten abgedeckt darin ziehen lassen, dann abgießen und abkühlen lassen.
3. Für das Dressing Mirin, Sojasauce, Sesamöl, Ingwer, Knoblauch und Chili in einem Marmeladenglas mit Schraubverschluss kräftig schütteln, damit sich alles gut vermischt.
4. Sprossen, Frühlingszwiebel, Koriander und Gurkenstücke unter die Nudeln mischen und mit dem Dressing vermengen. Damit sich das Aroma gut entfaltet, den Salat in eine Schüssel füllen und bis 1 Stunde vor dem Servieren kühl stellen. Das Gericht hält sich 1 bis 2 Tage im Kühlschrank, ist jedoch zum Tiefkühlen ungeeignet.

TIPPS:
– Fadennudeln aus Mungbohnen und Mirin sind im Asialaden und beim asiatischen Gemüsehändler erhältlich. Die Reiswein-Würzsauce Mirin schmeckt süß-säuerlich.
– Die Gurke zum Entkernen längs halbieren und die Kerne mit einem Metall-Teelöffel entfernen.
– Dazu Limettenspalten servieren, wenn Sie Ihre Nudeln gern etwas säuerlich mögen.

*Pro Portion: Energie 186 kJ/44 kcal; Eiweiß 2 g; Fett 0 g; gesättigte Fettsäuren 0 g; Cholesterin 0 mg; Kohlenhydrate 7 g; Zucker 1 g;
Ballaststoffe 1 g; Kalzium 15 mg; Eisen 0,7 mg; Natrium 185 mg*

Wildreis-Salat mit
Wasabi-Dressing, Seite 77

Die Zubereitung dieses einfachen Rezeptes dauert etwas länger, gelingt jedoch leicht und eignet sich auch für größere Gruppen. Auberginen und Graupen sind reich an viskosen Ballaststoffen, die den Blutzucker regulieren und den Cholesterinspiegel senken. Das Rezept ist sehr ballaststoffreich.

GEFÜLLTE PAPRIKA MIT AUBERGINE UND PERLGRAUPEN

ZUBEREITUNGSZEIT: 25 MINUTEN, GARZEIT: 1 STD. 55 MINUTEN, FÜR 6 PERSONEN

200 g Perlgraupen
8 EL Olivenöl extra vergine
2 mittelgroße Zwiebeln, geschält und
   fein gehackt
1 große Aubergine (ca. 600 g), in 1 cm
   große Würfel geschnitten
1 EL gekörnte Gemüsebrühe
2 TL süßes Paprikapulver
2 EL gehackte Petersilie
frisch gemahlener schwarzer Pfeffer
6 rote, gelbe und orange Paprikaschoten

TIPPS:

— Mit Wirsingsalat (Seite 51) oder Daikon-Rettich-Salat (Seite 70) servieren.
— Süßes Paprikapulver kann gut durch geräuchertes Paprikapulver ersetzt werden.

1. Die Graupen abbrausen und zusammen mit ¾ l Wasser in einen mittelgroßen Topf geben, mit aufgelegtem Deckel aufkochen, dann bei schwacher Hitze in 50 Minuten weich garen. Abgießen.
2. Inzwischen in einer großen, tiefen Pfanne 5 EL Öl erhitzen und die Zwiebeln darin etwa 15 Minuten sehr weich dünsten.
3. Die Aubergine untermischen und das Ganze zugedeckt bei schwacher Hitze 30 Minuten schmoren lassen, bis die Aubergine zart und leicht schleimig wird und ihre Säfte freisetzt. Noch etwas Wasser hinzugießen, falls die Aubergine am Pfannenboden klebt.
4. Vom Herd nehmen und die gegarten Graupen, die gekörnte Gemüsebrühe, Paprikapulver, Pfeffer und Petersilie dazugeben und unter Rühren alles gut durchmischen. Den Backofen auf 200 °C vorheizen.
5. Den Stiel jeder Paprikaschote mit einem Messer vorsichtig kreisrund ausschneiden, damit ein kleines Loch entsteht. Die Stiele wegwerfen. Die Kerne entfernen und die Paprikaschoten abbrausen.
6. Die Paprikaschoten mit der Getreidemischung füllen und nebeneinander in eine Auflaufform setzen. Restliches Getreide zwischen den Paprikareihen gleichmäßig verteilen, sodass der austretende Saft einkochen kann. Die Paprikaschoten mit dem restlichen Olivenöl beträufeln und 350 ml Wasser in die Auflaufform gießen.
7. Die gefüllten Paprikaschoten 60 Minuten im vorgeheizten Backofen backen, bis die Haut komplett weich geworden ist. Für die Garprobe die Haut mit einer Messerspitze anstechen. Keine Sorge, falls die Haut schwarz wird: Die Paprikaschoten werden dann umso zarter sein und die Haut lässt sich vor dem Servieren leichter abziehen.
8. Die Paprikaschoten aus dem Backofen nehmen, zudecken und mindestens 10 Minuten ruhen lassen. Mit dem ausgetretenen Saft beträufeln und als Hauptgericht servieren.

Pro Portion: Energie 1805 kJ/431 kcal; Eiweiß 9 g; Fett 26 g; gesättigte Fettsäuren 4 g; Cholesterin 0 mg; Kohlenhydrate 35 g; Zucker 15 g; Ballaststoffe 13 g; Kalzium 62 mg; Eisen 2 mg; Natrium 630 mg

Zitronen-
Ofenkartoffeln, Seite 82

Graupenrisotto mit
Steinpilzen und
Salbei, Seite 83

Dies ist die klassische griechische Art, wirklich leckere Röstkartoffeln zuzubereiten! Der Zitronensaft ist ein Aromaplus und sorgt genau wie die saftige Garmethode für weniger fortgeschrittene Glykierungsendprodukte (AGEs; Seite 380). Anders als knusprige, trockene und gebräunte Röstkartoffeln sind diese zart, saftig und geschmacksintensiv. Verwenden Sie möglichst gelbfleischige mehligkochende Kartoffeln. Sie eignen sich für dieses landestypische Rezept besonders gut (Rezeptfoto Seite 81).

ZITRONEN-OFENKARTOFFELN

ZUBEREITUNGSZEIT: 10 MINUTEN, BACKZEIT: 60 MINUTEN, FÜR 8 PERSONEN

1½ kg gelbfleischige mehligkochende Kartoffeln (längliche Form), geschält
5 EL Zitronensaft
4 EL Olivenöl extra vergine
2 TL gerebelter Oregano
1½ TL Salz

1. Den Backofen auf 200 °C vorheizen.

2. Die Kartoffeln längs halbieren, dann mit der Schnittfläche nach unten auf ein Schneidebrett legen und in Spalten dritteln.

3. Die Kartoffelspalten auf ein Backblech legen, mit Zitronensaft und Olivenöl beträufeln und mit Oregano und Salz würzen. Die Kartoffeln mit den Fingern wenden, bis alle Stücke gleichmäßig von Zitronensaft und Öl bedeckt sind, und auf dem Blech verteilen.

4. Etwa 600 ml Wasser am Rand dazugießen. Die Kartoffeln sollen von etwas Flüssigkeit umgeben, aber noch von der Marinade bedeckt sein.

5. Die Kartoffeln 30 Minuten im vorgeheizten Backofen rösten. Aus dem Backofen nehmen und die Spalten wenden, dann bei 180 °C weitere 30 Minuten rösten. Direkt oder noch leicht warm servieren.

Pro Portion: Energie 991 kJ/237 kcal; Eiweiß 6 g; Fett 7 g; gesättigte Fettsäuren 1 g; Cholesterin 0 mg; Kohlenhydrate 33 g; Zucker 3 g; Ballaststoffe 5 g; Kalzium 21 mg; Eisen 1,5 mg; Natrium 442 mg

Eine köstliche Art, die sämigen Graupen zu genießen und zugleich den Cholesterinspiegel zu senken! Graupen haben einen extrem niedrigen GI. Die Steinpilze geben dem Gericht eine erdige Farbe und Geschmacksnote (Rezeptfoto Seite 81).

GRAUPENRISOTTO MIT STEINPILZEN UND SALBEI

ZUBEREITUNGSZEIT: 5 MINUTEN, GARZEIT: 1 STUNDE, FÜR 4 PERSONEN

10 g getrocknete Steinpilze
2 EL Olivenöl extra vergine
1 mittelgroße Zwiebel, geschält und fein gehackt
2 Knoblauchzehen, geschält und durchgepresst
1 TL getrockneter Salbei
200 g Perlgraupen, abgebraust und abgetropft
¼ TL Salz (nach Belieben)
½ l Gemüsebrühe (1 Brühwürfel à 10 g, in ½ l kochendem Wasser aufgelöst)
frisch gemahlener schwarzer Pfeffer

1. Die Pilze in eine kleine Schüssel geben und mit ¼ l kochendem Wasser übergießen. Einweichen lassen und in der Zwischenzeit die anderen Zutaten vorbereiten. Beim Abgießen die Flüssigkeit zurückbehalten und die Pilze grob hacken.
2. Das Olivenöl in einem Topf erhitzen und Zwiebel und Knoblauch darin weich dünsten.
3. Salbei, Pilze und Graupen einrühren. Mit Salz würzen. Die Brühe und das zurückbehaltene Einweichwasser angießen und aufkochen lassen.
4. Den Deckel auflegen und das Ganze unter gelegentlichem Rühren bei schwacher Hitze etwa 45 Minuten köcheln lassen; dabei immer wieder kontrollieren damit die Flüssigkeit nicht ganz aufgenommen wird. Die gegarten Graupen sollten *al dente*, aber noch feucht sein. Für eine weichere Textur 125 ml kochendes Wasser zusätzlich dazugeben und die Graupen noch etwas länger garen.
5. Die Graupen mit Pfeffer würzen und statt weißem Reis oder Kartoffeln als Beilage servieren oder als Hauptmahlzeit mit Salat genießen.

TIPP:

– Graupen lassen sich gut im Reiskocher garen. Etwa 225 g Graupen hineingeben und, je nachdem, wie weich sie werden sollen, bis auf Stufe 2–3 mit Wasser füllen. Den Deckel fest verschließen und auf „Garen" drücken. Die Flüssigkeit kocht sprudelnd auf. Der Reiskocher schaltet sich nach etwa 45 bis 60 Minuten automatisch ab.

Pro Portion: Energie 1104 kJ/264 kcal; Eiweiß 6 g; Fett 11 g; gesättigte Fettsäuren 2 g; Cholesterin 0 mg; Kohlenhydrate 32 g; Zucker 2 g; Ballaststoffe 7 g; Kalzium 22 mg; Eisen 1,6 mg; Natrium 341 mg

„Mujadara" ist ein einfaches, im Mittleren Osten sehr beliebtes Gericht. Heutzutage wird es meist mit weißem Reis zubereitet, meine Version aber basiert auf dem traditionelleren Weizenschrot, der auch für Sie besser ist! Das Gericht kann heiß oder kalt serviert werden, eine längere Kühlzeit intensiviert das Aroma. Genießen Sie das Mujadara als Vollkornbeilage oder pur mit Salat oder mit fettarmem Joghurt! Linsen wirken stark antidiabetisch und schützen vor Herzerkrankungen und Krebs.

LINSEN-BULGUR MIT KARAMELLISIERTEN ZWIEBELN

ZUBEREITUNGSZEIT: 7 MINUTEN, GARZEIT: 50 MINUTEN, FÜR 6 PERSONEN

5 EL Olivenöl extra vergine
2 große Zwiebeln, halbiert und in dünne
   Ringe geschnitten
200 g braune Linsen, gesäubert und
   abgebraust
200 g grober Bulgur, abgebraust und im
   Sieb abgetropft
¾ TL Salz
frisch zerstoßener schwarzer Pfeffer

1. Das Olivenöl in einer großen Pfanne erhitzen und die Zwiebeln etwa 25 Minuten darin dünsten, bis sie karamellisieren. Das überschüssige Olivenöl abgießen und zurückbehalten.
2. Inzwischen die Linsen zusammen mit 180 ml Wasser in einen großen Topf geben, sodass sie knapp vom Wasser bedeckt sind. Bei geschlossenem Deckel aufkochen lassen, dann auf niedrigster Stufe etwa 15 Minuten vorsichtig dämpfen, bis die Linsen das Wasser aufgenommen haben. Die Linsen sollten dabei nicht anbrennen.
3. Die Hälfte der karamellisierten Zwiebeln, den Bulgur, Salz und Pfeffer zusammen mit ½ l Wasser angießen und gut verrühren. Aufkochen und dann zugedeckt bei sehr schwacher Hitze etwa 20 Minuten köcheln lassen, bis das Wasser aufgenommen ist. Den Deckel abnehmen und das Gargut 10 Minuten ruhen lassen.
4. Das zurückbehaltene Olivenöl unterrühren und den Linsen-Bulgur auf einer Servierplatte anrichten. Mit den restlichen karamellisierten Zwiebeln garnieren und direkt servieren. Reste im Kühlschrank aufbewahren oder tiefkühlen.

TIPP:

— Drohen die Linsen anzubrennen, zusätzlich etwas kochendes Wasser dazugießen.

Pro Portion: Energie 1217 kJ/291 kcal; Eiweiß 11 g; Fett 14 g; gesättigte Fettsäuren 2 g; Cholesterin 0 mg; Kohlenhydrate 28 g; Zucker 4 g; Ballaststoffe 10 g; Kalzium 45 mg; Eisen 3,1 mg; Natrium 299 mg

Bohnenstampf mit Thymian, Seite 87

Cremiger Blumenkohl-stampf, Seite 86

„Dieser Bohnenstampf mit Thymian ist wunderbar reich an Eisen und Ballast-stoffen. Meine Diabetes-Patienten finden ihn einfach klasse!"

„Der Blumenkohl ist nichts als ein Kohlkopf mit akademischer Bildung", befand einst Mark Twain. In letzter Zeit aber wird ihm viel Beachtung zuteil. Er wird geröstet, gebraten, sauer eingelegt und sogar zu Pizzaböden verarbeitet! Dieser köstliche, leicht süßliche Stampf ist der ideale Ersatz für Kartoffelpüree, denn er ist sehr kalorien- und kohlenhydratarm. Auch hält er Ihren Blutzuckerspiegel in Balance (Rezeptfoto Seite 85)!

CREMIGER BLUMENKOHLSTAMPF

ZUBEREITUNGSZEIT: 8 MINUTEN, GARZEIT: 20 MINUTEN, FÜR 6 PERSONEN

1 kg Blumenkohl (ca. 1 großer Kopf)
1 EL Olivenöl extra vergine
Salz und frisch gemahlener
schwarzer Pfeffer

1. Den Blumenkohl waschen, in größere Röschen teilen und in einem großen Topf bei geschlossenem Deckel in ½ l Wasser aufkochen und 15 Minuten weich garen. Alternativ kann er auch dampfgegart werden.
2. Den Blumenkohl in einem Küchensieb gut abtropfen und im noch warmen Topf bei geschlossenem Deckel 5 Minuten trocknen lassen.
3. Die Blumenkohlstücke in die Küchenmaschine füllen und nach Belieben noch Olivenöl hinzugeben und mit Salz und Pfeffer würzen. Einige Minuten auf niedriger Stufe verarbeiten, bis ein cremiger Stampf entsteht. Achtung: Keinen Hochgeschwindigkeitsmixer verwenden, sonst wird der Stampf zähflüssig. Sofort als Beilage servieren. Reste sind 2 Tage im Kühlschrank haltbar. Zum Tiefkühlen ungeeignet.

TIPPS:

— Blumenkohl kann von Juni bis in den späten Herbst hinein geerntet werden. Der Blumenkohlkopf sollte kompakte, kräftige Röschen haben, die dicht zusammenliegen. Gelbstichiger Blumenkohl mit kleinen braunen Stellen oder lockeren Röschen ist augenscheinlich überreif.
— Dieser Stampf hat sogar einen niedrigeren Glyx-Wert als Süßkartoffelstampf, der oft von Diabetikern als Ersatz für gewöhnliches Kartoffelpüree verwendet wird.

Pro Portion: Energie 278 kJ/66 kcal; Eiweiß 3 g; Fett 3 g; gesättigte Fettsäuren 0 g; Cholesterin 0 mg; Kohlenhydrate 3 g; Zucker 3 g; Ballaststoffe 5 g; Kalzium 30 mg; Eisen 0,8 mg; Natrium 52 mg

Eine andere köstliche Alternative zu Kartoffelpüree sind diese weißen Bohnen, auch Limabohnen genannt. Sie haben ein buttriges Aroma und eine sämige, bissfeste Textur. Sie helfen insbesondere bei Diabetes oder Insulinresistenz, um den Glyx-Wert der gesamten Mahlzeit zu senken und den Blutzuckerspiegel zu regulieren (Rezeptfoto Seite 85).

BOHNENSTAMPF MIT THYMIAN

ZUBEREITUNGSZEIT: 6 MINUTEN + EINWEICHZEIT ÜBER NACHT, GARZEIT: 20 MINUTEN INKLUSIVE SCHNELLKOCHTOPF, 8 PERSONEN

500 g weiße Bohnen, über Nacht eingeweicht
1 EL Olivenöl extra vergine
1 TL gerebelter Thymian
1 TL Salz

1. Die Bohnen abbrausen und abgießen. In den Schnellkochtopf geben und mit Wasser bedecken. Den Deckel fest verschließen und Druck aufbauen, dann bei reduzierter Hitze auf sehr niedriger Stufe 3 Minuten unter Druck garen. Vor dem Öffnen den Dampf auf jeden Fall entweichen lassen (15 Minuten). Alternativ die Bohnen in einem Topf zugedeckt mit mindestens 1½ l Wasser aufkochen und 45 bis 60 Minuten weich garen; nach Bedarf etwas mehr kochendes Wasser angießen, damit die Bohnen nicht anbrennen. Die Bohnen herausnehmen und im Sieb abgießen.

2. Die Bohnen in die Küchenmaschine füllen und zusammen mit den restlichen Zutaten glatt und cremig rühren. Achtung: Keinen Hochgeschwindigkeitsmixer verwenden, sonst wird der Stampf zähflüssig. Sofort servieren oder für eine spätere Verwendung kühl stellen. Der Stampf hält sich in einem luftdichten Behälter mehrere Tage im Kühlschrank. Er lässt sich in der Mikrowelle aufwärmen oder mit etwas Kochwasser anrühren, wenn er dicksämig ist. Der Stampf wird durch das Erwärmen wieder weicher.

TIPPS:

– Wenn's schnell gehen muss: 800 g Bohnen (2 Dosen) abbrausen, abtropfen lassen, die restlichen Zutaten unterrühren und mit 4 EL heißem Wasser glatt pürieren.

– Variation: Olivenöl erwärmen, mit fein gehacktem Knoblauch und frischem Rosmarin mischen und unter den Stampf rühren. Etwas Zitronensaft hinzufügen.

Pro Portion: Energie 1072 kJ/256 kcal; Fett 15 g; Eiweiß 20 g; gesättigte Fettsäuren 2 g; Cholesterin 0 mg; Kohlenhydrate 8 g; Zucker 4 g; Ballaststoffe 13 g; Kalzium 116 mg; Eisen 6,1 mg; Natrium 290 mg

„Mehr Eisen? Hier ist ein weiteres schmackhaftes veganes Rezept!"

Dieses würzige, leicht scharfe Gericht wird als einfache orientalische Hauptmahlzeit oder als Beilage gegessen. Hierfür wird Gemüseamaranth verwendet, auch als Bayan oder Chinesischer Spinat bekannt. Man erkennt ihn leicht an seinen hellgrünen Blättern mit rotvioletten Adern. In Geschmack und Textur dem Spinat ähnlich, ist er jedoch mit Roter Bete verwandt. Die rote Farbe rührt von antioxidativen Betalainen her, die den Bulgur beim Garen leicht rosa verfärben können. Gemüseamaranth namens Vlita ist in Griechenland ein beliebtes Gericht aus einfach gekochten Blättern, die mit Olivenöl und Zitronensaft angemacht werden.

EXOTISCHER BULGUR MIT AMARANTHBLÄTTERN

ZUBEREITUNGSZEIT: 15 MINUTEN, GARZEIT: 25 MINUTEN, FÜR 4 PERSONEN

100 g grober Bulgur

1 großes Bund Amaranthblätter

2 EL Olivenöl extra vergine

1 mittelgroße braune Zwiebel, geschält und fein geschnitten

3 Knoblauchzehen, geschält und zerkleinert

1 TL Kreuzkümmelpulver

1 TL 7-Gewürze-Pulver

2 kleine rote Chilischoten, fein gehackt

1 Zitrone, geviertelt

1. Bulgur mit Wasser bedecken und vor der Zubereitung der anderen Zutaten 5 Minuten einwirken lassen. Im Sieb abgießen.

2. Die Blattstiele des Amaranths an den Enden abschneiden und gründlich waschen; dazu das Wasser dreimal wechseln. Abgießen und in 5 cm große Stücke schneiden, dann beiseitestellen. Achtung: Die Stiele werden beim Garen weicher.

3. Das Olivenöl in einem großen Topf erhitzen und darin die Zwiebelstücke bei mittlerer Hitze etwa 7 Minuten weich dünsten. Knoblauch dazugeben und 1 Minute dünsten, dann die Gewürze und den Bulgur einrühren, bis alles gut vermengt ist.

4. Die Amaranthblätter hinzufügen und 125 ml Wasser darübergeben. Den Deckel auflegen, damit sich Dampf bildet, dann bei reduzierter Hitze unter gelegentlichem Rühren in etwa 10 Minuten weich garen, bis die Amaranthblätter zusammenfallen. Wenn die Mischung zu trocken wird, etwas Wasser angießen, damit der Bulgur nicht am Boden klebt. Die Mischung sollte feucht, aber nicht wässrig oder breiig sein.

5. Vom Herd nehmen und die Chilischote untermischen. Vor dem Servieren einige Minuten ruhen lassen. In einer Schüssel anrichten und dazu die Zitronenspalten reichen. Zum Tiefkühlen ungeeignet.

TIPPS:

— Möglichst groben Bulgur kaufen und nicht die feine Variante für Taboulé.

— Variation: Amaranth kann durch Spinat oder Mangold ersetzt werden.

Pro Portion: Energie 725 kJ/173 kcal; Eiweiß 4 g; Fett 10 g; gesättigte Fettsäuren 1 g; Cholesterin 0 mg; Kohlenhydrate 13 g; Zucker 3 g; Ballaststoffe 9 g; Kalzium 171 mg; Eisen 8 mg; Natrium 43 mg

Würziger Bulgur-Auberginen-Pilaw, Seite 93

Aromatischer Buchweizen-Quinoa-Pilaw, Seite 92

„Wollen Sie schleichende Entzündungen in Ihrem Körper lindern? Dann wählen Sie das richtige Vollkorngetreide."

Freekeh ist unreif geernteter Hartweizen, der leicht geröstet und geschrotet wird. Er hat einen niedrigen Glyx-Wert (Seite 43), ist reich an Ballaststoffen und steckt voller Nährstoffe, die gut für Darm und Herz sind. Dieses Rezept zeigt die Zubereitung nach arabischer Art!

FREEKEH MIT AROMATISCHEN GEWÜRZEN UND PINIENKERNEN

ZUBEREITUNGSZEIT: 10 MINUTEN, GARZEIT: 25 MINUTEN, FÜR 8 PERSONEN

275 g geschroteter Freekeh, gewaschen und gut abgetropft
½ TL Salz
4 EL Olivenöl extra vergine
1 Zwiebel, geschält und fein geschnitten
1 mittelgroße rote Paprikaschote, entkernt und in feine Würfel geschnitten
4 Knoblauchzehen, geschält und durchgepresst
1 Prise Cayennepfeffer
1 TL 7-Gewürze-Pulver
1 TL getrocknete Minze
50 g Pinienkerne, trocken geröstet
1 EL fein gehackte Petersilie

1. Den Freekeh mit 650 ml Wasser und Salz in einen mittelgroßen Topf geben, bei geschlossenem Deckel aufkochen und 1 Minute garen lassen. Bei reduzierter Hitze etwa 20 Minuten köcheln lassen, bis der Freekeh das Wasser aufgenommen hat und bissfest gegart ist. Den Deckel abnehmen und überschüssigen Dampf entweichen lassen.
2. In der Zwischenzeit das Olivenöl in einer Pfanne erhitzen und Zwiebel und Paprikaschote etwa 1 Minute darin sehr weich dünsten. Den Knoblauch erst zum Ende der Garzeit dazugeben, damit er nicht anbrennt. Vom Herd nehmen und Gewürze und Minze untermischen.
3. Das gedünstete Gemüse und den gegarten Freekeh gut durchmischen. In eine Servierschüssel füllen und mit Pinienkernen und Petersilie bestreuen. Noch warm servieren oder für den späteren Verzehr im Kühlschrank aufbewahren. Gekühlt hält sich der Salat gut 5 Tage.

TIPPS:
— Freekeh ist im Naturkostladen oder im gut sortierten Supermarkt erhältlich.
— Für mehr Aroma können Sie das Gericht vor dem Servieren mit etwas zerkrümeltem Feta bestreuen.

Pro Portion: Energie 1101 kJ/263 kcal; Eiweiß 7 g; Fett 14 g; gesättigte Fettsäuren 2 g; Cholesterin 0 mg; Kohlenhydrate 24 g; Zucker 3 g; Ballaststoffe 6 g; Kalzium 24 mg; Eisen 1,7 mg; Natrium 148 mg

Eine glutenfreie Beilage aus Vollkorngetreide, die in Hauptmahlzeiten Kartoffeln, weißen Reis oder Nudeln ersetzen kann. Zimt, Bockshornklee, Koriander und Ingwer gehören zu den wirksamsten Gewürzen, um bei Diabetes den Blutzuckerspiegel zu senken (Rezeptfoto Seite 90).

AROMATISCHER BUCHWEIZEN-QUINOA-PILAW

ZUBEREITUNGSZEIT: 15 MINUTEN, GARZEIT: 25 MINUTEN, FÜR 6 PERSONEN

2 EL Olivenöl extra vergine
2 TL frischer Ingwer, gerieben
4 Kardamomkapseln, zerstoßen
2 kleine Zimtstangen, durchgebrochen
2 TL schwarze Senfsamen
1 TL Kreuzkümmelpulver
1 TL Bockshornkleesamen
90 g Buchweizen
90 g rote Quinoa
½ l Gemüsebrühe
Saft von 1 Zitrone
60 g getrocknete Cranberrys
60 g frische Korianderblätter

1. Das Olivenöl in einer großen Pfanne erhitzen. Ingwer, Kardamom, Zimt, Senfsamen, Kreuzkümmel und Bockshornkleesamen hineingeben und bei mittlerer Hitze 1 Minute aromatisch rösten. Die Gewürze sollten nicht anbrennen.
2. Buchweizen und Quinoa unter die Gewürzmischung mischen.
3. Die Gemüsebrühe zugießen und bei geschlossenem Deckel aufkochen. Bei geringer Hitze unter gelegentlichem Rühren etwa 20 Minuten leicht köcheln lassen, bis die Flüssigkeit aufgenommen ist.
4. Den Zitronensaft dazugeben und den Pilaw einige Minuten ohne Deckel garen, bis die meiste Feuchtigkeit verdampft ist. Cranberrys und Koriander untermischen und den Pilaw auf einem Servierteller anrichten. Warm servieren oder für spätere Verwendung im Kühlschrank aufbewahren.

TIPPS:

— Quinoa gibt es in verschiedenen Farben, wie etwa in Weiß, Rot und Schwarz. Die dunkleren Sorten haben einen intensiveren Geschmack.
— Kardamomkapseln lassen sich mit Mörser und Stößel fein zerstoßen.
— Variation: Vor dem Servieren geröstetes Gemüse wie Paprikaschoten, Zucchini und Aubergine untermischen.

Pro Portion: Energie 899 kJ/214 kcal; Eiweiß 5 g; Fett 8 g; gesättigte Fettsäuren 1 g; Cholesterin 0 mg; Kohlenhydrate 29 g; Zucker 10 g; Ballaststoffe 4 g; Kalzium 45 mg; Eisen 4 mg; Natrium 329 mg

*Ein toller Pilaw mit einfachem Vollkorngetreide und dem Aroma des 7-Gewürze-Pulvers, auch als „Baharat"
bekannt. Baharat ist eine aromatische Gewürzmischung mit Paprika, Kreuzkümmel, Koriander, Muskatnuss,
Nelken, Zimt und schwarzem Pfeffer. Gewürze können gewöhnliches Essen veredeln und jede Menge
Phytonährstoffe liefern. Genießen Sie dieses Gericht warm oder kalt (Rezeptfoto Seite 90).*

WÜRZIGER BULGUR-PILAW MIT AUBERGINE

ZUBEREITUNGSZEIT: 10 MINUTEN, GARZEIT: 35 MINUTEN, FÜR 6 PERSONEN

250 g grober Bulgurweizen
6 EL Olivenöl extra vergine
**1 kleine Zwiebel, geschält und fein
  gehackt**
1 große reife Tomate, fein gehackt
1 TL Tomatenmark
1 TL brauner Zucker
1 TL 7-Gewürze-Pulver
½ TL Salz (nach Belieben)
frisch gemahlener schwarzer Pfeffer
**1 mittelgroße Aubergine, in 2½ cm große
  Würfel geschnitten**

1. Den Bulgur in einem Sieb unter fließendem Wasser abbrausen. Abtropfen lassen und in der Zwischenzeit die anderen Zutaten vorbereiten.

2. Dann 3 EL Olivenöl in einem hohen Topf erhitzen und die Zwiebel darin sehr weich dünsten.

3. Bulgur, gehackte Tomaten, Tomatenmark, Zucker, Gewürzpulver, Salz, Pfeffer und 125 ml Wasser einrühren. Den Deckel auflegen, die Hitze stark reduzieren und den Bulgur unter gelegentlichem Rühren 15 Minuten garen; dabei sollte der Pilaw nicht am Topfboden ankleben. Wenn die Mischung zu trocken wird, noch etwas Wasser hinzufügen.

4. Vom Herd nehmen. Den Pilaw 10 Minuten ruhen lassen, bis das Getreide weich ist

5. In der Zwischenzeit das restliche Öl in einem großen Topf erhitzen und die Auberginenwürfel darin 10 Minuten goldbraun braten. Die Aubergine gibt, wenn sie weich wird, ihren Saft ab.

6. Die gebratene Aubergine unter den Pilaw rühren. Den Pilaw sofort servieren oder für spätere Verwendung im Kühlschrank aufbewahren. Nach Belieben pfeffern und salzen.

TIPP:

– *Kaufen Sie groben Bulgurweizen im orientalischen Gemüseladen oder im Bioladen. Er hat eine andere Textur als der feinkörnige Taboulé-Bulgur, der für dieses Rezept zu stark durchweichen würde.*

*Pro Portion: Energie 1338 kJ/320 kcal; Eiweiß 5 g; Fett 19 g; gesättigte Fettsäuren 3 g; Cholesterin 0 mg; Kohlenhydrate 27 g;
Zucker 4 g; Ballaststoffe 10 g; Kalzium 34 mg; Eisen 1,3 mg; Natrium 19 mg*

Das Geheimnis von Kartoffelsalat ist, dass man die Kartoffeln bereits am Vortag kocht. Gekochte und gekühlte Kartoffeln haben einen niedrigeren Glyx-Wert, das heißt der Blutzucker steigt weniger an, als bei Kartoffeln, die heiß oder als Püree serviert werden. Statt Mayonnaise verwenden Sie Zitronensaft und Olivenöl als Dressing. Das senkt den GI nochmals, verstärkt das Aroma und bringt Antioxidantien auf Ihren Tisch. Im griechischen Kartoffelsalat sind zudem rohe Zwiebeln (Präbiotika) und Petersilie enthalten, die zusätzlich antioxidativ und entzündungshemmend wirken.

GRIECHISCHER KARTOFFELSALAT

ZUBEREITUNGSZEIT: 15 MINUTEN, GARZEIT: 20 MINUTEN, FÜR 6 PERSONEN

1,2 kg Kartoffeln (ca. 6 Stück), gründlich abgebürstet
1 kleine Zwiebel, geschält und in feine Streifen geschnitten
30 g frische Petersilie, gehackt
4 EL Olivenöl extra vergine
Saft von 1 Zitrone
1 TL Salz

1. Die Kartoffeln in einen großen Topf geben und mit kaltem Wasser bedecken. Aufkochen und in 20 Minuten weich garen. Die Kartoffeln mit der Gabel einstechen, um zu kontrollieren, ob sie gar sind. Abgießen und im abgedeckten Topf abkühlen lassen.
2. Die Kartoffeln in Stücke schneiden und mit Zwiebeln und Petersilie in eine Salatschüssel geben. Die restlichen Zutaten hinzufügen und leicht umrühren, bis sich die Aromen mischen. Sofort servieren oder im Kühlschrank aufbewahren und über mehrere Tage hinweg verbrauchen.

TIPPS:
– Sie können auch die Sorten Carisma, Nicola, Nadine oder Kipfler (etwa 12 Stück, je nach Größe) verwenden. Trotz ihrer seltsamen fingerähnlichen Form sind gegarte Kipfler-Kartoffeln leicht zu schälen und fallen nicht auseinander, selbst wenn sie zu lange gekocht sind. Carisma- und Nicola-Kartoffeln haben einen niedrigen Glyx-Wert.
– Variation: Der Zitronensaft kann durch Essig ersetzt werden.

Pro Portion: Energie 911 kJ/218 kcal; Eiweiß 5 g; Fett 10 g; gesättigte Fettsäuren 2 g; Cholesterin 0 mg; Kohlenhydrate 25 g; Zucker 3 g; Ballaststoffe 4 g; Kalzium 23 mg; Eisen 1,3 mg; Natrium 394 mg

„In der Mittelmeerregion hält man eine gekochte Kartoffel in der Hand und schneidet sie direkt in die Schüssel. Der Salat muss nicht perfekt aussehen."

LEICHTE GERICHTE

„Trotz eines vollen Terminkalenders versuche ich immer, Zeit mit meinen kleinen Lieblingen Zoe und Luka zu verbringen."

Ein köstliches frisches Curry, das sich gut mit meinem Rüben-Risotto (Seite 100) kombinieren lässt. Die Sauce enthält frische Kräuter und Gewürze mit vielen heilenden Pflanzeninhaltsstoffen. Auf zum knackigen Gaumenschmaus!

GRÜNES THAI-CURRY

ZUBEREITUNGSZEIT: 30 MINUTEN + 15 MINUTEN ZUM MARINIEREN, FÜR 6 PERSONEN

Für die Sauce:

1 Bund Koriander, plus 6 Stiele zum Garnieren
2 Stängel Zitronengras, nur die weißen Abschnitte, grob gehackt
1 walnussgroßes Stück Ingwer, geschält
3 Knoblauchzehen, geschält
1 Frühlingszwiebel, nur die Knolle
1 scharfe Chilischote (Bird's Eye), entkernt
Saft von 2 Limetten
30 g Mandelmehl
2 TL Agavendicksaft
360 ml Kokosmilch
½ TL Salz

Für das Gemüse:

½ große Möhre, in feine Julienne geschnitten
8 Baby-Maiskolben, in 2½ cm große Stücke geschnitten
10 Champignons, geputzt und in Scheiben geschnitten
80 g grüne Bohnen, in 2 cm große Stücke geschnitten
2 Kaffir-Limettenblätter, fein zerkleinert

1. Für die Currysauce alle Zutaten im Hochgeschwindigkeitsmixer 1 Minute glatt pürieren.
2. Für das Gemüse alle Zutaten in einer mittelgroßen Schüssel mit etwa ¼ l Currysauce mischen. Beiseitestellen und mindestens 15 Minuten ziehen lassen.
3. Das marinierte Gemüse auf sechs Tellern verteilen. Jede Portion zusammen mit etwas Rüben-Risotto (Seite 100) oder Algennudeln (Seite 101) anrichten. Mit der restlichen Sauce beträufeln und mit Kaffir-Limettenblättern und einem Korianderstiel garnieren.

TIPP:

— Die Möhre kann durch Kirschtomaten ersetzt werden — dann jeweils 2 Tomaten pro Portion verwenden.

Pro Portion: Energie 712 kJ/170 kcal; Eiweiß 5 g; Fett 13 g; gesättigte Fettsäuren 9 g; Cholesterin 0 mg; Kohlenhydrate 6 g; Zucker 5 g; Ballaststoffe 4 g; Kalzium 55 mg; Eisen 3 mg; Natrium 310 mg

Algennudeln,
Seite 101

Rohes Rüben-Risotto,
Seite 100

„Statt einer Light-Variante verwende
ich normale Kokosmilch, die mit ihrem
intensiveren Geschmack für dieses
Gericht besser geeignet ist."

Dieses süßliche „rohe Risotto" passt gut zum Grünen Thai-Curry (Seite 98). Die Steckrübe, auch als Kohl-rübe bekannt, ist ein günstiges und vielfach unterschätztes Kreuzblütler-Wurzelgemüse. Es ist nicht nur kalorienarm, sondern kann auch – insbesondere roh verzehrt – körpereigene Detox-Mechanismen ver-stärken, um das Krebsrisiko einschließlich Blasenkrebs zu mindern (Rezeptfoto Seite 99).

ROHES RÜBEN-RISOTTO

ZUBEREITUNGSZEIT: 7 MINUTEN, FÜR 6 PERSONEN

2 große Steckrüben (ca. 750 g), geschält
und in grobe Stücke geschnitten
1 EL Olivenöl extra vergine
1 EL fein gehackter Koriander
¼ TL Salz

1. Die Steckrüben in die Küchenmaschine geben und in 15 bis 30 Sekunden mit der Pulse-Funktion zerkleinern, bis eine feine reisähnliche Textur entsteht.
2. In einer großen Schüssel mit den restlichen Zutaten mischen. Anstelle von kohlenhydratreichen Beilagen wie Reis oder Nudeln direkt servieren. Das Risotto kann 2 Tage im Kühlschrank aufbewahrt werden, ist aber nicht zum Tiefkühlen geeignet.

TIPPS:

– *Weißrüben, ebenfalls aus der Familie der Kreuzblütler, ähneln mit ihrer leicht violetten Schale rein äußerlich den Steckrüben. Jedoch haben sie ein weißes, zartes Fleisch und können scharf wie Rettich sein, während normale Steckrüben süßer und milder im Geschmack sind und ein cremefarbenes Fleisch haben.*

– *Variation: Rohkost-Risotto lässt sich auch mit Blumenkohl zubereiten.*

– *Kombinieren Sie das Rüben-Risotto zu „Rohkost-Chilli" oder „Rohkost-Bolognese" und anderen Rohkost-Saucen.*

Pro Portion: Energie 230 kJ/55 kcal; Eiweiß 1 g; Fett 3 g; gesättigte Fettsäuren 0 g; Cholesterin 0 mg; Kohlenhydrate 5 g; Zucker 4 g; Ballaststoffe 3 g; Kalzium 28 mg; Eisen 0,4 mg; Natrium 111 mg

Rohkost-Fans verwenden gern Algennudeln, weil diese nicht gekocht werden müssen. Algennudeln werden aus den essbaren Braunalgen hergestellt, sind also reich an Jod. Sie sind fettfrei, glutenfrei, kohlenhydratarm und enthalten nur sechs Kalorien pro Portion! Neutral im Geschmack und leicht knackig in ihrer Textur, die beim Einweichen aufquillt, nehmen sie Aromen extrem gut auf – je länger sie mariniert werden, desto besser (Rezeptfoto Seite 99)!

ALGENNUDELN

ZUBEREITUNGSZEIT: 10 MINUTEN, FÜR 4 PERSONEN

450 g Algennudeln (1 Packung)
Saft von 1 Zitrone

1. Die Algennudeln auflockern und abbrausen, um die salzige Flüssigkeit aus der Packung zu entfernen.
2. Mit der Küchenschere grob in 7 ½ cm lange Stücke schneiden, wenn die Algen als Suppeneinlage, im Salat oder zum Pfannenrühren verwendet werden; für „Spaghetti" nicht klein schneiden.
3. In einer mittelgroßen Schüssel mit Zitronensaft und Wasser bedecken und mindestens 10 Minuten einweichen lassen.
4. Abbrausen und abgießen. Jetzt sind die Algennudeln als gesunde Beilage servierbereit. Nicht zum Tiefkühlen geeignet.

TIPPS:

— Algennudeln gibt es im Reformhaus, im gut sortierten Supermarkt oder online.

— Ungeöffnet halten sich Algennudeln 6 Monate im Vorratsschrank.

— Dazu passen Tomatensaucen, cremige Nuss-/Körnersaucen oder Pestos. Mindestens 4 Stunden, am besten jedoch 24 bis 48 Stunden marinieren lassen.

— Beschränken Sie den Verzehr von stark jodhaltigen Algenrodukten auf 3 bis 4 Portionen pro Woche, um nicht zu viel Jod aufzunehmen.

Pro Portion: Energie 25 kJ/6 kcal; Eiweiß 0 g; Fett 0 g; gesättigte Fettsäuren 0 g; Cholesterin 0 mg; Kohlenhydrate 1 g; Zucker 0 g; Ballaststoffe 1 g; Kalzium 150 mg; Eisen 0,7 mg; Natrium 35 mg

Schwarze Bohnen und Reis sind eine klassische mexikanische Kombination und diese glutenfreien Burger vereinen die beiden traditionellen Aromen zu einem Schmaus für die ganze Familie! Die Bohnen verbessern die Biomarker für Darmgesundheit und wirken bei Colitis entzündungshemmend. Hülsenfrüchte sind im Allgemeinen äußerst wichtig zur Vorbeugung einer Darmentzündung. Serviert werden die Burger mit leicht gerösteten Brötchen und einer frischen Salsa oder als falafelgroße Bällchen in Wraps.

SCHWARZE-BOHNEN-BURGER MIT FRISCHER SALSA

ZUBEREITUNGSZEIT: 30 MINUTEN, GARZEIT: 15 MINUTEN, FÜR 8 PERSONEN

2 EL Chiasamen
5 EL Olivenöl extra vergine
1 mittelgroße Zwiebel, fein gehackt
1 Knoblauchzehe, geschält
400 g weich gegarte schwarze Bohnen
250 g gegarter mittelkörniger Vollkornreis
40 g Vollkornreismehl
1½ TL Kreuzkümmelpulver
3 EL frischer Koriander
Salz und frisch gemahlener schwarzer
**   Pfeffer**

Für die Salsa:
1 große, feste Tomate, in feine Würfel
**   geschnitten**
½ mittelgroße Salatgurke, geschält und in
**   feine Würfel geschnitten**
¼ rote Gemüsezwiebel, in feine Würfel
**   geschnitten**
½ mittelgroße Avocado, geschält, ent-
**   steint und in feine Würfel geschnitten**
2 EL frisch gehackter Koriander
½ kleine rote Chilischote, entkernt und
**   fein gehackt**
2 EL Zitronensaft
1 EL Olivenöl extra vergine

1. Die Chiasamen in einer kleinen Schüssel mit 6 EL heißem Wasser mischen und unter häufigem Rühren 15 bis 30 Minuten quellen lassen, bis ein dickes, glattes Gel entstanden ist.

2. Inzwischen 1 EL Olivenöl in einer großen Pfanne erhitzen und die Zwiebel darin dünsten. Den Knoblauch durchpressen und 30 Sekunden unter Rühren mitdünsten. Beiseitestellen.

3. In der Zwischenzeit für die Salsa alle Zutaten mischen. Beiseitestellen.

4. Die Bohnen mit der Gabel in einer mittelgroßen Schüssel zerstampfen. Reis, Reismehl, Kreuzkümmel, Koriander, Salz, Pfeffer, Chia-Gel (als Ei-Ersatz) und die Zwiebel-Knoblauch-Mischung dazugeben und unter Rühren gut vermengen. Dann mit angefeuchteten Händen 8 Bällchen formen und zu Patties flach drücken.

5. Das restliche Olivenöl in der Pfanne erhitzen und die Burger bei mittlerer Hitze in zwei Portionen von jeder Seite 3 Minuten goldbraun braten. Die Burger mit der Salsa auf den Brötchen anrichten und servieren. Sie können auch bis zu 3 Monate tiefgekühlt werden. Dann vor dem Anrichten kurz im Backofen erwärmen.

Pro Portion: Energie 25 kJ/6 kcal; Eiweiß 0 g; Fett 0 g; gesättigte Fettsäuren 0 g; Cholesterin 0 mg; Kohlenhydrate 1 g; Zucker 0 g; Ballaststoffe 1 g; Kalzium 150 mg; Eisen 0,7 mg; Natrium 35 mg

TIPPS:

– Verwenden Sie für dieses Rezept Reste von Reis und/oder Bohnen oder
  schwarze Bohnen aus der Dose. Selbst gegarte Bohnen sind gewöhnlich
  weicher und schmecken besser!

– Die Garzeit für getrocknete schwarze Bohnen im Schnellkochtopf:
  eingeweicht 5 Minuten bzw. nicht eingeweicht 20 Minuten; den Dampf
  natürlich entweichen lassen.

– Variation: Das Vollkornreismehl kann durch Lupinen- oder Kichererbsenmehl ersetzt werden.

„Die Sauce mit feiner Knoblauchnote und der Seidentofu mit seiner zart schmelzenden Textur kommen in meinem Haushalt gut an."

Eine leichte und köstliche Idee, um mehr Tofu mit pflanzlichem Eiweiß zu genießen. Tofu wird aus Soja-bohnen hergestellt und ist reich an Isoflavonen. Der häufige Verzehr von Tofu vermindert das Brustkrebs- und Prostatakrebs-Risiko und beugt anderen chronischen Krankheiten vor. Jüngsten Forschungen zufolge haben Krebsüberlebende mit regelmäßigem Sojakonsum ein geringeres Rezidiv-Risiko und leben länger!

GEDÄMPFTER SEIDENTOFU MIT KNOBLAUCHSAUCE

ZUBEREITUNGSZEIT: 5 MINUTEN, GARZEIT: 10 MINUTEN, FÜR 4 PERSONEN

600 g fester Seidentofu am Stück
4 EL Olivenöl extra vergine
8 Knoblauchzehen, geschält und
    klein gehackt
1 EL helle Sojasauce
1 Frühlingszwiebel, nur den grünen
    Abschnitt, fein gehackt
einige Stiele Koriander
1 TL dunkle Sesamsamen

1. Den Tofu umgedreht in einen Dämpfeinsatz oder auf einen großen, tiefen Teller legen und 7 Minuten in einem Topf mit Wasser dämpfen.
2. In der Zwischenzeit das Olivenöl leicht erwärmen und den Knob-lauch goldbraun dünsten, aber nicht anbrennen lassen. Die Sojasauce einrühren.
3. Das Tofustück vorsichtig auf eine Servierplatte mit hohem Rand stürzen oder im Dämpfteller abtropfen lassen; das Stück sollte beim Stürzen ganz bleiben.
4. Den Tofu mit der Soja-Knoblauch-Sauce beträufeln und mit Früh-lingszwiebel, Koriander und Sesamsamen garnieren. Mit einem gro-ßen Löffel in vier Portionen teilen und heiß servieren. Der Tofu passt gut zu gedämpftem Mehrkornreis und asiatischem Blattgemüse.

TIPP:
– Würzig statt salzig: Ersetzen Sie die Sojasauce
durch 1 gehackte rote Chilischote.

Pro Portion: Energie 1390 kJ/332 kcal; Eiweiß 19 g; Fett 26 g; gesättigte Fettsäuren 4 g; Kohlenhydrate 1 g; Zucker 0 g; Ballaststoffe 12 g; Cholesterin 0 mg; Kalzium 486 mg; Eisen 4.8 mg; Natrium 237 mg

Ein wunderbares griechisches Rezept namens „Araka" (Erbseneintopf), das die zentrale Rolle von zart gegartem Gemüse als Hauptmahlzeit in der traditionellen Mittelmeerküche betont. Keine Angst, wenn die Zwiebeln Tränen in die Augen treiben! Beißende Zwiebeln wirken bis zu siebenmal stärker antioxidativ als milde Sorten. Servieren Sie den Eintopf mit Vollkornreis oder Brot und einem Klecks Joghurt oder Fetakäse.

ERBSENEINTOPF MIT MINZE NACH GRIECHISCHER ART

ZUBEREITUNGSZEIT: 10 MINUTEN, GARZEIT: 27 MINUTEN INKLUSIVE SCHNELLKOCHTOPF, FÜR 6 PERSONEN

6 EL Olivenöl extra vergine
2 mittelgroße Zwiebeln, geschält und
   gehackt
2 EL Paprikapulver
140 g Tomatenmark
1 kg Erbsen (tiefgekühlt)
1 mittelgroße Möhre, geschält und
   fein gehackt
3 Knoblauchzehen, geschält und
   durchgepresst
1 TL Salz
1 Bund frische Minze, Blätter
   abgezupft (20 g)

1. Das Olivenöl im Schnellkochtopf erhitzen, die Zwiebel etwa 5 Minuten darin weich dünsten und dann Paprikapulver und Tomatenmark einrühren.
2. Erbsen, Möhre, Knoblauch, Salz, Minze und 350 ml Wasser dazugeben und alles gut verrühren. Den Schnellkochtopf sorgfältig verschließen und erhitzen, bis sich der Druck voll aufgebaut hat.
3. Die Herdplatte auf die niedrigste Stufe stellen und 2 Minuten unter hohem Druck garen. Vom Herd nehmen und vor dem Öffnen den Dampf auf natürliche Weise entweichen lassen. Das Gericht heiß oder kalt servieren.

TIPPS:
— Variation: Die Minze kann durch frischen Dill ersetzt werden.
— Zum herkömmlichen Garen einen großen Topf mit ½ l Wasser aufkochen,
   die Hitze reduzieren und alles zugedeckt etwa 50 Minuten köcheln lassen
   oder bis die Erbsen sehr weich gegart sind.
— Verwenden Sie selbst gemachten Sojajoghurt (Seite 294) oder „feta"-
   ähnlichen Mandelquark (Seite 224) als milchfreie Beilage.

Pro Portion: Energie 1338 kJ/320 kcal; Eiweiß 12 g; Fett 19 g; gesättigte Fettsäuren 3 g; Cholesterin 0 mg; Kohlenhydrate 17 g; Zucker 9 g; Ballaststoffe 16 g; Kalzium 81 mg; Eisen 4 mg; Natrium 545 mg

Eine leckere italienische Bauernmahlzeit mit leicht bitterem und scharfem Nachgeschmack. Der Bohneneintopf schmeckt als Sologericht oder mit einem Salat als Beilage. Dieses Rezept ist ideal, wenn es gerade saisonfrische Borlottibohnen gibt, kann mit getrockneten Bohnen aber ganzjährig gekocht werden. Auf Italienisch „civoria" genannt, sind Zichorien, genau wie Hülsenfrüchte, hoch probiotisch für einen gesunden Darm.

FRISCHE BORLOTTIBOHNEN MIT ZICHORIENBLÄTTERN

ZUBEREITUNGSZEIT: 15 MINUTEN, GARZEIT: 40 MINUTEN, FÜR 4 PERSONEN

1 kg frische Borlottibohnen
1 großes Bund Zichorienblätter, in 2 ½ cm
   große Stücke gehackt
8 EL Olivenöl extra vergine
4 große Knoblauchzehen, geschält und
   fein geschnitten
1 scharfe Chilischote, fein geschnitten
Zitronenspalten, zum Servieren
1 TL Salz

TIPPS:

– *Nicht alle Zichorien sind gleich im Geschmack; deshalb entsprechend würzen.*
– *Zichorienblätter können durch ein anderes dunkelgrünes Blattgemüse wie Endivien ersetzt werden.*
– *Um den bitteren Geschmack zu mindern, die Zichorien in einem Topf mit 2 1/2 cm Wasser kochen und nicht dämpfen.*

1. Die Bohnen aus den Hülsen lösen, in einem mittelgroßen Topf mit reichlich Wasser bedecken und aufkochen. Bei reduzierter Hitze etwa 30 Minuten köcheln lassen, bis sie sehr weich sind. Abgießen und beiseitestellen. Etwa ¼ l Kochwasser zurückbehalten.
2. In der Zwischenzeit die Zichorienblätter waschen. Dazu dreimal das Wasser wechseln, sodass sie wirklich ganz sauber sind. In einem großen Topf 10 bis 15 Minuten zart garen. Tipp: Den zähen Stielen etwas Vorsprung geben und die Blätter ein wenig später hinzufügen.
3. Das Olivenöl in einem großen Topf erhitzen und Knoblauch und Chili 1 Minute darin dünsten.
4. Mit 1 TL Salz würzen, die Bohnen hinzufügen und einige Minuten garen, bis sich die Aromen mischen.
5. Das Zichoriengemüse unterheben und noch etwas Kochwasser angießen, wenn die Mischung ein wenig zu trocken erscheint. Den Deckel auflegen und den Topf vom Herd nehmen. Vor dem Servieren einige Minuten ruhen lassen. Mit einem Spritzer Zitrone heiß oder kalt servieren. Das Gericht hält sich mehrere Tage im Kühlschrank.

Pro Portion: Energie 1928 kJ/461 kcal; Eiweiß 14 g; Fett 30 g; gesättigte Fettsäuren 5 g; Cholesterin 0 mg; Kohlenhydrate 35 g; Zucker 3 g; Ballaststoffe 8 g; Kalzium 140 mg; Eisen 6 mg, Natrium 635 mg

TIPP:
Statt frischer Bohnen können auch 300 g getrocknete Bohnen verwendet werden. Diese werden über Nacht eingeweicht und dann weich gegart. Borlottibohnen aus der Dose sind ebenfalls okay, jedoch nicht so weich und längst nicht so lecker!

„Sie können die süßlich schmeckenden Sojabohnen direkt aus den Hülsen ziehen oder gleich ohne Schale kaufen, bevor Sie sie mit dem gebratenen Reis vermengen."

Bereiten Sie dieses schmackhafte Gericht aus Resten von Vollkornreis. Abgesehen davon, dass der Vollkornreis ein gesundes Vollkorngetreide ist, kleben seine Körner nicht so leicht zusammen. Das Rezept ist ideal für eine leichte Mahlzeit mit grünem Salat oder als Beilage.

GEBRATENER VOLLKORNREIS MIT CASHEWKERNEN

ZUBEREITUNGSZEIT: 7 MINUTEN, GARZEIT: 13 MINUTEN, FÜR 4 PERSONEN

1 Ei (nach Belieben)

2 EL Olivenöl extra vergine, plus 1 TL Olivenöl für das Ei (falls verwendet)

1 kleine Zwiebel, geschält und fein gehackt

½-1 kleine rote Chilischote, entkernt und fein gehackt

1 Knoblauchzehe, geschält und durchgepresst

4 Scheiben Soja-Speckersatz, zerkleinert

1 mittelgroße Möhre, geschält und gerieben

100 g Edamame (grüne Sojabohnen), tiefgekühlt und ohne Schale

450 g gegarter mittelkörniger Vollkornreis

30 g Cashewkerne

2 TL salzreduzierte Sojasauce

2 TL Sesamöl in guter Qualität

1. Für ein Omelett das Ei (falls verwendet) mit der Gabel verquirlen und in eine heiße Pfanne oder einen Wok mit 1 TL Öl gießen. Das Omelett von beiden Seiten backen. Aus der Pfanne oder dem Wok nehmen und in dünne Streifen schneiden. Beiseitestellen.

2. Das Öl in derselben Pfanne erhitzen, dann Zwiebel, Chilischote und Knoblauch darin anbraten. Den Soja-Speckersatz dazugeben und leicht knusprig braten. Möhre und Edamame kurz mitdünsten.

3. Den gegarten Vollkornreis, Cashewkerne, Sojasauce, Sesamöl und Omelettstreifen dazugeben und leicht anbraten, bis sich alle Aromen mischen. Heiß servieren oder im Kühlschrank aufbewahren und innerhalb weniger Tage verbrauchen.

TIPPS:

— Wenn Sie keine gegarten Reisreste im Kühlschrank oder Tiefkühlfach vorrätig haben, garen Sie 200 g Reis im Reiskocher und lassen ihn abkühlen. Mehrfarbige Reismischungen eignen sich ebenfalls gut.

— Gegarter Reis kann durch rohen Blumenkohlreis ersetzt werden. Den Blumenkohl in der Küchenmaschine sehr fein hacken.

— Edamame sind unreife Sojabohnen. Es gibt sie als Tiefkühlware im Asialaden.

Pro Portion: Energie 1654 kJ/395 kcal; Eiweiß 10 g; Fett 20 g; gesättigte Fettsäuren 3 g; Cholesterin 1 mg; Kohlenhydrate 41 g; Zucker 3 g; Ballaststoffe 5 g; Kalzium 32 mg; Eisen 2,1 mg; Natrium 226 mg

Probieren Sie dieses einfache und schmackhafte Gericht für lang anhaltende Energie! Die Kichererbsen sind voll mit sättigenden Ballaststoffen und sorgen durch langsam agierende Kohlenhydrate für einen niedrigen Glyx-Wert. Zudem fördern sie das Wachstum gesunder Darmbakterien.

WÜRZIGE KICHERERBSEN MIT MANGOLD UND ZITRONE

ZUBEREITUNGSZEIT: 12 MINUTEN, GARZEIT: 15 MINUTEN, FÜR 6 PERSONEN

1 kg grüner Mangold, gewaschen, geputzt und in 5 cm große Stücke geschnitten
4 EL Olivenöl extra vergine
1 große Zwiebel, geschält und in Ringe geschnitten
4 Knoblauchzehen, geschält und durchgepresst
1 EL Kreuzkümmelsamen
1 EL Koriandersamen
½ EL Fenchelsamen
1 Cassia-Zimtstange
½ TL Salz
frisch gemahlener schwarzer Pfeffer
600 g gegarte Kichererbsen
5 EL Zitronensaft

1. Den Mangold waschen und anschließend etwa 10 Minuten zart dämpfen.
2. Das Olivenöl in einer großen Pfanne erhitzen und die Zwiebel goldbraun darin dünsten. Den Knoblauch dazugeben und weitere 30 Sekunden garen.
3. Die Gewürze hinzufügen und 1 Minute vorsichtig dünsten, bis sie aufplatzen und ihr Aroma freisetzen. Sie sollten jedoch nicht anbrennen.
4. Die Kichererbsen mit den Gewürzen gut vermischen.
5. Den gedämpften Mangold hinzufügen und unter Rühren kurz erhitzen, bis sich die Aromen mischen. Mit Zitronensaft beträufeln. Sofort mit einem Salat servieren. Das Gericht hält sich mehrere Tage im Kühlschrank.

TIPP:

– *800 g Kichererbsen (aus der Dose) haben etwa 600 g Abtropfgewicht. Wenn Sie Trockenware verwenden: 200 g Kichererbsen über Nacht einweichen, dann in 50 Minuten weich garen.*

Pro Portion: Energie 1125 kJ/269 kcal; Eiweiß 12 g; Fett 19 g; gesättigte Fettsäuren 3 g; Cholesterin 0 mg; Kohlenhydrate 9 g; Zucker 7 g; Ballaststoffe 10 g; Kalzium 187 mg; Eisen 7 mg; Natrium 258 mg

Grünkohl und Kidneybohnen mit
Knoblauch und Chili, Seite 114

Variation: Statt grünem Mangold kann auch
anderes Blattgemüse verwendet werden, wie
etwa Spinat, Zichorie oder Brunnenkresse. Zarte
Sorten müssen nicht blanchiert werden,
sondern können einfach am Ende des Garproz-
esses untergemischt werden.

Kidneybohnen haben einen niedrigen Glyx-Wert und Grünkohl gehört zu den nährstoffreichsten Blattgemüse sorten überhaupt. Um die krebshemmenden Sulforaphane zu bilden, muss Grünkohl erst zerkleinert oder gekaut werden, damit das Enzym Myrosinase in den Pflanzenzellwänden freigesetzt werden kann. Da Blanchieren oder längeres Garen dieses Enzym allmählich zerstört, zerkleinert man den Grünkohl und/oder andere Kreuzblütler am besten mindestens 40 Minuten vor dem Kochen. Sobald sich Sulforaphan gebildet hat, ist es hitzeresistent (Rezeptfoto Seite 113)!

GRÜNKOHL UND KIDNEYBOHNEN MIT KNOBLAUCH UND CHILI

ZUBEREITUNGSZEIT: 15 MINUTEN + EINWEICHZEIT ÜBER NACHT, GARZEIT: 40 MINUTEN INKLUSIVE SCHNELLKOCH-TOPF, FÜR 6 PERSONEN

300 g getrocknete Kidneybohnen, über Nacht eingeweicht
400 g Grünkohlblätter (von 1 großem Bund), gründlich gewaschen und in 2½ cm große Stücke geschnitten
125 ml Olivenöl extra vergine
4 sehr große Knoblauchzehen, geschält und durchgepresst
1 scharfe rote Chilischote, entkernt und fein gehackt
¾ TL Salz
4 Zitronenspalten, zum Servieren

1. Die Kidneybohnen abbrausen, abgießen und dann in einen Schnell-kochtopf mit 1½ l Wasser füllen. Den Deckel fest verschließen und auf Druck bringen. Unter hohem Druck die Bohnen 6 Minuten garen, dann vor dem Öffnen den Dampf entweichen lassen (etwa 15 Minuten). Die Bohnen abgießen und ¼ l Kochwasser zurückbehalten.
2. In der Zwischenzeit den Grünkohl in einem große Dämpfeinsatz in 8 Minuten gar dämpfen.
3. Das Olivenöl in einem großen Topf erhitzen und Knoblauch und Chili bei mittlerer Hitze 3 Sekunden aromatisch darin anbraten.
4. Mit Salz würzen und die gegarten Bohnen untermischen. Noch 1 Minute garen, bis sich die Aromen mischen, und dann mit etwa 125 bis 250 ml Kochwasser zu einer dünnen Sauce anrühren.
5. Mit dem Grünkohl mengen und einige Minuten weitergaren, bis alle Zutaten sich verbunden haben. Zugedeckt einige Minuten gar ziehen lassen. Mit Zitronenspalten servieren. Das Gericht hält sich mehrere Tage im Kühlschrank.

TIPP:

– Kaufen Sie einen großen Grünkohl. Dann können Sie die faserigen Blattrippen entfernen (im Entsafter weiterverarbeiten) und nur die zarten Blätter verwenden.

Pro Portion: Energie 1883 kJ/450 kcal; Eiweiß 16 g; Fett 38 g; gesättigte Fettsäuren 6 g; Cholesterin 0 mg; Kohlenhydrate 8 g; Zucker 5 g; Ballaststoffe 12 g; Kalzium 112 mg; Eisen 4,9 mg; Natrium 305 mg

Hier ist eine schnelle und gesunde Art, um Pizza mit griechischem Pita-Brot zu genießen. Diese Pizzas bestehen aus einem knusprigen Boden und einem süßlichen, leicht würzigen Zucchini-Belag. Traditioneller Fetakäse wird aus Schafs- und Ziegenmilch mit A2-Protein hergestellt, jedoch kann er auch durch milchfreien Mandelquark in „Feta"-Form ersetzt werden (Rezeptfoto Seite 117).

ZUCCHINI-FETA-PIZZA MIT CHILI

ZUBEREITUNGSZEIT: 12 MINUTEN, BACKZEIT: 13 MINUTEN, FÜR 4 PERSONEN

4 Pita-Brote
4 EL Tomatensauce
4 mittelgroße Zucchini, in dünne
 Längsstreifen geschnitten
120 g Fetakäse, zerkrümelt
1 TL Chiliflocken
120 g Rucola, gewaschen und trocken
 geschüttelt
2 EL Olivenöl extra vergine
4 TL Zitronensaft

1. Den Backofen auf 180 °C vorheizen.
2. Die Pita-Brote auf zwei große Backbleche legen und die Tomatensauce darauf verteilen.
3. Die Brote mit den Zucchinistreifen vollständig belegen und mit Fetakäse und Chiliflocken bestreuen.
4. Die Backbleche in den vorgeheizten Backofen schieben und 13 Minuten backen, bis die Pita-Böden schön knusprig sind. Achtung: Rohe Zucchini werden nicht stark bräunen.
5. Aus dem Backofen nehmen und die Pizzas auf Servierplatten anrichten. Mit dem Rucola bestreuen und mit Olivenöl und Zitronensaft beträufeln. Sofort servieren.

TIPPS:
— Verwenden Sie einen Gemüsehobel, um die Zucchini gleichmäßig dünn zu schneiden.
— Variation: Ersetzen Sie rohe Zucchini durch Zucchinistreifen vom Holzkohlengrill (aus dem Feinkostladen) oder grillen Sie die Zucchini selbst. Dazu die dünnen Streifen mit Olivenöl einpinseln und in einer gusseisernen Pfanne oder unter dem Backofengrill in 5 Minuten goldbraun grillen.
— Alternativ kann auch Vollkornbrot oder ein glutenfreier Pizzaboden verwendet werden. Leider gibt es griechisches Pita-Brot nicht in Vollkornqualität.
— Die Pizza vor dem Backen in mundgerechte Stücke schneiden, wenn kleine Appetithäppchen serviert werden sollen.

Pro Portion: Energie 1811 kJ/433 kcal; Eiweiß 15 g; Fett 18 g; gesättigte Fettsäuren 6 g; Cholesterin 20 mg; Kohlenhydrate 50 g; Zucker 8 g; Ballaststoffe 4 g; Kalzium 151 mg; Eisen 2,4 mg; Natrium 1117 mg

Dieses Gericht wird von den Japanern „nasu dengaku" genannt („nasu" bedeutet „Aubergine"). Die weich gegarten Auberginen werden mit einer süßen Honig-Miso-Glasur überzogen. Während die Aubergine traditionell meist gebraten wird, backe ich sie gern im Backofen. Die Japaner lieben süße Sachen und verwenden in der Regel viel mehr Zucker, was das Karamellisieren erleichtert. Dengaku kann auch aus anderen Gemüsesorten und aus Pilzen zubereitet werden oder sogar als gegrillte Konnyaku-Spieße serviert werden. Die Aubergine ist reich an viskosen Ballaststoffen, die den Cholesterinspiegel senken.

GEGRILLTE AUBERGINEN MIT HONIG-MISO-GLASUR

ZUBEREITUNGSZEIT: 10 MINUTEN, BACKZEIT: 45 MINUTEN, FÜR 4 PERSONEN

2 mittelgroße Auberginen
3 Olivenöl extra vergine
3 EL süße Misopaste, natriumarm
2 EL Verjus
1 EL Honig
2 TL dunkle Sesamsamen

TIPPS:
– Japanische Auberginen sind kleiner, schmaler und weniger wässrig als normal große Auberginen, jedoch sind sie nicht überall erhältlich.
– Verjus wird aus unreifen Trauben gepresst und zeichnet sich durch eine feine Säure aus. Er ist in guten Feinkostläden erhältlich.

Pro Portion: Energie 997 kJ/238 kcal; Eiweiß 4 g; Fett 16 g; gesättigte Fettsäuren 2 g; Cholesterin 0 mg; Kohlenhydrate 18 g; Zucker 17 g; Ballaststoffe 6 g; Kalzium 56 mg; Eisen 0,9 mg; Natrium 461 mg

1. Den Backofen auf 180 °C vorheizen und zwei Backbleche mit Backpapier auslegen.
2. Die Auberginen in 2 cm dicke, runde Scheiben schneiden, auf die Backbleche legen und mit Olivenöl einpinseln. Im vorgeheizten Backofen die Auberginenscheiben 35 Minuten weich und goldbraun backen.
3. In der Zwischenzeit in einem kleinen Topf den Miso im Verjus bei mittlerer Hitze unter Rühren auflösen. Honig und 3 EL Wasser untermischen, dann bei schwacher Hitze 5 Minuten zu einer glänzenden Glasur eindicken lassen. (Alternativ alle Zutaten in einer kleinen Glasschüssel 1 Minute in der Mikrowelle erhitzen, dann umrühren.) Abdecken und beiseitestellen, bis die Aubergine ausreichend nachgegart ist.
4. Die Auberginenscheiben aus dem Backofen nehmen und mit dem Pinsel für das Olivenöl großzügig die Misosauce auf den Scheiben verteilen.
5. Die Auberginenscheiben für 10 Minuten zurück in den Backofen schieben, bis die Glasur Bläschen wirft und bräunt. Die Temperatur in den letzten 5 Minuten auf 250 °C erhöhen – oder einen Profi-Brenner verwenden, um das gleiche Ergebnis zu erhalten!
6. Jede Scheibe mit Sesamsamen bestreuen und die Auberginen zusammen mit einer gesunden kohlenhydratreichen Beilage oder mit einem asiatischen Blattgemüse servieren. Reste im Kühlschrank aufbewahren und innerhalb einiger Tage verbrauchen. Zum Tiefkühlen nicht geeignet.

Zucchini-Feta-Pizza mit
Chili, Seite 115

Variation:
Zum Schluss noch 1 TL Sesamöl
unter die Misoglasur mischen.

Bereiten Sie diesen orientalisch gewürzten Salat mit erwärmten Favabohnen aus der Dose ganz einfach zu und genießen Sie ihn als einfache Mahlzeit oder als Beilage. Wird der Salat schon am Vortag vorbereitet, entwickelt er noch mehr Aroma.

WARMER FAVABOHNEN-SALAT

ZUBEREITUNGSZEIT: 15 MINUTEN, GARZEIT: 8 MINUTEN, FÜR 5 PERSONEN

825 g Favabohnen (aus der Dose)
1 große Knoblauchzehe, geschält und
**   durchgepresst**
3 Tomaten, fein gehackt
½ Gemüsezwiebel, geschält und fein
**   gehackt**
1 Bund Petersilie, fein gehackt
einige Stiele Minze, Blätter abgezupft
**   und gehackt**
½ TL Kreuzkümmelpulver
½ TL 7-Gewürze-Pulver
2 EL Olivenöl extra vergine
Saft von 1 Zitrone
frisch gemahlener schwarzer Pfeffer
**   (nach Belieben)**

1. Die Bohnen in einem Topf leicht erwärmen. Abgießen und zusammen mit den anderen Zutaten in eine Salatschüssel geben.
2. Den Salat vorsichtig durchmischen, sodass er würzig im Geschmack ist und schön glänzt.
3. In kleinen Schüsseln servieren und dazu frisches Fladenbrot reichen. Oder wie Bruschetta auf gerösteten Baguettescheiben anrichten.

TIPP:
– Favabohnen aus der Dose sind im arabischen Lebensmittelladen oder im gut sortierten Supermarkt erhältlich.
– Variation: Nehmen Sie statt der Gemüsezwiebel 4 fein
  gehackte Frühlingszwiebeln.

Pro Portion: Energie 894 kJ/214 kcal; Eiweiß 14 g; Fett 8 g; gesättigte Fettsäuren 1 g; Cholesterin 0 mg; Kohlenhydrate 13 g; Zucker 5 g; Ballaststoffe 15 g; Kalzium 88 mg; Eisen 4,9 mg; Natrium 27 mg

Schwarze-Bohnen-Salat mit Orange,
Koriander und Minze, Seite 120

Dieser farbenfrohe Salat ist an einem heißen Tag sehr erfrischend. Er ist einfach zuzubereiten und steckt voller Aromen und Ballaststoffe. Genießen Sie ihn als Hauptgericht oder als Beilage. Der Antioxidantien-Gehalt einer Portion schwarzer Bohnen und anderer dunkler Hülsenfrüchte übertrifft den vieler Obst- und Gemüsesorten (Rezeptfoto Seite 119).

SCHWARZE-BOHNEN-SALAT MIT ORANGE, KORIANDER UND MINZE

ZUBEREITUNGSZEIT: 20 MINUTEN, FÜR 6 PERSONEN

880 g schwarze Bohnen (2 Dosen), abgebraust und abgetropft

1 kleine rote Zwiebel, geschält und fein gehackt

½ große rote Paprikaschote, entkernt und in feine Würfel geschnitten

2 große Orangen, geschält, in Filets geteilt und in Würfel geschnitten

1 Bund frischer Koriander, gehackt

1 Bund frische Minze, gehackt

Für das Dressing:

4 EL Olivenöl extra vergine

Saft von 1 Zitrone

1 kleine Chilischote, entkernt und fein gehackt

1. Bohnen, Zwiebel, Paprikaschote, Orangen und Kräuter in eine große Salatschüssel geben.

2. Für das Dressing die Zutaten in einem Marmeladenglas kräftig schütteln, bis sich alles gut vermengt hat. Über den Salat gießen und die Zutaten locker mischen.

3. Sofort servieren oder 1 bis 2 Tage im Kühlschrank aufbewahren. Zum Tiefkühlen ungeeignet.

TIPPS:

— Der Salat sieht auf einem Bett aus Rucola oder grünen Salatblättern sehr dekorativ aus.

— Wenn Sie mit Chilis in Berührung kommen, Finger weg von den Augen!

— Statt Bohnen aus der Dose können Sie auch 600 g Bohnen selbst garen und für den Salat verwenden.

Pro Portion: Energie 1288 kJ/308 kcal; Eiweiß 15 g; Fett 10 g; gesättigte Fettsäuren 2 g; Cholesterin 0 mg; Kohlenhydrate 30 g; Zucker 9 g; Ballaststoffe 16 g; Kalzium 94 mg; Eisen 4 mg; Natrium 11 mg

In Asien allseits geliebt, kann die Bittermelone mit ihrem bitteren Geschmack für den westlichen Gaumen eine Herausforderung sein. Sie ist auch als bitterer Kürbis bekannt. Trotzdem lohnt es sich, ihr aufgrund der ausgezeichneten blutzuckersenkenden Eigenschaften eine Chance in der Küche zu geben. In diesem Gericht werden warme Gewürze verwendet, um den bitteren Geschmack auszugleichen. Genießen Sie die Bratlinge mit einem würzigen Joghurt-Dip, der den Rest an Bitterkeit überdeckt (Rezeptfoto Seite 122).

BITTERMELONEN-BRATLINGE

ZUBEREITUNGSZEIT: 15 MINUTEN + 30 MINUTEN ABTROPFZEIT, GARZEIT: 18 MINUTEN, FÜR 6 BRATLINGE

2 Bittermelonen, gewaschen
1½ TL Salz
60 g Kichererbsenmehl
2 EL Vollkornreismehl
½ TL Kurkumapulver
½ TL Kreuzkümmelpulver
½ TL Garam Masala
½ TL Ingwerpulver
1 Knoblauchzehe, geschält und durchgepresst
3 EL Olivenöl extra vergine

1. Die Bittermelonen längs halbieren, die Kerne mit einem Teelöffel entfernen und die Melonen grob reiben. Die geriebenen Melonen in einem Sieb mit 1 TL Salz mischen. Das Sieb 30 bis 60 Minuten über eine Schüssel stellen, um bittere Säfte abtropfen zu lassen. Den Saft wegschütten, denn er ist zum Trinken zu salzig.
2. Aus dem restlichen Salz, den beiden Mehlen und den Gewürzen den Teig zum Ausbacken anrühren. Beiseitestellen.
3. Die überschüssige Feuchtigkeit der geriebenen Bittermelone im Sieb ausdrücken und das Fruchtfleisch unter fließendem Wasser abbrausen. Immer nur 1 Handvoll geriebene Melone ausdrücken und diese dann in die trockene Teigmischung rühren.
4. Den Knoblauch hinzufügen und das Ganze nach und nach unter Beigabe von 125 bis 250 ml Wasser zu einem dicken Teig verarbeiten. Achtung: Die Wassermenge hängt von der Melonengröße ab und davon, wie viel Feuchtigkeit entzogen wurde.
5. Das Olivenöl in einer mittelgroßen Pfanne erhitzen. Die Melonen-Teig-Mischung in 6 Portionen aufteilen, runde Bratlinge formen und in die Pfanne gleiten lassen. Leicht flach drücken, dann von beiden Seiten goldbraun braten. Oder 24 Mini-Bratlinge formen.
6. Die fertigen Bratlinge auf Küchenpapier legen und überschüssiges Öl abtropfen lassen. Als Teil einer Hauptmahlzeit oder in einem Burger heiß servieren. Die Bratlinge sind mehrere Tage im Kühlschrank haltbar.

TIPPS:

— *Salz entzieht dem Fruchtfleisch den bitteren Geschmack.*
— *Variation: Verwenden Sie kalt gepresstes Senföl mit Nussaroma.*

Pro Portion: Energie 541 kJ/129 kcal; Eiweiß 3 g; Fett 10 g; gesättigte Fettsäuren 2 g; Cholesterin 0 mg; Kohlenhydrate 5 g; Zucker 0 g; Ballaststoffe 3 g; Kalzium 22 mg; Eisen 1,2 mg; Natrium 582 mg

Bittermelonen-Bratlinge,
Seite 121

Dies ist die asiatische Variante einer griechischen Rezeptidee mit Eiern und Tomaten. Die Tofu-Kreuz-kümmel-Kombination erinnert an Rührei, jedoch ist dieses Gericht gesünder und leckerer! Es schmeckt zum Frühstück und als leichtes Abendessen mit Körnerbrot und Beilagen wie kurz gebratenen Pilzen oder sautiertem Spinat.

RÜHRTOFU MIT TOMATE

ZUBEREITUNGSZEIT: 4 MINUTEN, GARZEIT: 15 MINUTEN, FÜR 3 PERSONEN

600 g Tofu (möglichst mittelfeste Textur)
3 EL Olivenöl extra vergine
1 kleine Zwiebel, geschält und fein gehackt
1 mittelgroße weiche Tomate, grob gehackt
¼ TL Kurkumapulver
½ TL Salz
grob gemahlener schwarzer Pfeffer

1. Den Tofu abtropfen lassen. Anschließend auf ein Schneidebrett legen und in ein Küchentuch wickeln, um überschüssige Feuchtigkeit aufzusaugen. Den Tofu trocken werden lassen und inzwischen die übrigen Zutaten zubereiten.
2. Das Olivenöl in einer Pfanne erhitzen und die Zwiebel bei mittlerer Hitze etwa 5 Minuten goldbraun dünsten.
3. Die Tomate hinzufügen und 5 Minuten weitergaren, bis sie weich wird. Die Gewürze untermischen.
4. Den Tofu mit den Händen zerkrümeln und unter vorsichtigem Rühren in die Pfanne geben, damit die Aromen sich verbinden. Bei schwacher Hitze weitere 5 Minuten dünsten, bis der Tofu erwärmt ist. Sofort servieren. Achtung: Wenn noch Saft aus dem Tofu austritt, vor dem Servieren alles noch einmal umrühren.

TIPP:

– Als Geschmacksvariante Knoblauch und Kräuter hinzufügen oder
  den Tofu mit Algen aus der Streudose besprenkeln.

Pro Portion: Energie 1255 kJ/300 kcal; Eiweiß 17 g; Fett 26 g; gesättigte Fettsäuren 4 g; Cholesterin 0 mg; Kohlenhydrate 3 g; Zucker 3 g; Ballaststoffe 7 g; Kalzium 112 mg; Eisen 4 mg; Natrium 397 mg

Hier ist gesundes Partyfutter für Kinder – aus vielseitig verwendbaren Walnusskernen! Walnüsse liefern Pflanzeneiweiß und gesunde Fette. Servieren Sie die Röllchen mit Ihrem Lieblingsdip und, falls die leckeren Röllchen zur vollständigen Mahlzeit werden sollen, mit bunten Gemüsesticks.

WALNUSS-SESAM-RÖLLCHEN

ZUBEREITUNGSZEIT: 40 MINUTEN, BACKZEIT: 30 MINUTEN, FÜR 10 PERSONEN

1 EL Chiasamen
40 g Haferflocken
120 g Walnusskerne
1 TL Kreuzkümmelpulver
1 TL gerebelter Oregano
1 sehr große Zwiebel, geschält und geviertelt
4 Knoblauchzehen
2 EL helle Sojasauce
2 TL dunkle Sojasauce
300 g Mehrkorn-Paniermehl
10 Blätter Filoteig (aus dem Kühlregal)
4 EL Olivenöl extra vergine
2 TL dunkle Sesamsamen
frisch gemahlener schwarzer Pfeffer

Pro Portion: Energie 1305 kJ/312 kcal; Eiweiß 8 g; Fett 17 g; gesättigte Fettsäuren 2 g; Cholesterin 0 mg; Kohlenhydrate 30 g; Zucker 3 g; Ballaststoffe 4 g; Kalzium 45 mg; Eisen 1,6 mg; Natrium 585 mg

1. Die Chiasamen in eine kleine Schüssel geben, mit 6 EL Wasser bedecken und 10 bis 15 Minuten zu „Chia-Gel" quellen lassen; dabei häufig umrühren, damit sich keine Klümpchen bilden.

2. Den Backofen auf 180 °C vorheizen. Haferflocken, Walnüsse, Gewürze, Zwiebel und Knoblauch in der Küchenmaschine zerkleinern.

3. Während die Maschine läuft, die Sojasaucen und dann das „Chia-Gel" in den Einfüllschacht gießen. Nach und nach das Paniermehl einrieseln lassen und alles zu einer dicksämigen Masse verarbeiten. In eine Schüssel füllen.

4. Nun 2 Teigblätter auf der Arbeitsfläche auslegen. Zuerst 1 Blatt mit Olivenöl einpinseln und das zweite Blatt auflegen.

5. Die Walnuss-Mischung in 5 Portionen teilen. Mit angefeuchteten Händen die Hälfte jeder Portion zu einer etwa 2 cm breiten Rolle formen und auf den Rand des Teigblatts setzen. Das Teigblatt von links zur Mitte aufrollen und anschließend mit der anderen Hälfte der Portion den Vorgang wiederholen und von der Mitte aus weiter zum rechten Rand hin aufrollen. Die beiden Rollen sollten in der Mitte nahtlos zusammengefügt werden, damit die Blätter nicht brechen.

6. Den Filoteig fest aufrollen und das Ende mit Olivenöl einpinseln, um die Naht zu verschließen. Auf einen großen Bogen Backpapier legen und mit einem feuchten Messer mit Wellenschliff die Rolle in 4 gleich große Abschnitte schneiden. Das Messer nach jedem Schnitt sauber wischen. Die beiden Enden der Röllchen fest andrücken.

7. Mit den restlichen Filoteigblättern und den 4 Portionen Walnussmasse den Vorgang wiederholen, dann die Röllchen vorsichtig vom Backpapier auf ein großes Backblech gleiten lassen. Das Öl mit wenig Wasser verrühren und mit dieser Mischung die Röllchen einpinseln. Zum Schluss mit Sesamsamen bestreuen.

8. Im vorgeheizten Backofen etwa 30 Minuten goldbraun backen. Nach der Hälfte der Backzeit die Röllchen erneut mit dem Öl-Wasser-Gemisch einpinseln. Heiß servieren.

Zucchini-Bratlinge mit
Frühlingszwiebeln, Seite 126

TIPP:

„Für dieses Rezept verwende ich die
chinesische dunkle Sojasauce, da sie besser
färbt als die helle Sauce, doch davon wegen des
höheren Salzgehalts etwas weniger. Wählen Sie eine
natürlich gebraute und fermentierte Sojasauce, um
Zusatzstoffe zu vermeiden."

In Griechenland werden diese Bratlinge „kolokithokeftedes" (Zucchinifrikadellen) genannt und sind wegen ihres süßlichen Geschmacks bei Kindern sehr beliebt. Im Kühlschrank aufbewahrt, können sie über mehrere Tage aufgebraucht werden. Zucchini-Bratlinge schmecken gut als Sandwichbelag, zum Picknick, als Mezze oder auch als Sologericht mit Salat und Brot (Abbildung Seite 125).

ZUCCHINI-BRATLINGE MIT FRÜHLINGSZWIEBELN

ZUBEREITUNGSZEIT: 15 MINUTEN, RUHEZEIT: 30 MINUTEN, BACKZEIT: 40 MINUTEN, FÜR 6 PERSONEN

1 kg Zucchini, ungeschält
1½ TL Salz
1 EL Chiasamen
1 TL gerebelter Oregano
½ TL süßes Paprikapulver
2 Knoblauchzehen, geschält und
  durchgepresst
2 EL frisch gehackter Dill
2 Frühlingszwiebeln (grüne und weiße
  Abschnitte), in feine Ringe
  geschnitten
150 g Weizenvollkornmehl
8 EL Olivenöl extra vergine
frisch gemahlener schwarzer Pfeffer

1. Die Zucchini reiben und über einer Schüssel in ein Sieb füllen. Mit 1 TL Salz mischen und 10 bis 30 Minuten ruhen lassen, damit die Feuchtigkeit abtropft. Vor Gebrauch jeweils 1 Handvoll ausdrücken.
2. In der Zwischenzeit Chiasamen in eine kleine Schüssel geben, mit 5 EL Wasser bedecken und in etwa 10 Minuten zu „Chia-Gel" (Ei-Ersatz) aufquellen lassen. Häufig umrühren, damit sich keine Klümpchen bilden.
3. Das „Chia-Gel" in einer Schüssel mit Salz, Pfeffer, Oregano, Paprikapulver, Knoblauch, Dill, Frühlingszwiebeln und Zucchini mischen.
4. Das Mehl untermischen und alles zu einem dickflüssigen Teig verrühren. Eventuell noch etwas Mehl dazugeben, wenn der Teig noch zu flüssig ist. Er sollte dicksämig sein, da sich die Bratlinge sonst nicht binden und noch mehr Öl aufnehmen.
5. Das Olivenöl in einer großen Pfanne erhitzen, bis es anfängt zu sprudeln. Die Zucchinimasse löffelweise hineingeben und die Teigkreise flach drücken. In etwa 4 Minuten von beiden Seiten goldbraun backen. Vom Herd nehmen und die Bratlinge auf Küchenpapier abtropfen lassen. Sofort servieren oder im Kühlschrank aufbewahren. Ergibt 24 Bratlinge oder 48 Mini-Bratlinge.

TIPPS:

— *Zum Reiben der Zucchini verwenden Sie einen Reibe-Aufsatz mit größeren Löchern.*
— *Das Vollkornmehl kann durch Lupinen- oder Kichererbsenmehl ersetzt werden.*
— *Mit Griechischem Joghurt-Dip mit Gurke und Minze (Seite 222) anrichten oder wahlweise Milch- oder Sojajoghurt dazu reichen.*

Pro Portion: Energie 1171 kJ/280 kcal; Eiweiß 4 g; Fett 21 g; gesättigte Fettsäuren 3 g; Cholesterin 0 mg; Kohlenhydrate 16 g Zucker 3 g; Ballaststoffe 6 g; Kalzium 51 mg; Eisen 1,9 mg; Natrium 579 mg

Ein einfacher Salat nach griechischer Art, ideal zum Mittagessen, Picknick oder als Beilage. Meine Familie und Freunde in aller Welt lieben ihn und bereiten ihn häufig zu! Schwarzaugenbohnen lassen sich leicht zubereiten, denn sie müssen nicht extra eingeweicht werden und garen schnell. Sie enthalten Pflanzeneiweiß und genau die richtige Menge an blutzuckerregulierenden Kohlenhydraten (Abbildung Seite 128 oben).

SCHWARZAUGENBOHNEN-SALAT MIT ZWIEBELN UND ZITRONE

ZUBEREITUNGSZEIT: 8 MINUTEN, GARZEIT: 20 MINUTEN INKLUSIVE SCHNELLKOCHTOPF, FÜR 6 PERSONEN

400 g Schwarzaugenbohnen

4 Frühlingszwiebeln (grüne und weiße Abschnitte), in 1 cm lange Abschnitte geschnitten

1 TL gerebelter Oregano

5 EL Olivenöl extra vergine

5 EL Zitronensaft

1 TL Salz

1. Die Bohnen mit 1½ l Wasser in einen Schnellkochtopf geben. Fest verschließen und auf Druck bringen. Dann die Hitze reduzieren und auf sehr niedriger Stufe 5 Minuten unter Druck garen. Vom Herd nehmen und den Deckel über dem Spülbecken mit kaltem Wasser übergießen. (Oder ganz konventionell garen: Die Bohnen in einem Topf mit rund 3 l Wasser aufkochen und halb zugedeckt etwa 45 Minuten garen. Die Bohnen sollten nicht zu weich werden.)

2. Abgießen und mit kaltem Wasser abbrausen.

3. Die Bohnen mit den restlichen Zutaten in einer großen Salatschüssel gut durchmischen. Sofort servieren oder mehrere Tage im Kühlschrank aufbewahren und gekühlt genießen. Wegen der frischen Frühlingszwiebeln zum Tiefkühlen ungeeignet.

TIPPS:

— Getrocknete Schwarzaugenbohnen sind im Asialaden oder indischen Lebensmittelladen erhältlich oder als Dosenware im Supermarkt.

— Verwenden Sie ein frisches Olivenöl extra vergine (Etikett prüfen!). Dies ist wichtig für den Geschmack und wegen des Gesundheitsaspekts.

— Die weißen Abschnitte der Frühlingszwiebeln zuerst längs schneiden, dann zerkleinern; so geben sie noch mehr Aroma ab.

— Für einen schmackhaften Toastaufstrich die Reste mit roher gehackter Zwiebel mischen und im Standmixer glatt pürieren.

Pro Portion: Energie 1540 kJ/368 Kcal; Eiweiß 21 g; Fett 26 g; gesättigte Fettsäuren 4 g; Cholesterin 0 mg; Kohlenhydrate 9 g; Zucker 5 g; Ballaststoffe 14 g; Kalzium 133 mg; Eisen 6,6 mg; Natrium 775 mg

Schwarzaugenbohnen-Salat mit
Zwiebeln und Zitrone, Seite 127

Dieser Sommersalat eignet sich hervorragend als Mittagessen oder für ein Picknick. Den Rucola erst kurz vor dem Essen untermischen, damit er nicht zusammenfällt. Reste sind wunderbar, weil sich darin noch mehr Aromen entfalten. Die Graupen stecken voller Ballaststoffe und senken einen erhöhten Cholesterin- oder Blutzuckerspiegel (Rezeptfoto Seite 128 unten).

GRAUPENSALAT MIT TOMATEN, FETA UND PINIENKERNEN

ZUBEREITUNGSZEIT: 12 MINUTEN, GARZEIT: 40 MINUTEN, FÜR 6 PERSONEN

Für den Salat:
200 g Perlgraupen
50 g Pinienkerne
20 g frische gehackte Kräuter,
 z. B. Basilikum oder Minze
12 schwarze Oliven
250 g Kirschtomaten
100 g Rucola
100 g Feta, zerkrümelt

Für das Dressing:
4 EL Olivenöl extra vergine
3 EL Zitronensaft
1 Knoblauchzehe, geschält und
 durchgepresst
frisch gemahlener schwarzer Pfeffer

1. Für den Salat die Graupen in einen mittelgroßen Topf geben, mit Wasser abbrausen und dann abgießen. Nun 1½ l Wasser dazugießen und die Graupen bei geschlossenem Deckel aufkochen. Die Hitze reduzieren und die Graupen etwa 30 Minuten köcheln lassen, bis sie zart, aber noch *al dente* sind. Unter fließendem Wasser kalt abschrecken, dann abtropfen lassen.
2. In der Zwischenzeit die Pinienkerne einige Minuten in einer kleinen Pfanne goldbraun rösten.
3. Für das Dressing alle Zutaten in einem fest verschlossenen Marmeladenglas kräftig schütteln.
4. Die Graupen mit den Kräutern in einer großen Rührschüssel durchmischen. Geröstete Pinienkerne, Oliven, halbierte Tomaten (für mehr Saft!), Rucola und Fetakäse hinzufügen und leicht unterheben. Nach Belieben mit Pfeffer würzen. Der Salat ist mehrere Tage im Kühlschrank haltbar, eignet sich jedoch nicht zum Tiefkühlen.

TIPPS:

– *Sparen Sie Zeit und Energie mit einem Schnellkochtopf: Die Perlgraupen mit ³/₄ l Wasser 5 Minuten unter Druck garen.*

– *Die milchfreie Variante besteht aus „feta"-ähnlichem Mandelquark (Seite 224).*

Pro Portion: Energie 1399 kJ/334 kcal; Eiweiß 8 g; Fett 23 g; gesättigte Fettsäuren 5 g; Cholesterin 11 mg; Kohlenhydrate 22 g; Zucker 2 g; Ballaststoffe 5 g; Kalzium 78 mg; Eisen 1,8 mg; Natrium 315 mg

Sobanudelsalat wird in Japan gewöhnlich kalt serviert. Hier ist eine schnelle Variante, die Sie auch in Ihrer Küche zaubern können!

JAPANISCHER SOBANUDELSALAT MIT SHIITAKEPILZEN

ZUBEREITUNGSZEIT: 13 MINUTEN, GARZEIT: 4 MINUTEN, FÜR 2 PERSONEN

Für das Dressing:
1½ EL salzreduzierte Tamarisauce
2 TL Sesamöl in guter Qualität
1 TL Limettensaft
1 TL Apfelessig
1 TL Honig
1 Knoblauchzehe, geschält und
   durchgepresst

Für den Salat:
½ Möhre, geschält und in Julienne
   geschnitten
50 g frische Shiitakepilze, in feine
   Scheiben geschnitten
100 g mittelgroßer fester Tofu,
   in 1½ cm große Würfel geschnitten
125 g Sobanudeln aus 100 % Buchweizen
1 Frühlingszwiebel, in feine Ringe
   geschnitten
1 TL dunkle Sesamsamen

1. Für das Dressing die Zutaten in einer mittelgroßen Schüssel gut verquirlen.
2. Für den Salat Möhrenstifte, Pilze und Tofu in die Schüssel mit dem Dressing geben, alles mischen und durchziehen lassen. In der Zwischenzeit die Nudeln zubereiten.
3. Die Nudeln 4 Minuten in siedendem Wasser nach Packungsanweisung kochen. Abgießen, kalt abschrecken und abtropfen lassen.
4. Die Nudeln unter die Gemüsemischung heben, sodass sich alles gleichmäßig verteilt und die Nudeln vom Dressing bedeckt sind.
5. Die Sobanudeln in zwei Bowls aufteilen. Mit Frühlingszwiebeln und Sesamsamen garnieren und direkt servieren. Der Nudelsalat hält sich 1 Tag im Kühlschrank und eignet sich nicht zum Tiefkühlen.

TIPP:

— Wenn Sie keine frischen Shiitakepilze bekommen können, verwenden Sie einfach die gleiche Menge in getrockneter Form. Mit kochendem Wasser übergießen und 5 Minuten quellen lassen, dann die überschüssige Feuchtigkeit ausdrücken und die Pilze klein schneiden. Enoki-Pilze eignen sich ebenfalls — nur die Unterseite abschneiden.

Pro Portion: Energie 816 kJ/195 kcal; Eiweiß 9 g; Fett 8 g; gesättigte Fettsäuren 1 g; Cholesterin 0 mg; Kohlenhydrate 19 g; Zucker 5 g; Ballaststoffe 6 g; Kalzium 53 mg; Eisen 2,6 mg; Natrium 540 mg

„Wir essen dieses Bohnengericht zu Hause häufig als Hauptmahlzeit.
Den reichhaltigen Tomatensud mit Vollkornbrot auftunken!"

Dies ist ein wunderbares Tomatengericht, wenn grüne Bohnen Saison haben. Anders als kurz angebratene Bohnen, sind diese hier – ganz nach mediterraner Art – weich gegart und saftig. Das Lycopin, der Farbstoff in der Tomate, ist ein stark antioxidativer Wirkstoff, der vor Prostatakrebs und einer Erkrankung der Augennetzhaut schützt.

MEDITERRANE SCHMORBOHNEN MIT TOMATE

ZUBEREITUNGSZEIT: 15 MINUTEN, GARZEIT: 20 MINUTEN INKLUSIVE SCHNELLKOCHTOPF, FÜR 4 PERSONEN

4 EL Olivenöl extra vergine
1 große Zwiebel, geschält und grob
    gehackt
½ TL Salz
frisch zerstoßener schwarzer Pfeffer
2 Knoblauchzehen, geschält und
    zerkleinert
3 EL Tomatenmark
1 kg grüne Bohnen, geputzt
400 g Tomatensauce (aus dem Glas,
    möglichst Bio-Produkt)

1. Das Olivenöl in einem großen Schnellkochtopf erwärmen und die Zwiebel einige Minuten darin dünsten. Mit Salz und Pfeffer würzen. Den Knoblauch und das Tomatenmark unterrühren und weitere 30 Sekunden dünsten.

2. Die Bohnen in einem Sieb abbrausen und zusammen mit der Tomatensauce in den Schnellkochtopf geben. Das Glas der Tomatensauce mit 125 ml Wasser ausspülen und das Wasser ebenfalls hinzugießen. Den Decke fest verschließen und den Topf erhitzen, bis sich der Druck voll aufgebaut hat, dann die Bohnen mit der Tomatensauce 3 Minuten auf niedrigster Stufe garen. (Wird ein normaler Topf verwendet, zusätzlich ¼ l Wasser angießen. Die mit Wasser bedeckten Bohnen aufkochen und bei reduzierter Hitze in 40 bis 45 Minuten weich garen.)

3. Den Schnellkochtopf vom Herd nehmen und in das Spülbecken stellen. Den Decke mit kaltem Wasser abbrausen, bis der Dampf entweicht, um den Topf sofort öffnen zu können. Die Bohnen in einzelne Bowls füllen, würzen und heiß oder kalt servieren. In Griechenland werden meist Fetakäse und Oliven als pikante Beilagen dazu gereicht.

TIPPS:

– Variation: Einige Möhren oder junge Zucchini klein schneiden und hinzufügen.
– Variation: Die Tomatensauce kann durch 400 g frische, reife Tomaten ersetzt werden. Diese in Würfel schneiden. Oder stückige Tomaten aus der Dose verwenden.
– Mit reichlich frisch gehacktem Dill garnieren.

Pro Portion: Energie 1341 kJ/320 kcal; Eiweiß 9 g; Fett 20 g; gesättigte Fettsäuren 3 g; Cholesterin 0 mg; Kohlenhydrate 19 g; Zucker 14 g; Ballaststoffe 12 g; Kalzium 173 mg; Eisen 3,9 mg; Natrium 771 mg

Tofu-Burger sind einfach grandios als Snack für zwischendurch oder zum Mittag- oder Abendessen! Anders als Hackfleisch-Burger, die Herzkrankheiten oder Krebs fördern können, wurde bei diesen Burgern wiederholt ein Zusammenhang zwischen regelmäßigem Tofu-Konsum und niedrigeren Erkrankungszahlen nachgewiesen. Hatte ich schon erwähnt, dass dieser Burger auch noch richtig gut schmeckt?

TOFU-BURGER MIT INGWER, CHILI UND KNOBLAUCH

ZUBEREITUNGSZEIT: 5 MINUTEN, GARZEIT: 10 MINUTEN, FÜR 2 PERSONEN

200 g fester Tofu
2 TL Olivenöl extra vergine
1 TL fein gehackter Ingwer
½ rote Chilischote, entkernt und klein gehackt
1 Knoblauchzehe, geschält und durchgepresst
1 EL Sojasauce

1. Den Tofu in 4 Scheiben von 1 cm Dicke schneiden (jeweils in der Größe eines Burger-Brötchens). Den Tofu auf Küchenpapier legen und die überschüssige Feuchtigkeit abtropfen lassen.
2. Nun 1 TL Olivenöl in einer Bratpfanne erhitzen und die Tofuscheiben darin von beiden Seiten bräunen, bis sie eine schöne goldene Farbe angenommen haben. Vom Herd nehmen und beiseitestellen.
3. Das restliche Olivenöl in der Pfanne erhitzen, Ingwer, Chili und Knoblauch hinzufügen und etwa 10 Sekunden anbraten.
4. Die Sojasauce mit 4 EL Wasser verrühren und zu Ingwer, Chili und Knoblauch in die Pfanne gießen. Die Flüssigkeit wird dabei zischen. Eventuell die Fenster öffnen, da die Schärfe des Chilis einen Hustenreiz auslösen könnte.
5. Die Tofuscheiben 1 Minute in die Pfanne zurücklegen, damit sie den Sojasud aufnehmen können.
6. Die Tofuburger auf ein Körnerbrötchen legen. Mit Lieblingsgemüse wie jungen Spinatblättern, Tomatenscheiben, Aubergine vom Holzkohlengrill und Alfalfa-Sprossen garnieren. Mit der restlichen Sauce aus der Pfanne beträufeln. Die Menge ist ausreichend für 4 Burger.

TIPPS:

– Fester Tofu ist eine hervorragende Kalziumquelle, wenn er mit Kalzium-Sulfat gebunden ist. Bitte auf dem Etikett prüfen!
– Nicht verwendeten Tofu mit kaltem Wasser bedecken. Dann hält er sich in einem Behälter 1 Woche im Kühlschrank. Das Wasser täglich wechseln.

Pro Portion: Energie 734 kJ/175 Kcal; Eiweiß 13 g; Fett 12 g; gesättigte Fettsäuren 2 g; Cholesterin 0 mg; Kohlenhydrate 1 g; Zucker 0 g; Ballaststoffe 8 g; Kalzium 323 mg; Eisen 3,1 mg; Natrium 729 mg

„Ich liebe diesen Burger. Er ist wahnsinnig schmackhaft und der Tofu hat einen wunderbaren Biss."

„Alles in einem – einfache ländliche Gerichte finde ich großartig! Sie schmecken deftig und sind unkompliziert in der Zubereitung."

TIPP:
— Bei diesem Gericht lassen sich verschiedene Gemüsesorten kombinieren. Sie können auch Möhren, Pilze und Kohl verwenden. Haben Sie noch Kirschtomaten übrig? Dann diese einfach halbieren und untermischen.

Die Schönheit dieses einfachen türkischen Gerichts namens „Türlü", eine Art Ratatouille, liegt darin, dass alles zusammen gekocht wird. Der Gemüse-Türlü schmeckt nicht nur gut, sondern ist auch eine clevere Art, Gemüsereste zu verwerten! Fast jede Kombination funktioniert. Das Olivenöl verbindet das Ganze und liefert zudem wertvolle, entzündungshemmende Polyphenole.

TÜRKISCHER GEMÜSEEINTOPF

ZUBEREITUNGSZEIT: 15 MINUTEN, GARZEIT: 16 MINUTEN INKLUSIVE SCHNELLKOCHTOPF, FÜR 4 PERSONEN

1 mittelgroße Aubergine, in große Stücke geschnitten

100 g flache grüne Bohnen, geputzt

1 große Zucchini, in große Stücke geschnitten

1 große Kartoffel, geschält und in Stücke geschnitten

1 große rote Zwiebel, geschält und grob gehackt

2 Knoblauchzehen, geschält und grob gehackt

300 g weiche Tomaten, grob gehackt

1 EL Paprikapulver

1 Brühwürfel (10 g), in 60 ml kochendem Wasser aufgelöst

8 EL Olivenöl extra vergine

2 EL grob gehackte Petersilie

frisch gemahlener schwarzer Pfeffer

1. Das Gemüse vorbereiten und in den Schnellkochtopf geben.

2. Die restlichen Zutaten hinzufügen und alles gut umrühren. Bei geschlossenem Deckel erhitzen, bis sich der Druck voll aufgebaut hat (etwa 15 Minuten), dann die Hitze reduzieren und das Gemüse auf sehr niedriger Stufe nur 1 Minute unter Druck dämpfen. Vor dem Öffnen den Dampf auf natürliche Weise entweichen lassen. (Für die konventionelle Zubereitung das Ganze mit 4 EL Gemüsebrühe aufkochen, dann die Hitze reduzieren und das Gemüse zugedeckt etwa 1 Stunde köcheln lassen, bis es sehr zart gegart ist. Zwischendurch nach und nach ½ l Wasser angießen, damit nichts anbrennt.)

3. Den Eintopf heiß oder kalt servieren. Krosses Vollkornbrot zum Auftunken des Suds dazu reichen. Der Eintopf hält sich mehrere Tage im Kühlschrank, eignet sich jedoch nicht zum Tiefkühlen.

TIPPS:

– Wenn Ihnen der Eintopf zu wässrig erscheint (je nach Wassergehalt des Gemüses), überschüssige Flüssigkeit in einen kleinen Topf gießen, einkochen lassen und wieder zum Eintopf hinzufügen.

– Statt Petersilie frischen Koriander verwenden.

Pro Portion: Energie 1509 kJ/360 kcal; Eiweiß 5 g; Fett 30 g; gesättigte Fettsäuren 5 g; Cholesterin 0 mg; Kohlenhydrate 15 g; Zucker 8 g; Ballaststoffe 8 g; Kalzium 73 mg; Eisen 2 mg; Natrium 208 mg

HAUPT-
GERICHTE

Dieses marokkanisch inspirierte Gericht beeindruckt durch seine lebendigen Farben und sein aromatisches Dressing. Nach Gusto können beliebige Mengen Kräuter und Gewürze untergemischt werden. Das steigert deutlich den Geschmack und den Gehalt an Antioxidantien.

COUSCOUS MIT RÖSTGEMÜSE UND MAROKKANISCHEM DRESSING

ZUBEREITUNGSZEIT: 20 MINUTEN, GARZEIT: 45 MINUTEN, FÜR 6 PERSONEN

Für das Röstgemüse:
2 kleine Gemüsezwiebeln, geschält und
   geviertelt
2 mittelgroße Kartoffeln, gesäubert und
   geviertelt
500 g Butternusskürbis, geschält und
   in 2½ cm große Stücke geschnitten
1 kleine Süßkartoffel, geschält und in
   2½ cm große Stücke geschnitten
1 EL Olivenöl extra vergine

300 g Couscous (Hartweizengrieß)

Für das Dressing:
8 EL Olivenöl extra vergine
½ TL scharfes Paprikapulver
1 EL Kreuzkümmelpulver
1 EL Korianderpulver
2 EL gehackte Korianderblätter
2 EL passierte Tomaten
5 EL Zitronensaft

Für die Garnitur:
80 g gemischter Salat, Blätter
   gewaschen und abgetropft
100 g Fetakäse, zerkrümelt
2 EL Kürbiskerne

1. Den Backofen auf 200 °C vorheizen.
2. Für das Röstgemüse zwei Backbleche mit Backpapier auslegen und das vorbereitete Gemüse darauf verteilen. Mit Olivenöl einpinseln.
3. Die Backbleche in den vorgeheizten Backofen schieben und das Gemüse 45 Minuten rösten. Die gebräunten Zwiebeln schon nach etwa 30 Minuten herausnehmen.
4. Den Couscous in einer Glasschüssel mit 350 ml Wasser übergießen. Zudecken und 10 Minuten stehen lassen, dann mit der Gabel auflockern.
5. Für das Dressing alle Zutaten gut mischen. Beiseitestellen.
6. Nun Couscous und Gemüse auf einer Servierplatte anrichten. Zuerst den Couscous darauf verteilen und dann das Gemüse darauf anrichten. Mit Salatblättern, Fetakrümeln und Kürbiskernen garnieren. Mit dem Dressing übergießen und sofort servieren. Reste können mehrere Tage im Kühlschrank aufbewahrt werden.

TIPPS:

— *Für eine milchfreie Version verwenden Sie Mandelquark in „Feta-Form" (Seite 224).*
— *Variation: Den Couscous können Sie durch gegarte weiße Quinoa ersetzen — ein Pseudogetreide, jedoch noch nahrhafter.*

Pro Portion: 1786 kJ/427 kcal; Eiweiß 10 g; Fett 29 g; gesättigte Fettsäuren 6 g; Cholesterin 11 mg; Kohlenhydrate 31 g; Zucker 9 g; Ballaststoffe 6 g; Kalzium 102 mg; Eisen 1,6 mg; Natrium 231 mg

Die Zubereitung dieses einfachen Currys mit süßlich-würzigem Geschmack wird Ihnen gefallen! Dank ihres niedrigen Glyx-Werts sind Kichererbsen ideal zum Abnehmen und zur besseren Regulierung des Blutzuckerspiegels geeignet.

KICHERERBSEN-CURRY MIT KÜRBIS UND SPINAT

ZUBEREITUNGSZEIT: 10 MINUTEN, GARZEIT: 30 MINUTEN, FÜR 4 PERSONEN

2 EL Olivenöl extra vergine

1 mittelgroße Zwiebel, geschält und fein gehackt

2 Knoblauchzehen, geschält und durchgepresst

1 TL Chilipulver

1 TL Korianderpulver

2 TL Kreuzkümmelpulver

500 g Tomatensauce

300 g gegarte Kichererbsen

320 g Butternusskürbis, geschält und klein geschnitten

Salz (nach Belieben)

120 g junge Spinatblätter

2 TL frisch gehackte Korianderblätter

1. Das Olivenöl in einem großen Topf erhitzen und die Zwiebel darin 5 Minuten weich dünsten. Den Knoblauch untermischen und weitere 30 Sekunden dünsten.

2. Chili-, Koriander- und Kreuzkümmelpulver sowie Tomatensauce und 125 ml Wasser einrühren und alles gut mischen.

3. Die Kichererbsen und Kürbisstücke dazugeben und aufkochen. Nach Belieben mit Salz würzen.

4. Die Hitze reduzieren und das Curry 15 Minuten köcheln lassen, bis der Kürbis zart ist.

5. Die Spinatblätter untermischen, bis sie langsam zusammenfallen, dann die Korianderblätter dazugeben. Nach Belieben mit einigen Korianderblättern garnieren und sofort servieren. Das Curry passt gut zu gedämpftem Vollkorngetreide oder rotem Reis. Das Gericht ist mehrere Tage im Kühlschrank haltbar oder kann portionsweise mit gegartem Reis tiefgekühlt werden.

TIPPS:

— Eine Dose Kichererbsen (400 g) ergibt etwa 265 g Abtropfgewicht. In diesem Fall die Kichererbsen gut abbrausen.

— Wenn Ihnen dieses Curry zu scharf gewürzt ist, reichen Sie Milch- oder Sojajoghurt dazu.

Pro Portion: Energie 1203 kJ/287 kcal; Eiweiß 9 g; Fett 13 g; gesättigte Fettsäuren 2 g; Cholesterin 0 mg; Kohlenhydrate 29 g; Zucker 15 g; Ballaststoffe 10 g; Kalzium 118 mg; Eisen 4.1 mg; Natrium 639 mg

„Das ist ein schnelles und einfaches Gericht
für einen normalen Wochentag"

Dreierlei Dal mit Lin-
sen, Kichererbsen und
Bohnen, Seite 146

„Curry und Dal gehen eine himmlische Liaison ein, doch
schmecken sie auch einzeln mit etwas Vollkornreis und Salat."

Tofu, ein hervorragender Ersatz für weißes Fleisch, wie etwa für Geflügel, liefert gesundes Pflanzeneiweiß und Isoflavone, die vor chronischen Krankheiten schützen. Leicht knusprig angebraten, gibt er dem Curry den richtigen Biss.

INDISCHES TOFU-CURRY MIT KARTOFFELN UND BLUMENKOHL

ZUBEREITUNGSZEIT: 8 MINUTEN, GARZEIT: 35 MINUTEN, FÜR 5 PERSONEN

600 g kleine Kartoffeln

3 EL Erdnussöl in guter Qualität

200 g fester Tofu, in kleine Würfel geschnitten

2 Zwiebeln, geschält und grob gehackt

2 EL Korma-Gewürzpaste (mild oder mittelscharf)

280 g frischer Blumenkohl, in Röschen zerteilt

1 kleines Bund frischer Koriander, gehackt

1. Die Kartoffeln in 15 Minuten weich dämpfen, dann vom Herd nehmen und abkühlen lassen. Große Kartoffeln einmal halbieren.

2. Das Öl in einem großen Topf erhitzen und die Tofuwürfel darin goldbraun braten. Vom Herd nehmen und zum Abtropfen auf Küchenpapier legen.

3. Die Hitze reduzieren und die Zwiebeln im restlichen Öl dünsten.

4. Die Gewürzpaste in 125 ml Wasser auflösen und unter die Zwiebeln mischen.

5. Den Blumenkohl mit ¼ l Wasser dazugeben. Bei geschlossenem Deckel das Curry 15 Minuten köcheln lassen, bis der Blumenkohl weich ist.

6. Kartoffeln, Koriander und Tofuwürfel untermischen, damit sich die Aromen gut verbinden. Zusätzlich 125 ml kochendes Wasser angießen, um die Sauce zu strecken. Das Curry gut durchwärmen und servieren. Abgerundet wird das Curry mit gedämpftem Reis und einem Dal. Das Curry hält sich im Kühlschrank gut 2 Tage, eignet sich aber nicht zum Tiefkühlen.

TIPPS:

— Den Tofu unbedingt mit einem Küchentuch trocken tupfen, damit kein Öl spritzt.

— Servieren Sie zu diesem Curry Dreierlei Dal mit Linsen, Kichererbsen und Bohnen (Seite 146) oder Pakistanisches Dal mit grünen Chilis (Seite 175).

Pro Portion: Energie 974 kJ/233 kcal; Eiweiß 5 g; Fett 14 g; gesättigte Fettsäuren 2 g; Cholesterin 0 mg; Kohlenhydrate 19 g; Zucker 5 g; Ballaststoffe 5 g; Kalzium 46 mg; Eisen 2,2 mg; Natrium 239 mg

Dieses spezielle Dal verbindet die Aromen und Texturen von drei verschiedenen Hülsenfrüchten – eine Rezeptidee, die ich bei indischen Köchen in London aufgeschnappt habe! Ideal als Garnitur über weich gegartem Vollkorngetreide und als Salat-Topping (Rezeptfoto Seite 144).

DREIERLEI DAL MIT LINSEN, KICHERERBSEN UND BOHNEN

ZUBEREITUNGSZEIT: 10 MINUTEN, GARZEIT: 35 MINUTEN, FÜR 6 PERSONEN

100 g rote Linsen
100 g geschälte gelbe Kichererbsen (Chana-Dal)
100 g geschälte Mungbohnen
1 große Zwiebel, geschält und fein gehackt
1 TL Salz
½ TL Kurkumapulver
1 EL Olivenöl extra vergine
1 TL Kreuzkümmelsamen
1 TL Chiliflocken
3 Knoblauchzehen, geschält und durchgepresst
3 EL frischer gehackter Koriander

1. Rote Linsen, Kichererbsen und Mungbohnen verlesen und abbrausen. Zusammen mit Zwiebeln, Salz und Kurkumapulver in einen Topf mit 1¼ l Wasser geben und aufkochen. Die Hitze reduzieren und halb zugedeckt 15 bis 20 Minuten köcheln lassen, bis Linsen, Kichererbsen und Bohnen weich gegart sind. Zwischenzeitlich immer wieder umrühren, damit nichts am Topfboden klebt.

2. Das Olivenöl in einer Pfanne erhitzen, die Kreuzkümmelsamen 1 Minute darin rösten, bis sie aufplatzen. Die Chiliflocken untermischen und weitere 5 Sekunden rösten. Zum Schluss den Knoblauch hinzugeben. Die Pfanne direkt vom Herd nehmen, sobald der Knoblauch sich goldbraun färbt.

3. Die scharfe Ölmischung mit Linsen, Kichererbsen und Bohnen gut vermengen und das Ganze auf einer Servierplatte anrichten. Mit reichlich frischem Koriander garnieren. Das Dal kann mehrere Tage im Kühlschrank aufbewahrt werden und wird dabei etwas eindicken. Auch zum Tiefkühlen geeignet.

TIPPS:

— Wer es weniger scharf mag, lässt die Chiliflocken einfach weg.
— Verwenden Sie gelbe Spalterbsen, wenn Sie keine gelben Kichererbsen bekommen können. Diese sind jedoch etwas härter. Deshalb vorher einweichen, um die Garzeit zu verkürzen.

Pro Portion: Energie 755 kJ/180 kcal; Eiweiß 12 g; Fett 4 g; gesättigte Fettsäuren 1 g; Cholesterin 0 mg; Kohlenhydrate 21 g; Zucker 3 g; Ballaststoffe 7 g; Kalzium 48 mg; Eisen 3,3 mg; Natrium 392 mg

Schälerbsen bestimmen den Charakter dieses würzigen persischen Eintopfs mit niedrigem GI und sehr vielen Ballaststoffen. Traditionell als „lape koresh" bekannt, enthält die Delikatesse meist einige Frühkartoffeln oder auch grüne Erbsen. Der Eintopf wird auch mit Lamm zubereitet, doch diese fleischlose Variante ist viel gesünder (Rezeptfoto Seite 149).

PERSISCHER ERBSENEINTOPF MIT TOMATE UND LIMETTE

ZUBEREITUNGSZEIT: 10 MINUTEN, GARZEIT: 60 MINUTEN, RUHEZEIT: 20 MINUTEN, FÜR 6 PERSONEN

2 EL Olivenöl extra vergine
1 große Zwiebel, geschält und gehackt
2 Knoblauchzehen, geschält und durchgepresst
1½ TL Kurkumapulver
1½ TL Currypulver
½ TL scharfes Paprikapulver
200 g passierte Tomaten
½ l Gemüsebrühe (1 Brühwürfel à 10 g in kochendem Wasser aufgelöst)
450 g gelbe Schälerbsen, gewaschen und abgetropft
2 getrocknete Limetten
½ Bund frischer Koriander, gehackt

1. Das Olivenöl in einem hohen Topf erhitzen und Zwiebeln und Knoblauch darin weich dünsten.
2. Gewürze, passierte Tomaten und ½ l Gemüsebrühe dazugeben.
3. Die gelben Schälerbsen darin aufkochen. Die Hitze reduzieren und etwa 50 Minuten zugedeckt köcheln lassen, bis die Erbsen sehr weich sind; dabei häufig umrühren, damit die Erbsen nicht am Topfboden kleben. Nach und nach noch 625 ml kochendes Wasser dazugießen, damit die Mischung nicht zu sehr eindickt.
4. Die Limetten mit den Händen halbieren und zum Eintopf geben. Weitere 10 Minuten köcheln lassen, damit das Aroma sich entfaltet. Mindestens 20 Minuten ruhen lassen und die Limetten vor dem Servieren entfernen. Mit gedämpftem Vollkornreis und frischem Koriander garniert servieren. Das Gericht eignet sich gut zum Tiefkühlen.

TIPPS:

– Kaufen Sie getrocknete Limetten beim orientalischen Gemüsehändler oder verwenden Sie Limettensaft.
– Nach der Hälfte der Garzeit und nach Belieben kleine Kartoffeln dazugeben und noch etwas Wasser hinzugießen.
– Je länger die Limetten mitgaren, desto saurer wird der Eintopf. Sie können die Limetten auch über Nacht im Eintopf ziehen lassen und am nächsten Tag vor dem Servieren herausnehmen.

Pro Portion: Energie 831 kJ/198 kcal; Eiweiß 10 g; Fett 8 g; gesättigte Fettsäuren 1 g; Cholesterin 0 mg; Kohlenhydrate 24 g; Zucker 9 g; Ballaststoffe 6 g; Kalzium 34 mg; Eisen 2,1 mg; Natrium 234 mg

Dieser beliebte persische Eintopf namens „Ghormeh sabzi" wird traditionell mit Kidneybohnen, Lamm und vielen Kräutern wie etwa Bockshornklee zubereitet. Eine Variante ist dieser fleischlose Eintopf mit Schwarzaugenbohnen und gängigen Kräutern. Das Gericht kann gut im Voraus zubereitet werden und ist ideal zur Resteverwertung. Der besondere Kräutermix und der Zitronensaft machen den Eintopf zu einer Mahlzeit mit niedrigem Glyx-Wert, reich an Antioxidantien und einzigartig im Geschmack!

PERSISCHER KRÄUTEREINTOPF MIT SCHWARZAUGENBOHNEN

ZUBEREITUNGSZEIT: 20 MINUTEN, GARZEIT: 45 MINUTEN, FÜR 6 PERSONEN

400 g Schwarzaugenbohnen
3 EL Olivenöl extra vergine
1 große Zwiebel, geschält und gehackt
2 Knoblauchzehen, geschält und gehackt
1 TL Kurkumapulver
2 TL Currypulver
1½ TL Paprikapulver
½ TL Salz
2 Bund glatte Petersilie
2 Bund Dill
2 Bund frischer Koriander
¾ l Gemüsebrühe (1 Brühwürfel à 10 g in kochendem Wasser aufgelöst)
Saft von 2 Zitronen

1. Die Bohnen in einen mittelgroßen Topf geben und mit der doppelten Menge Wasser bedecken. Aufkochen und die Bohnen etwa 15 Minuten garen, bis sie fast fertig gegart sind. Abgießen und beiseitestellen.
2. In der Zwischenzeit die Kräuter gründlich waschen, mit der Salatschleuder trocken schleudern und fein hacken.
3. Das Olivenöl in einem großem Topf erhitzen und Zwiebeln und Knoblauch darin weich dünsten.
4. Gewürze und Salz untermischen, dabei nichts anbrennen lassen.
5. Die gehackten Kräuter hinzufügen und unter Rühren 5 Minuten sanft sautieren, bis sie sich langsam dunkelgrün färben.
6. Die vorgegarten Bohnen und die Brühe dazugeben. Bei geschlossenem Deckel aufkochen, dann die Hitze reduzieren und den Eintopf 20 Minuten köcheln lassen, bis die Bohnen weich sind. Tipp: Der fertige Eintopf sollte suppig, aber nicht zu flüssig sein. Er dickt noch weiter ein, wenn er eine Weile steht.
7. Den Zitronensaft einrühren und den Eintopf noch einige Minuten garen, bis die Aromen sich verbinden. Auf Vollkornreis oder Polenta anrichten und noch heiß servieren. Nach Belieben mit einem Klecks Joghurt garnieren. Das Gericht kann gut tiefgekühlt werden.

TIPP:

— *Um Zeit zu sparen, die Kräuter im Standmixer mit der Pulse-Funktion statt mit dem Messer zerkleinern. Sie können sie klein hacken und portionsweise tiefkühlen. Dann haben Sie immer Kräuter griffbereit.*

Pro Portion: Energie 1470 kJ/351 kcal; Eiweiß 22 g; Fett 22 g; gesättigte Fettsäuren 3 g; Cholesterin 0 mg; Kohlenhydrate 12 g; Zucker 8 g; Ballaststoffe 16 g; Kalzium 212 mg; Eisen 9,8 mg; Natrium 444 mg

Persischer Erbseneintopf mit
Tomate und Limette, Seite 147

Das sind die getrockneten Limetten
für das Rezept auf Seite 147.

„Dieses grüne Gemüse, das wie Peperoni aussieht,
sind Okraschoten. Sie sind überhaupt nicht scharf
und schmecken gegart äußerst saftig."

Ursprünglich aus Afrika, sind Okraschoten in Indien, in der Karibik, rund ums Mittelmeer und auch im Mittleren Osten ein echter Küchenschlager! Im Libanon „Bemi" und in Indien auch als „Bhindi" bekannt, hier eine schmackhafte Zubereitungsart für Okragemüse – ein wirksamer Cholesterinsenker dank des hohen Gehalts an viskosen Ballaststoffen. Zugleich werden Blutzucker- und Insulinspiegel reguliert.

OKRASCHOTEN MIT AROMATISCHER TOMATENSAUCE

ZUBEREITUNGSZEIT: 5 MINUTEN, GARZEIT: 35 MINUTEN, FÜR 4 PERSONEN

3 EL Olivenöl extra vergine
1 Zwiebel, geschält und in feine Ringe geschnitten
3 Knoblauchzehen, geschält und durchgepresst
2 mittelgroße weiche Tomaten, in Scheiben geschnitten
1 TL 7-Gewürze-Pulver oder Piment
1 TL Kreuzkümmelpulver
1 TL Salz
frisch gemahlener schwarzer Pfeffer
400 g Okraschoten, gewaschen und trocken getupft

1. Zuerst 2 EL Olivenöl in einer mittelgroßem Topf erhitzen und Zwiebel und Knoblauch darin dünsten. Tomaten und Gewürze dazugeben und alles mit Salz und Pfeffer würzen. Zugedeckt einige Minuten garen, bis die Tomaten zerkocht sind.
2. Mit ½ l Wasser angießen und aufkochen lassen, dann die Hitze reduzieren und die Tomaten zugedeckt etwa 10 Minuten köcheln lassen.
3. In der Zwischenzeit das restliche Olivenöl in einer Pfanne mit Antihaftbeschichtung erhitzen und die Okraschoten bei mittlerer Hitze in 10 Minuten leicht bräunen. Dadurch reduziert sich der überschüssige „schleimige Saft" (der hohe Gehalt an löslichen Ballaststoffen) der Okraschoten beim Essen.
4. Die gebräunten Okraschoten in die Tomatenmischung geben und weitere 15 Minuten garen, bis sie weich sind, aber noch nicht zusammenfallen. Mit Vollkorn- oder Fladenbrot servieren und etwa Milch- oder Sojajoghurt dazu reichen.

TIPPS:

– Wählen Sie feste (bis zu 8 cm lange) grüne Okraschoten. Braune Stellen deuten auf Fäulnis hin. Finger weg von runzeligen Okras, die sich sehr weich anfühlen!

– Im indischen Lebensmittelladen sind Okraschoten auch als Tiefkühlware erhältlich, jedoch geben diese beim Kochen mehr schleimigen Saft ab.

– Okraschoten werden für Currys, Gemüsesuppen und -eintöpfe verwendet.

Pro Portion: Energie 753 kJ/180 kcal; Eiweiß 4 g; Fett 14 g; gesättigte Fettsäuren 2 g; Cholesterin 0 mg; Kohlenhydrate 7 g; Zucker 7 g; Ballaststoffe 5 g; Kalzium 106 mg; Eisen 2 mg; Natrium 587 mg

Diese köstliche Art, Auberginen zuzubereiten, ist perfekt für Sandwiches oder als Teil einer einfachen Mahlzeit mit Brot und Salat. Auberginen sind reich an Ballaststoffen, die einen erhöhten Cholesterinspiegel senken und den Blutzucker regulieren. Sie sollten bei einer gesunden Ernährung nicht fehlen.

KNUSPRIGE AUBERGINEN-TALER MIT PAPRIKA-KNOBLAUCH-SAUCE

ZUBEREITUNGSZEIT: 15 MINUTEN, GARZEIT: 45 MINUTEN, FÜR 8 PERSONEN

1 kg Auberginen (ca. 2 mittelgroße)
40 g Weizenvollkornmehl
12 EL Olivenöl extra vergine
½ TL Salz
2 TL süßes Paprikapulver
1 TL gerebelter Oregano
frisch zerstoßener schwarzer Pfeffer
4 Knoblauchzehen, geschält
2 Scheiben Vollkornbrot
2 TL Zitronensaft

1. Den Backofen auf 200 °C vorheizen. Inzwischen zwei Backbleche mit 4 EL Olivenöl beträufeln.
2. Die Auberginen vom Stielansatz befreien und längs in 1 cm dicke Scheiben schneiden.
3. Das Mehl in einen tiefen Teller schütten, die Auberginen kurz darin wenden und auf die Backbleche verteilen; die Scheiben dürfen sich dabei leicht überlappen.
4. Mit dem restlichen Olivenöl und mit 2 EL Wasser beträufeln. Anschließend mit ½ TL Salz, Paprikapulver, Oregano und Pfeffer würzen und die Auberginen in den vorgeheizten Backofen schieben. Etwa 30 Minuten goldbraun backen.
5. In der Zwischenzeit die Knoblauchzehen mit dem Brot (vorher in 4 EL Wasser aufgeweicht), dem Zitronensaft und 180 ml Wasser zusätzlich im Standmixer zu einer glatten Sauce verarbeiten.
6. Die Auberginen aus dem Backofen nehmen und mit der Knoblauchsauce übergießen. Für weitere 15 bis 20 Minuten zurück in den Backofen schieben, bis die Sauce eingezogen ist und die Auberginen schön knusprig sind.
7. Die Auberginen-Taler in Karrees schneiden oder in Stücke zupfen. Heiß oder kalt servieren. Das Gemüse hält sich mehrere Tage im Kühlschrank.

TIPP:
— Die Auberginen-Taler nicht zu dicht an den Rand des Backblechs legen, damit sie nicht anbrennen.

Pro Portion: Energie 1113 kJ/266 kcal; Eiweiß 4 g; Fett 22 g; gesättigte Fettsäuren 3 g; Cholesterin 0 mg; Kohlenhydrate 11 g; Zucker 4 g; Ballaststoffe 5 g; Kalzium 61 mg; Eisen 0,9 mg; Natrium 269 mg

„Diese Auberginen sind bei uns heiß begehrt. Wir bereiten deshalb immer gleich die doppelte Menge zu."

Diese wunderbare Sauce mit ihren mediterranen Aromen schmeckt perfekt zu Nudeln oder Reis – und ist zudem noch ganz fix zubereitet! Linsen sind ideal, um rotes Fleisch zu ersetzen, insbesondere Hackfleisch, und Kinder lieben sie wegen der weichen Textur. Sie liefern viel Eiweiß und Mineralstoffe wie etwa Eisen und halten den Darm gesund.

LINSEN-BOLOGNESE MIT OLIVEN UND GETROCKNETEN TOMATEN

ZUBEREITUNGSZEIT: 5 MINUTEN, GARZEIT: 15 MINUTEN, FÜR 4 PERSONEN

2 EL Olivenöl extra vergine

1 große Zwiebel, geschält und fein gehackt

2 Knoblauchzehen, geschält und durchgepresst

½ TL Korianderpulver

½ TL Kreuzkümmelpulver

400 g braune Linsen (aus der Dose)

500 g Tomatensauce

12 kleine halbgetrocknete Tomaten

12 Oliven (ohne Stein)

2 EL frisch gehackter Dill

1. Das Olivenöl in einem mittelgroßen Topf erhitzen und die Zwiebel einige Minuten darin weich dünsten. Den Knoblauch untermischen und weitere 30 Sekunden dünsten. Dann die Gewürze vorsichtig dazugeben, sodass nichts anbrennt.

2. Linsen, Tomatensauce, halbgetrocknete Tomaten und Oliven dazugeben und aufkochen, die Hitze reduzieren und die Sauce unter gelegentlichem Rühren 10 Minuten köcheln lassen. Den Dill untermischen und die Sauce heiß zu Vollkornnudeln oder Reis servieren.

TIPPS:

– Braune Linsen in Bio-Qualität und in BPA-freien Dosen sind bei einigen Gemüsehändlern und im Naturkostladen erhältlich. Sie können Linsen auch selber garen und Portionen von 300 g tiefkühlen.

– Dillreste sofort frisch hacken und für eine spätere Verwendung tiefkühlen.

Pro Portion: Energie 1265 kJ/302 kcal; Eiweiß 11 g; Fett 15 g; gesättigte Fettsäuren 2 g; Cholesterin 0 mg; Kohlenhydrate 25 g; Zucker 14 g; Ballaststoffe 10 g; Kalzium 87 mg; Eisen 4 mg; Natrium 758 mg

Penne mit cremiger
Pilz-Spinat-Sauce, Seite 156

„Ob Sie es glauben oder nicht, leckere
rote und weiße Nudelsaucen ohne Fleisch und
Milch sind möglich."

Spaghetti-Bolognese-Sauce
mit Zimt, Seite 157

Sie lieben cremige Saucen, wollen aber die arterienverkalkenden tierischen Fette vermeiden? Hier ist meine großartige Variante mit Sesampaste, cholesterinfrei und mit einem geringen Anteil an gesättigten Fettsäuren. Champignons sind entzündungshemmend und wichtig zur Stärkung des Immunsystems. Zudem sind „Vitamin-D-Champignons" eine gute Quelle für diesen unverzichtbaren Nährstoff, der die Kalziumaufnahme für starke Knochen fördert (Rezeptfoto Seite 155).

PENNE MIT CREMIGER PILZ-SPINAT-SAUCE

ZUBEREITUNGSZEIT: 15 MINUTEN, GARZEIT: 20 MINUTEN, FÜR 6 PERSONEN

400 g Penne
1 EL Olivenöl extra vergine
400 g Champignons (Vitamin D),
    geputzt und klein geschnitten
1 TL Salz
¼ TL Chiliflocken
3 Knoblauchzehen, geschält und
    durchgepresst
1 Handvoll frischer Koriander, gehackt
170 g Tahin (Sesampaste)
Saft von 1 Zitrone
100 g junge Spinatblätter, leicht
    gehackt

1. Die Penne 7 Minuten *al dente* kochen. Abgießen.

2. In der Zwischenzeit das Olivenöl in einer großen, tiefen Pfanne erhitzen und die Champignons 5 bis 7 Minuten darin dünsten, bis sie ihren Saft abgeben und leicht bräunen.

3. Mit Salz und Chiliflocken würzen, dann Knoblauch und Koriander untermischen und 1 Minute garen.

4. Die Sesampaste in einem kleinen Gefäß mit 375 ml Wasser und Zitronensaft verrühren – die Mischung sieht leicht geronnen aus –, über die Champignons gießen und aufkochen. Unter ständigem Rühren 1 Minute kochen, bis die Sauce langsam eindickt und schön sämig wird.

5. Den Spinat untermischen und 30 Sekunden blanchieren, bis er langsam zusammenfällt. Die abgetropften Nudeln hinzufügen und sofort servieren. Dazu schmeckt ein frischer Blattsalat mit Tomaten.

TIPPS:

– Tahin ist eine dünne Paste aus gemahlenen Sesamsamen. Sie ist im orientalischen Lebensmittelladen und im Bioladen erhältlich.

– Sie können auch normale Champignons verwenden. „Vitamin-D-Champignons" finden Sie im Bioladen. Alternativ können Sie sich auch 10 bis 15 Minuten in die Mittagssonne legen, um ausreichend Vitamin D für Ihren täglichen Bedarf (100 g oder 3 Champignons) zu erhalten.

Pro Portion: Energie 2089 kJ/499 kcal; Eiweiß 17 g; Fett 24 g; gesättigte Fettsäuren 3 g; Cholesterin 0 mg; Kohlenhydrate 49 g; Zucker 1 g; Ballaststoffe 8 g; Kalzium 136 mg; Eisen 3,4 mg; Natrium 421 mg

Hier kommt eine fleischlose Soja-Bolognese, die sich wirklich leicht zubereiten lässt. TVP-Granulat ist günstig und lange haltbar. Die sehr aromatische Sauce ist eine gute Soja-Eiweißquelle und reich an Isoflavonen, um den Cholesterinspiegel in Balance zu halten. Eine perfekte Mahlzeit für die ganze Familie (Rezeptfoto Seite 155)!

SPAGHETTI-BOLOGNESE-SAUCE MIT ZIMT

ZUBEREITUNGSZEIT: 4 MINUTEN, GARZEIT: 20 MINUTEN, FÜR 6 PERSONEN

120 g TVP-Granulat (strukturiertes Soja in Granulatform, aus dem Bioladen oder Reformhaus)
3 EL Olivenöl extra vergine
1 mittelgroße Zwiebel, geschält und fein gehackt
2 Knoblauchzehen, geschält und durchgepresst
½ TL Salz
2 TL getrocknetes süßes Thai-Basilikum (Horapa)
1 Prise scharfes Paprikapulver
2 EL Tomatenmark
1 Zimtstange
500 g Tomatensauce

1. Das TVP-Granulat in eine kleine Schüssel geben und mit 160 ml kochendem Wasser übergießen. Beiseitestellen und quellen lassen. In der Zwischenzeit die anderen Zutaten zubereiten.
2. Das Olivenöl in einem mittelgroßen Topf erhitzen und Zwiebel und Knoblauch darin dünsten.
3. Salz, Basilikum, Paprikapulver, Tomatenmark, Zimtstange, aufgequollenes TVP, Tomatensauce und 375 ml kochendes Wasser (das zum Ausspülen der Saucenreste aus der Flasche verwendet wurde) einrühren.
4. Die Sauce bei geschlossenem Deckel aufkochen, dann die Hitze reduzieren und unter gelegentlichem Rühren 15 Minuten halb zugedeckt köcheln lassen. Noch warm auf Spaghetti servieren und mit Parmesan oder veganen Hefeflocken bestreuen. Die Sauce hält sich 4 Tage im Kühlschrank und eignet sich auch zum Tiefkühlen.

TIPPS:

– *Alternativ kann statt TVP-Granulat auch tiefgekühlter Quorn verwendet werden. Dieser Fleischersatz auf Basis von Mykoprotein ist im Supermarkt erhältlich.*
– *Vollkornspaghetti erhöhen den Anteil an Ballaststoffen in Ihrer Mahlzeit.*
– *Normale Nudeln können auch durch kohlenhydrat- und kalorienärmere Shirataki-Nudeln ersetzt werden.*

Pro Portion: Energie 805 kJ/192 kcal; Eiweiß 9 g; Fett 12 g; gesättigte Fettsäuren 2 g; Cholesterin 0 mg; Kohlenhydrate 12 g; Zucker 7 g; Ballaststoffe 7 g; Kalzium 66 mg; Eisen 1,6 mg; Natrium 557 mg

Diese Sauce ist verblüffend anders, aber einfach in der Zubereitung. Die Kombination aus Auberginen, Rosinen und Kreuzkümmel erinnert an exotische persische Aromen. Genau wie Okraschoten sind auch Auberginen reich an viskosen Ballaststoffen, die um ein Vielfaches ihres Gewichts an Wasser aufnehmen und im Magen zu Gel aufquellen, um cholesterin-ausscheidende Gallensäuren zu binden. Viskose Ballaststoffe werden auch im Dickdarm fermentiert, um kurzkettige Fettsäuren zu bilden – für einen gesunden Darm und eine verlangsamte Cholesterin-Produktion in der Leber.

AUBERGINEN-PAPRIKA-SAUCE MIT ROSINEN

ZUBEREITUNGSZEIT: 5 MINUTEN, GARZEIT: 30 MINUTEN, FÜR 4 PERSONEN

2 EL Olivenöl extra vergine

½ mittelgroße rote Paprikaschote, entkernt und klein gehackt

1 mittelgroße Aubergine, in Stifte geschnitten

1½ TL Kreuzkümmelpulver

2 Knoblauchzehen, geschält und durchgepresst

500 g Tomatensauce

40 g Rosinen

Salz

scharfes Paprikapulver

12 schwarze Oliven (ohne Stein)

2 EL frischer gehackter Koriander

1. Das Olivenöl in einem mittelgroßen Topf erhitzen und die Paprikaschote darin weich schmoren.

2. Die Auberginenstifte dazugeben und mit der Paprikaschote mischen. Den Deckel auflegen und das Gemüse bei mittlerer Hitze etwa 20 Minuten schmoren lassen.

3. Kreuzkümmelpulver und Knoblauch hinzufügen und 1 Minute rösten. Tomatensauce, Rosinen, Salz, scharfes Paprikapulver und 125 ml Wasser hinzufügen. Die Sauce weitere 10 Minuten halb zugedeckt köcheln lassen, damit die Aromen sich verbinden.

4. Oliven und Koriander untermengen und die Sauce direkt auf gegarten Vollkornnudeln (Spirali oder Penne) servieren.

TIPP:

– Verwenden Sie einen Gemüsehobel mit Pommes-Frites-Einsatz, um die Auberginen zu schneiden.

Pro Portion: Energie 1065 kJ/254 kcal; Eiweiß 5 g; Fett 15 g; gesättigte Fettsäuren 2 g; Cholesterin 0 mg; Kohlenhydrate 22 g; Zucker 18 g; Ballaststoffe 7 g; Kalzium 86 mg; Eisen 2,9 mg; Natrium 957 mg

„Diese einfache Nudelsauce
ist absolut partytauglich."

„Kencur oder Gewürzlilie gehört zur
Ingwer-Familie. Das in Indonesien
oft verwendete Gewürz kann durch
Ingwerpulver ersetzt werden."

Variation: Den Wassergehalt durch
Zugabe von 1/4 l Kokosmilch reduzieren.

Ein köstlicher Ersatz für Hähnchen- oder Rindfleisch-Satay! Die Sauce schmeckt auch zu gedämpftem Gemüse. Tofu wird aus Sojabohnen hergestellt und ist in Asien traditionell als „Fleisch aus der Erde" bekannt. Erdnüsse sind ebenfalls Hülsenfrüchte und können blutzuckerregulierend wirken. Dieses Gericht ist reich an Kalzium und Eisen.

TOFUSPIESSE MIT INDONESISCHER SATAY-SAUCE

ZUBEREITUNGSZEIT: 15 MINUTEN, GARZEIT: 30 MINUTEN, FÜR 6 PERSONEN

250 g geröstete ungesalzene Erdnüsse
1 EL brauner Zucker
1 EL helle Sojasauce
1 EL dunkle Sojasauce
3 Kaffir-Limettenblätter, plus 1 Blatt
    zum Garnieren, fein zerkleinert
½ TL Kencurpulver (aus dem Asialaden)
½ TL scharfes Chilipulver
2 EL Zitronensaft
600 g fester Tofu

Außerdem:
12 Holzspieße, 30 Minuten in Wasser
    eingeweicht

1. Die Erdnüsse in der Küchenmaschine in knapp 1 Minute grobkörnig vermahlen und in einen mittelgroßen Topf schütten.
2. Zucker, Sojasaucen, Kaffir-Limettenblätter, Kencur und Chili hinzufügen und mit ½ l Wasser angießen. Alles gut verrühren und aufkochen. Die Hitze leicht reduzieren und unter häufigem Rühren etwa 10 Minuten köcheln lassen, bis die Sauce langsam eindickt. Vom Herd nehmen und den Zitronensaft untermischen. Limettenblätter herausnehmen.
3. In der Zwischenzeit den Tofu in 48 Würfel schneiden und jeweils 4 Stücke auf einen Spieß stecken. Die Spieße auf ein Backblech legen und mit Satay-Sauce einpinseln. Die Spieße 10 bis 15 Minuten grillen oder auf dem BBQ-Rost erhitzen.
4. Die Spieße auf einer Servierplatte anrichten und mit der restlichen Satay-Sauce beträufeln oder die Sauce in einem Schälchen als Beilage dazu servieren. Mit zerkleinerten Kaffir-Limettenblättern garnieren.

TIPPS:

– Die Kombination aus heller und dunkler Sojasauce ist für die gewünschte Farbe ganz entscheidend.

– Die Sauce im Voraus zubereiten. Sie kann bis zu 1 Woche im Kühlschrank aufbewahrt oder 2 Monate tiefgekühlt werden.

– Brauner Zucker kann durch Palmzucker ersetzt werden. Dieser wird durch Einkochen des Blutungssafts von Palmen gewonnen und hat einen karamelligen Geschmack. Er ist im Asialaden nur am Stück erhältlich.

Pro Portion: Energie 1604 kJ/383 kcal; Eiweiß 23 g; Fett 27 g; gesättigte Fettsäuren 4 g; Cholesterin 0 mg; Kohlenhydrate 8 g; Zucker 5 g; Ballaststoffe 11 g; Kalzium 348 mg; Eisen 4 mg; Natrium 421 mg

Ein köstliches, langsam gegartes mediterranes Gericht, das Sie gleich mehrere Tage genießen können. Die riesigen weißen Bohnen, in Griechenland zutreffend „gigantes" genannt, sind buttrig und zart. Sie können ohne vorheriges Einweichen zubereitet werden – zuerst garen und dann mit Kräutern und Gewürzen in den Backofen schieben. Die Limabohnen sind eine grandiose Eiweißquelle, haben zudem einen niedrigen Glyx-Wert und sind reich an cholesterinsenkenden viskosen Ballaststoffen.

GEBACKENE LIMABOHNEN IN TOMATENSAUCE

ZUBEREITUNGSZEIT: 15 MINUTEN, GARZEIT: 1 STUNDE 20 MINUTEN INKLUSIVE SCHNELLKOCHTOPF, FÜR 8 PERSONEN

500 g Limabohnen
2 ganze Zwiebeln, geschält und
kreuzweise längs eingeschnitten
2 Möhren, geschält, längs und dann in
Streifen geschnitten
8 EL Olivenöl extra vergine
1 TL Salz
1 TL gerebelter Oregano
125 g passierte Tomaten oder
Tomatensauce
½ Bund Petersilie
1 Handvoll Blattsellerie, von den
Stielen befreit
1 Handvoll frische Minzeblätter
frisch gemahlener schwarzer Pfeffer

TIPP:

– Um Zeit zu sparen, können Sie die Arbeitsschritte 1 und 2 bereits am Vortag erledigen.

1. Die Limabohnen abbrausen und in einen Schnellkochtopf oder einen normalen Topf mit 1½ l Wasser geben. Ohne Deckel 3 Minuten kochen lassen, dann abgießen.

2. Den Schnellkochtopf ausspülen. Mit den Bohnen, 1 l Wasser, Zwiebeln (mit der Schnittseite nach unten und halb bedeckt), Möhren und Olivenöl auffüllen und mit Salz würzen. Den Deckel sicher verschließen und langsam Druck aufbauen; dann die Hitze reduzieren und das Ganze 4 Minuten auf sehr niedriger Stufe garen. Vom Herd nehmen, den Dampf natürlich entweichen lassen und den Deckel abnehmen. (Für die konventionelle Zubereitung 1½ l Wasser hinzugießen und die Bohnen etwa 50 Minuten kochen, bis sie weich, aber noch nicht ganz sind.)

3. Den Backofen auf 180 °C vorheizen.

4. Die ganzen Zwiebeln aus dem Schnellkochtopf direkt auf ein 40 x 26 cm großes Backblech legen. Die Zwiebeln mit der Gabel fein zerdrücken, dann die Bohnen und den restlichen Inhalt des Schnellkochtopfs auf dem Backblech verteilen.

5. Oregano, Tomaten, frische Kräuter und Pfeffer hinzufügen. Vorsichtig mischen, bis alle Zutaten gleichmäßig verteilt sind.

6. Im vorgeheizten Backofen etwa 1 Stunde backen, bis die meiste Flüssigkeit aufgenommen ist. Das Gericht dickt noch ein, wenn es eine Weile steht. Heiß oder kalt mit Brot und Salat servieren.

Pro Portion: Energie 1743 kJ/416 kcal; Eiweiß 20 g; Fett 31 g; gesättigte Fettsäuren 5 g; Cholesterin 0 mg; Kohlenhydrate 11 g; Zucker 7 g; Ballaststoffe 14 g; Kalzium 144 mg; Eisen 6,6 mg; Natrium 314 mg

Variation: Würzen Sie mit gekörnter Gemüsebrühe statt mit Salz. Ersetzen Sie die Minze durch frischen Dill. – Möchten Sie eine größere Menge Sauce zubereiten, dann gießen Sie zusätzlich ¼ l Wasser in den Schnellkochtopf.

TIPPS:
— Herausgelöffelte Tofumasse kann als Füllung verarbeitet oder in Smoothies verwendet werden.
— Für mehr Schärfe einfach fein gehackte rote Chilischote unter das Dressing mischen.

Diese Rezeptidee stammt von einer chinesischen Mitarbeiterin. Ihre Mutter hat es ihr schon als kleines Mädchen regelmäßig serviert, um ihr den Tofu näherzubringen. Mit schonend gegartem Vollkorngetreide und Pak Choi als Beilage schmeckt dieses Tofugericht köstlich als Hauptgericht oder Vorspeise. Tofu ist ein traditionelles Sojanahrungsmittel. Studien haben vielfach gezeigt, dass Tofu das Erkrankungsrisiko für Brust- und Prostatakrebs sowie für Herzkrankheiten mindert. Sojaeiweiß wirkt zudem cholesterinsenkend.

TOFU-SCHATZKÄSTCHEN

ZUBEREITUNGSZEIT: 15 MINUTEN, GARZEIT: 15 MINUTEN, FÜR 6 PERSONEN

ca. 1 kg fester Tofu (2 Packungen), in 6 dicke Quadrate geschnitten

Für die Füllung:
3 getrocknete Austernpilze
1 EL Olivenöl extra vergine
¼ frischer Maiskolben, Körner herausgelöst
½ Möhre, geschält und in feine Würfel geschnitten
2 Frühlingszwiebeln, in feine Streifen geschnitten

Für das Dressing:
1 EL Olivenöl extra vergine
1 EL salzreduzierte Sojasauce

1. Die Austernpilze mit kochendem Wasser bedecken und etwa 20 Minuten einweichen lassen. Abgießen, überschüssige Feuchtigkeit ausdrücken und die Pilze in feine Würfel schneiden.

2. Aus den Tofustücken in der Mitte mit einem Melonenausstecher oder einem Metalllöffel eine Vertiefung für die Füllung aushöhlen. Die Tofustücke in einen großen Bambusdämpfer legen. Achtung: Falls ein Bambuseinsatz verwendet wird, diesen vorher mit perforiertem Backpapier auslegen.

3. Für die Füllung das Olivenöl in einer kleinen Pfanne erhitzen und Maiskörner, Möhren, Frühlingszwiebeln und Pilze darin 5 Minuten anbraten.

4. Die Füllung mit zwei Teelöffeln in die Tofuquadrate geben, um kleine „Schatzkästchen" zu gestalten.

5. Die Schatzkästchen 7 Minuten dämpfen.

6. Mit dem Pfannenwender aus dem Dämpfeinsatz nehmen und auf einer Servierplatte anrichten. Für das Dressing alle Zutaten verrühren und kurz vor dem Servieren über die Gemüse-Füllung träufeln. Reste können mehrere Tage im Kühlschrank aufbewahrt werden. Zum Tiefkühlen ungeeignet.

TIPPS:
— Die Füllung kann am Vortag zubereitet werden und hält sich gut im Kühlschrank.
— Die Tofumulden mit etwas Maismehl einreiben, damit die Füllung besser haften bleibt. Die Füllung mit wenig Maismehl mischen, damit sie klebriger wird.

Pro Portion: Energie 1228 kJ/293 kcal; Eiweiß 22 g; Fett 19 g; gesättigte Fettsäuren 3 g; Cholesterin 0 mg; Kohlenhydrate 2 g; Zucker 1 g; Ballaststoffe 13 g; Kalzium 571 mg; Eisen 5 mg; Natrium 200 mg

Zwar wurde dieses zarte und äußerst saftige Gericht von Chinas Szechuan-Küche inspiriert, doch ist es nicht superscharf. Es ist fix zubereitet und schmeckt köstlich! Auberginen sind reich an viskosen Ballaststoffen, die cholesterin- und blutzuckersenkend wirken. Die Textur der Mu-Err-Pilze bildet dazu einen schönen Kontrast und macht die Mahlzeit noch ballaststoffreicher.

AUBERGINEN MIT MU-ERR-PILZEN NACH SZECHUAN-ART

ZUBEREITUNGSZEIT: 20 MINUTEN, GARZEIT: 15 MINUTEN, FÜR 5 PERSONEN

25 g getrocknete Mu-Err-Pilze
4 EL salzreduzierte Sojasauce
1 EL Honig
1 EL Balsamico bianco
1 EL Maismehl
**2 scharfe rote Chilischoten (Bird's Eye),
fein gehackt**
**1 walnussgroßes Stück Ingwer,
geschält und gerieben**
**2 Knoblauchzehen, geschält und
durchgepresst**
2 mittelgroße Auberginen (ca. 800 g)
4 EL Olivenöl extra vergine
**2 Frühlingszwiebeln, nur die grünen
Abschnitte in feine Streifen geschnitten, zum Garnieren**

1. Die Mu-Err-Pilze in eine kleine Schüssel geben, mit kochendem Wasser bedecken und einweichen lassen. In der Zwischenzeit die anderen Zutaten zubereiten. Sobald die Pilze weich sind, gut ausdrücken und in Streifen schneiden.
2. Für die Marinade Sojasauce, Honig, Balsamico bianco, Maismehl, Chilis, Ingwer, Knoblauch und 5 EL Wasser in einer kleinen Glasschüssel gut mischen und beiseitestellen.
3. Die Auberginen mit dem Pommes-frites-Schneider oder einem Küchenmesser in schmale Stifte schneiden.
4. Nun 2 EL Olivenöl in einer großen Pfanne oder im Wok erhitzen und die Hälfte der Auberginenstifte dazugeben. Bei mittlerer Hitze etwa 5 Minuten sautieren, bis sie weich und goldbraun sind. Tipp: Bei geschlossenem Deckel und unter gelegentlichem Rühren werden die Auberginen saftiger. Die Auberginen auf einem Teller beiseitestellen und mit dem restlichen Öl und den restlichen Auberginenstiften ebenso verfahren.
5. Beide Portionen zurück in die Pfanne geben. Die Mu-Err-Pilze und die Marinade hinzufügen. Unter gelegentlichem Rühren einige Minuten garen lassen, bis die Sauce eingedickt ist. Mit asiatischem Blattgemüse auf Vollkornreis, Vollkornnudeln oder gedämpften Graupen sofort servieren. Eventuell noch mit Frühlingszwiebeln garnieren. Das Gericht ist im Kühlschrank 2 Tage haltbar.

TIPP:

— Chinesische Mu-Err-Pilze, auch als black fungus oder Wolkenohrenpilze bekannt, sind schwarze Morcheln, die an Baumstämmen wachsen. Sie sind im Asialaden und im gut sortierten Supermarkt erhältlich.

Pro Portion: Energie 801 kJ/191 kcal; Eiweiß 5 g; Fett 12 g; gesättigte Fettsäuren 2 g; Cholesterin 0 mg; Kohlenhydrate 13 g; Zucker 10 g; Ballaststoffe 6 g; Kalzium 44 mg; Eisen 1 mg; Natrium 454 mg

Shirataki-Nudeln,
Seite 168

„Freunde und Kunden
berichten mir, dass ihre Kinder
dieses saftige Auberginengericht lieben
und sogar fragen, ob es auch in ihrer
Schulmensa serviert werden könnte."

Die sehr kohlenhydrat- und kalorienarme Konjakwurzel, in Japan „konnyaku" genannt, stammt aus der Familie der Aronstabgewächse. Die daraus hergestellten Shirataki-Nudeln haben eine zarte, gummiartige Textur, sind geschmacksneutral und riechen extrem fischig. Der Trick besteht darin, sie richtig zuzubereiten, damit sie nicht mehr übel riechen und Saucen gut aufnehmen können. Hier also die einfachste Art, wie sie von Japanern seit Jahrhunderten zubereitet werden. Hauptbestandteil von Konnyaku sind fermentierbare lösliche Glucomannan-Fasern für ein gesundes Darmmilieu. Das glutenfreie Konnyaku verbessert auch Cholesterinwerte, Insulinsensitivität und Blutdruck (Rezeptfoto Seite 167).

SHIRATAKI-NUDELN

ZUBEREITUNGSZEIT: 5 MINUTEN, GARZEIT: 12 MINUTEN, FÜR 4 PERSONEN

500 g Shirataki-Nudeln, abgetropft
2 TL Olivenöl extra vergine

1. In einem mittelgroßen Topf 1½ l Wasser aufkochen lassen.
2. Die Nudeln gut abbrausen, in das kochende Wasser geben, erneut aufkochen und 3 Minuten garen. Im Küchensieb abgießen.
3. Eine mittelgroße Pfanne stark erhitzen, die Nudeln hineingeben und unter ständigem Rühren einige Minuten zischend und dampfend trocken braten, bis sie eine quietschig-elastische Konsistenz haben. Ein gutes Zeichen ist, wenn sie allmählich am Pfannenboden kleben, denn dann werden sie langsam trocken.
4. Vom Herd nehmen und das Olivenöl unterrühren. Die Nudeln noch heiß servieren oder in den Kühlschrank stellen und als kalte Beilage genießen. Möglichst nicht tiefkühlen, denn sonst werden die Nudeln zu gummiartig.

TIPPS:

– Konnyaku-Produkte sind in Supermärkten in vielerlei Formen und Größen erhältlich, z.B. als Shirataki-Nudeln, Engelshaar, Fettucine, Lasagneplatten, Nudeln oder Reis. Traditionelles Konnyaku ist in Asialäden meist als geleeartiger Block oder in Bällchenform erhältlich.
– Für Suppennudeln einfach einen Block in dünne Streifen schneiden.
– Nicht verwendetes, ungekochtes Konnyaku kann – mit Wasser bedeckt – ungefähr 1 Woche im Kühlschrank aufbewahrt werden.

Pro Portion: Energie 135 kJ/32 kcal; Eiweiß 0 g; Fett 0 g; gesättigte Fettsäuren 0 g; Cholesterin 0 mg; Kohlenhydrate 0 g; Zucker 0 g; Ballaststoffe 6 g; Kalzium 0 mg; Eisen 0 mg; Natrium 5 mg

Dies ist ein superleckeres Curry mit Kokosmilch statt Sahne, die sonst meist für indische Currys verwendet wird. Im Mittelpunkt steht das Gemüse als Quelle für verschiedene Antioxidantien. Weich gegarter Kohl und Auberginen machen die Sauce noch sämiger. Perfekt für einen kühlen Abend (Rezeptfoto Seite 170).

GEMÜSE-CURRY MIT KOKOSMILCH UND KARTOFFELN

ZUBEREITUNGSZEIT: 15 MINUTEN, GARZEIT: 45 MINUTEN, FÜR 6 PERSONEN

2 EL Olivenöl extra vergine

2 große Knoblauchzehen, geschält und durchgepresst

5 EL mittelscharfe Tikka-Masala-Paste

4 hellgelbe Kartoffeln, z. B. Sebago, geschält und in Würfel geschnitten

1 EL mittelscharfes Madras-Currypulver

½ TL Kreuzkümmelpulver

¼ kleiner Weißkohl (ca. 250 g), mit dem Küchenmesser fein zerkleinert

¼ Blumenkohl (ca. 250 g), in Röschen zerteilt

2 kleine Auberginen (ca. 175 g), längs und dann in Stücke geschnitten

270 g kalorienreduzierte Kokosmilch (aus der Dose)

½ TL Salz (nach Belieben)

7 frische Curryblätter

1. Das Olivenöl in einem großen Topf erhitzen und den Knoblauch 30 Sekunden darin dünsten.

2. Die Currypaste dazugeben und unter ständigem Rühren bei schwacher Hitze 3 Minuten kochen oder bis das Öl emulgiert.

3. Die Kartoffelwürfel hinzufügen und unter häufigem Rühren bei mittlerer Hitze etwa 10 Minuten anbraten, bis die Currypaste eingezogen ist und die Kartoffeln rundum weich sind. Zwischendurch die Bratrückstände vom Pfannenboden kratzen.

4. Currypulver und Kreuzkümmel untermischen und noch 1 Minute garen.

5. Das restliche Gemüse dazugeben und einige Minuten dünsten, bis die Curry-Aromen sich entfalten.

6. Die Kokosmilch unterrühren, mit Salz würzen und noch ½ l Wasser angießen. Bei geschlossenem Deckel die Temperatur erhöhen und etwa 20 Minuten köcheln lassen, bis die Kartoffeln fertig gegart sind. Dabei alle 5 Minuten gut umrühren, damit das Gemüse nicht anbrennt.

7. Das Curry mit den Curryblättern bestreuen und weitere 10 Minuten köcheln lassen. Auf gedämpftem Vollkornreis heiß servieren. Der Curry-Geschmack ist am nächsten Tag noch intensiver. Das Gericht kann mehrere Tage im Kühlschrank aufbewahrt werden.

TIPPS:

– Kartoffeln mit viel Stärke sind am besten, da sie weicher garen.

– Verwenden Sie Gemüsereste aus dem Kühlschrank, wie etwa Brokkoli. Mischungen aus Möhre, Kartoffel, TK-Erbsen oder Auberginen sind ideal für ein gutes Curry.

– Für noch mehr Pflanzeneiweiß gegen Ende der Garzeit gebratene Tofuwürfel oder Kichererbsen aus der Dose dazugeben.

Pro Portion: Energie 1017 kJ/243 kcal; Eiweiß 5 g; Fett 16 g; gesätt.gte Fettsäuren 5 g; Cholesterin 0 mg; Kohlenhydrate 16 g; Zucker 5 g; Ballaststoffe 7 g; Kalzium 76 mg; Eisen 2,9 mg; Natrium 834 mg

„Die kleinen braunen Kichererbsen (Desi-Typ) kommen Vollkornbrot am nächsten. Sie sind also vor allem bei Insulin-resistenz und Diabetes hilfreich."

Gemüse-Curry mit Kokosmilch und Kartoffeln, Seite 169

Dieses leckere indische Curry wird mit Desi-Kichererbsen zubereitet. Diese kleine dunkelbraune Sorte enthält mehr Ballaststoffe und Polyphenole als der meist verbreitete gelblich-beige Kabuli-Typ. Die Desi-Kichererbsen gelten in Indien seit jeher als gesünder, und die Ernährungsforschung hat gezeigt, dass sie einen extrem niedrigen Glyx-Wert von 11 haben – perfekt für Diabetiker und zur besseren Regulierung von Blutzucker und Insulin!

INDISCHES KICHERERBSEN-TOMATEN-CURRY

ZUBEREITUNGSZEIT: 15 MINUTEN + EINWEICHZEIT ÜBER NACHT, GARZEIT: 40 MINUTEN, FÜR 5 PERSONEN

80 g getrocknete braune Kichererbsen (Desi-Typ)
3 EL Olivenöl extra vergine
2 mittelgroße Zwiebeln, geschält und fein gehackt
2 Knoblauchzehen, geschält und durchgepresst
4 große reife Tomaten, in feine Würfel geschnitten
1 TL Salz
2 TL Currypulver
30 g frische Korianderblätter, gehackt, plus Blätter zum Garnieren

1. Die Kichererbsen über Nacht in reichlich Wasser einweichen. Abgießen, abbrausen und abtropfen lassen; dann in einen kleinen Topf mit ½ l Wasser geben. Bei geschlossenem Deckel aufkochen und etwa 20 Minuten garen.
2. In der Zwischenzeit in einem zweiten mittelgroßen Topf das Olivenöl erhitzen und zuerst die Zwiebeln und dann den Knoblauch darin weich dünsten. Die Tomaten unterrühren, den Deckel auflegen und alles etwa 15 Minuten garen, bis die Tomaten weich sind und die Mischung eine saucenähnliche Konsistenz hat.
3. Die Kichererbsen nach 20 Minuten mit ½ TL Salz würzen und weitere 10 Minuten sanft köcheln lassen. Eventuell etwas Wasser dazugießen, damit nichts am Topfboden anbrennt. Die Desi-Kichererbsen bleiben nach dem Kochen außen fest und innen zart (Gabeltest). Abgießen und Kochwasser zurückbehalten.
4. Kichererbsen und restliche Zutaten mit der Tomatensauce aufkochen. Einen Teil des gegarten Currys (etwa 250 g) in eine separate Schüssel füllen und mit dem Löffelrücken zerdrücken. Für weitere 2 Minuten erneut untermischen, bis das Curry eindickt. Auf gedämpftem Vollkornreis servieren und mit Korianderblättern garnieren. Mit einem Salat wird das Curry zu einer kompletten Mahlzeit. Das Gericht ist mehrere Tage im Kühlschrank haltbar.

TIPP:
– Für ein dünneres Curry gegen Ende der Garzeit 60 bis 125 ml zurückbehaltenes Kochwasser oder heißes Wasser aus dem Wasserkocher einrühren.

Pro Portion: Energie 1149 kJ/274 kcal; Eiweiß 13 g; Fett 18 g; gesättigte Fettsäuren 3 g; Cholesterin 0 mg; Kohlenhydrate 11 g; Zucker 8 g; Ballaststoffe 10 g; Kalzium 95 mg; Eisen 4,5 mg; Natrium 480 mg

Das ägyptische Nationalgericht Foul Medammas wird zu jeder Tageszeit mit Fladenbrot gegessen, aber vor allem zum Frühstück ist es sehr beliebt. Es besteht aus einer Schüssel butterweicher Favabohnen, die mit einfachen Gewürzen verfeinert werden. Traditionell werden die Bohnen über Nacht langsam gegart, da diese Bohnen eine längere Garzeit haben. Vor dem Servieren wird das Foul mit Gewürzen bestreut oder es werden Würzmittel dazu serviert. Dazu gehören Olivenöl, fein gehackte Zwiebeln, Tomatenwürfel, frisch gehackte Chilis oder Cayennepfeffer, frisch durchgepresster Knoblauch und ein Ei.

ÄGYPTISCHE BOHNEN

ZUBEREITUNGSZEIT: 7 MINUTEN, GARZEIT: 1 STUNDE, RUHEZEIT: 1 STUNDE, FÜR 5 PERSONEN

200 g getrocknete helle Favabohnen, 24 Stunden eingeweicht
100 g rote Linsen, abgebraust und abgetropft
1 TL Salz
1½ TL Kreuzkümmelpulver
3 EL Zitronensaft
2 EL Olivenöl extra vergine

1. Die eingeweichten Bohnen abgießen und abbrausen, dann mit 1 l frischem Wasser in den Schnellkochtopf geben und aufkochen. Der Deckel sollte dabei locker aufliegen.
2. Linsen und Salz in das kochende Wasser einrühren, dann den Deckel sicher verschließen und Druck aufbauen. Die Hitze reduzieren und auf der niedrigsten Stufe etwa 1 Stunde unter Druck garen. Achtung: Den Schnellkochtopf auf die niedrigste Einstellung setzen, damit die Linsen während der längeren Garzeit auf keinen Fall am Topfboden anbrennen.
3. Vor dem Öffnen den Dampf entweichen lassen. Das Foul wird wässrig aussehen, jedoch dickt es noch ein, wenn es länger steht und gekühlt wird.
4. Die restlichen Zutaten einrühren und die Bohnen vor dem Servieren 1 Stunde leicht eindicken lassen. Das Foul in einzelnen Schälchen und mit Gewürzen nach Wahl servieren. Reste können im Kühlschrank aufbewahrt oder tiefgekühlt werden.

TIPPS:

– *Kaufen Sie kleine Favabohnen, die nach dem Kochen nicht geschält werden müssen. Diese sind heller als die großen dunkelbraunen Favabohnen.*
– *Das ägyptische Rezeptgeheimnis sind die roten Linsen, die das Gericht eindicken.*
– *Wenn das Foul beim Servieren zu dick ist, einfach mit etwas kochendem Wasser verdünnen.*

Pro Portion: Energie 610 kJ/146 kcal; Eiweiß 11 g; Fett 8 g; gesättigte Fettsäuren 1 g; Cholesterin 0 mg; Kohlenhydrate 3 g; Zucker 3 g; Ballaststoffe 10 g; Kalzium 50 mg; Eisen 3 mg; Natrium 464 mg

„Ich mache dieses unkomplizierte Dal, wenn die Zeit knapp, jedoch die Lust auf viel Geschmack groß ist."

Dal ist ein einfaches, köstliches Gericht aus Pakistan, das im Voraus zubereitet und als Hauptmahlzeit mit Vollkornreis oder als Beilage zu Gemüsereis serviert werden kann. Pakistanisches Essen ist eher scharf-würzig. Trotz der grünen Chilis ist es insgesamt aber nicht zu scharf. Linsen haben einen niedrigen Glyx-Wert.

LINSEN-MUNGBOHNEN-DAL MIT GRÜNEM CHILI

ZUBEREITUNGSZEIT: 10 MINUTEN, GARZEIT: 30 MINUTEN. FÜR 6 PERSONEN

200 g rote Linsen
200 g geschälte Mungbohnen
1 TL mittelscharfes oder scharfes Currypulver
10 kleine Curryblätter
1 grüne Chilischote
1 walnussgroßes Stück Ingwer, geschält und gerieben
2 Knoblauchzehen, geschält und durchgepresst
1 TL Salz
2 EL Olivenöl extra vergine
1 Zwiebel, geschält und fein gehackt
½ Bund frischer Koriander, fein gehackt, plus Blätter zum Garnieren

1. Die Linsen und Mungbohnen in einen großen Topf geben und mit Wasser bedecken. Einweichen lassen und in der Zwischenzeit die anderen Zutaten zubereiten. Anschließend abgießen, abbrausen und abtropfen lassen.
2. Currypulver und -blätter, Chilischote, Ingwer, Knoblauch, Salz und 1¼ l Wasser unter die abgetropfte Linsen-Bohnen-mischung geben. Aufkochen, die Hitze leicht reduzieren und das Dal halb zugedeckt 20 bis 25 Minuten weich kochen. Achtung: Den Deckel nicht ganz auflegen, sonst bildet sich beim Aufkochen ein dünner Schaum.
3. In der Zwischenzeit für die gebratenen Zwiebeln (auch Tarka genannt) das Öl in einer kleinen Pfanne erhitzen und die Zwiebel darin leicht anbräunen. Die Zwiebeln und den gehackten Koriander unter das Dal mischen und mit frischen Korianderblättern garnieren. Heiß servieren oder abkühlen lassen und dann im Kühl- oder Gefrierschrank aufbewahren. Die ganze Chilischote kann nach dem Kochen entfernt werden.

TIPPS:

— *Dal dickt beim Abkühlen und Aufbewahren ein. Um es sämiger zu machen, einfach kochendes Wasser unterrühren. Auch beim Aufwärmen wird es wieder dünner.*

— *Aus den Dal-Resten durch die Zugabe von Bindemitteln wie Haferflocken, Lupinenmehl und „Chia-Gel" kleine Bratlinge formen und diese braten.*

Pro Portion: Energie 988 kJ/236 kcal; Eiweiß 15 g; Fett 7 g; gesättigte Fettsäuren 1 g; Cholesterin 0 mg; Kohlenhydrate 23 g; Zucker 2 g; Ballaststoffe 10 g; Kalzium 57 mg; Eisen 4 mg; Natrium 390 mg

„Diesen Mix aus lockerer weißer Quinoa und Hirse können Sie leicht im Reiskocher garen. Reste einfach tiefkühlen."

Diese Spieße sind ein wahres Kaleidoskop an Farben und Aromen. Sie sind einfach zubereitet, frisch und nährstoffreich! Sie können sie auf dem Grill, im BBQ-Smoker oder im Backofen zubereiten. Gemüse und Pflanzeneiweiß sind viel gesundheitsförderlicher als Barbecue- oder Grillfleisch!

TOFU-GEMÜSESPIESSE MIT MISO-LIMETTEN-MARINADE

ZUBEREITUNGSZEIT: 20 MINUTEN + 1 STUNDE MARINIERZEIT, GARZEIT: 15 MINUTEN, FÜR 4 PERSONEN

300 g fester Tofu, in 16 Würfel geschnitten
8 gelbe runde Mini-Kürbisse, halbiert
1 große rote Paprikaschote, entkernt und in Größe der Tofuwürfel geschnitten
2 Zucchini, in 16 Scheiben geschnitten (in Größe der Tofuwürfel)
1 große Gemüsezwiebel, geschält und in 6 Spalten geschnitten
Olivenölspray (extra vergine)

Für die Marinade:
1 EL helle Misopaste (Shiro Miso)
5 EL Olivenöl extra vergine
Saft von 2 Limetten
1 Knoblauchzehe, geschält und durchgepresst

Außerdem:
8 Holzspieße

1. Für die Marinade die Zutaten in einem kleinen Glas mit Schraubverschluss kräftig schütteln, damit sich alles gut mischt. Die Misopaste sollte sich vollständig aufgelöst haben.

2. Die Tofuwürfel in einer Glasschüssel verteilen, mit der Marinade übergießen und gründlich mischen. Abgedeckt 1 Stunde in den Kühlschrank stellen und zwischendurch mehrmals umrühren.

3. In der Zwischenzeit die Holzspieße 20 Minuten in kaltem Wasser einweichen, damit sie beim Grillen nicht anbrennen.

4. Die Spieße aus dem Wasser nehmen und Tofuwürfel und Gemüse im Wechsel aufstecken. Nicht zu viele Stücke aufspießen. Eine mögliche Reihenfolge könnte sein: Kürbis-Paprika-Tofu-Zucchini-Zwiebel. Diese Reihenfolge wiederholen. Beim Aufstecken die stumpfen Enden der Spieße zum Körper halten.

5. Den Grill erhitzen (oder den Smoker auf Temperatur bringen) und das Grillgut mit Olivenöl besprühen. Die Spieße auf den heißen Grill (oder Smoker) legen und bei mittlerer Hitze 5 Minuten von beiden Seiten grillen. Die Spieße mit restlicher Marinade regelmäßig bestreichen. Die Spieße auf Vollkorn-Couscous oder weißer Quinoa anrichten und mit restlicher Marinade beträufeln.

TIPPS:

– Für die Zubereitung im Backofen: Den Backofen auf 180 °C vorheizen. Die Spieße kräftig mit Olivenöl einsprühen. Auf ein mit Backpapier ausgelegtes Blech legen und im vorgeheizten Backofen leicht bräunen. Zwischendurch einmal wenden.

– Ebenso köstlich schmeckt dazu eine Satay-Sauce (Seite 161).

Pro Portion: Energie 1398 kJ/334 kcal; Eiweiß 14 g; Fett 24 g; gesättigte Fettsäuren 4 g; Cholesterin 0 mg; Kohlenhydrate 10 g; Zucker 9 g; Ballaststoffe 11 g; Kalzium 284 mg; Eisen 3,4 mg; Natrium 228 mg

TIPPS:
— Schärfer wird die Tajine,
wenn Sie 2 Chilischoten verwenden.
— Statt Couscous oder Reis passen auch
400 g Kichererbsen aus der Dose — einfach
abbrausen und abgießen.
— Trotz seiner Form ist Couscous kein Korn,
sondern ein Hartweizengrieß. Quinoa ist noch nährstoffreicher, da sie ein Pseudogetreide ist. Zudem
ist sie eine gute Eiweißquelle.

Ein herzhaftes, dankbares Gericht mit vollmundigem Geschmack: Für die Chermoula-Marinade lohnt sich der zusätzliche Aufwand. Sie kann schon am Vortag zubereitet werden. Die Gewürze sind reich an Antioxidantien und entzündungshemmenden Nährstoffen.

MAROKKANISCHE TAJINE MIT GEMÜSE UND KICHERERBSEN

ZUBEREITUNGSZEIT: 17 MINUTEN, GARZEIT: 1 STUNDE 5 MINUTEN, FÜR 8 PERSONEN

Für die Chermoula-Marinade:
1 rote Zwiebel, geschält und geviertelt
3 Knoblauchzehen, geschält
1 scharfe Chilischote (Bull's Eye),
   entkernt und klein gehackt
1 EL geriebener Ingwer
4 EL Zitronensaft
5 EL Olivenöl extra vergine
1 EL Honig
1 EL Kreuzkümmelpulver
1 EL Paprikapulver
1 EL Kurkumapulver
60 g frischer Koriander

2 EL Olivenöl extra vergine
1 rote Zwiebel, geschält und in Spalten
   geschnitten
500 g Butternusskürbis, geschält und in
   Stücke geschnitten
4 kleine Auberginen, längs geschnitten
   und dann halbiert oder gedrittelt
300 g gegarte Kichererbsen
12 getrocknete Datteln
680 g passierte Tomaten (aus der
   Flasche)
100 g grüne Oliven
1 TL Salz

1. Für die Chermoula-Marinade alle Zutaten in der Küchenmaschine glatt pürieren. Beiseitestellen.

2. Das restliche Olivenöl in einem großen Topf mit dickem Boden erhitzen. Zwiebel, Kürbis und Auberginen dazugeben, kurz umrühren und bei mäßiger Hitze 2 Minuten andünsten.

3. Die Chermoula und die restlichen Zutaten außer den Oliven untermischen. Mit 125 ml Wasser die Reste der passierten Tomaten aus der Flasche spülen und unter die Mischung rühren. Kurz aufkochen lassen, dann die Hitze reduzieren und alles 45 Minuten zugedeckt schmoren lassen.

4. Die Oliven dazugeben und weitere 15 Minuten kochen, bis das Gemüse sehr weich ist. Auf locker gerührter Quinoa oder auf Vollkorn-Couscous heiß servieren. Die Tajine kann tiefgekühlt werden.

Pro Portion: Energie 1441 kJ/344 kcal; Eiweiß 7 g; Fett 21 g; gesättigte Fettsäuren 3 g; Cholesterin 0 mg; Kohlenhydrate 32 g; Zucker 22 g; Ballaststoffe 9 g; Kalzium 82 mg; Eisen 3,1 mg; Natrium 607 mg

Dies ist ein langsam gegartes griechisches Auberginengericht, das ich gern im Sommer serviere. Sie können es am Wochenende zubereiten und es dann die ganze Woche hindurch mit griechischem Salat, Brot und Oliven genießen. Das Gericht bekommt vom Olivenöl einen schönen Glanz und bleibt saftig. Auberginen sind reich an viskosen Ballaststoffen zur Senkung von Blutzucker und Cholesterin.

ÜBERBACKENE AUBERGINEN MIT TOMATENSAUCE

ZUBEREITUNGSZEIT: 15 MINUTEN, MARINIERZEIT: 30 MINUTEN, GARZEIT: 1 STUNDE 10 MINUTEN, FÜR 6 PERSONEN

2 mittelgroße Auberginen (ca. 900 g)
1 TL Salz, plus 2 TL für die Marinade
¼ l Olivenöl extra vergine
1 große Zwiebel, geschält, halbiert und in Streifen geschnitten
4 Knoblauchzehen, geschält und klein geschnitten
600 g reife Roma-Tomaten, gerieben oder in der Küchenmaschine püriert
½ Bund Petersilie, grob gehackt
frisch gemahlener schwarzer Pfeffer

1. Auberginen in (zwei Finger breite) Streifen schneiden, mit 2 TL Salz einreiben und 30 Minuten einziehen lassen. Waschen und in einem trockenen Küchentuch oder mit Küchenpapier trocken tupfen.
2. Den Backofen auf 180 °C vorheizen.
3. In einer mittelgroßen Pfanne 125 ml Olivenöl erhitzen und die Zwiebel bei mittlerer Hitze etwa 10 Minuten dünsten. Den Knoblauch dazugeben und 1 weitere Minute dünsten. Tomaten und Petersilie untermischen, mit Salz und Pfeffer würzen und das Gemüse weitere 10 Minuten köcheln lassen, bis die Tomaten leicht gegart sind.
4. In einer zweiten großen Pfanne die Auberginen mit dem restlichen Olivenöl 10 Minuten gerade weich dünsten. Sie sollten nicht bräunen oder zerkochen.
5. Die Auberginen auf ein Backblech legen und mit dem Tomatenmus gleichmäßig bestreichen. Im vorgeheizten Backofen 40 Minuten backen, dann heiß servieren oder abkühlen lassen und die überbackenen Auberginen kalt genießen. Das Gericht hält sich mehrere Tage im Kühlschrank, eignet sich aber nicht zum Tiefkühlen.

TIPP:

— Ein Bund frische Petersilie waschen und trocken schleudern, dann klein hacken und einen Teil als Vorrat tiefkühlen.

Pro Portion: Energie 1677 kJ/401 kcal; Eiweiß 3 g; Fett 39 g; gesättigte Fettsäuren 6 g; Cholesterin 0 mg; Kohlenhydrate 8 g; Zucker 8 g; Ballaststoffe 7 g; Kalzium 63 mg; Eisen 1,2 mg; Natrium 404 mg

„Dieses Auberginengericht ist unglaublich gut.
Bei Dreharbeiten zu meiner Kochshow kürte das
Aufnahme-Team es zur absoluten Nummer eins!"

TIPPS:
- Bevor Sie neues Öl in die Pfanne gießen,
  zuerst das angebrannte Mehl mit Küchenpapier auswischen.
- Das Gericht bis zu Arbeitsschritt 5 zubereiten, dann kühl stellen und am nächsten
  Tag kurz vor dem Servieren backen — das sorgt für mehr Geschmack und eine
  bessere Konsistenz.
- Je nach Dicke der Auberginenscheiben etwas mehr oder etwas weniger Mehl und Öl
  hinzufügen. Mit dem Gemüsehobel lassen sich gleichmäßig dicke Scheiben schneiden.
  Das Gleiche gilt für die Wassermenge, die je nach Kichererbsen-Typ und Einweichzeit leicht
  variieren kann. Beim Servieren sollte der Schmortopf nicht zu flüssig sein.

Lust auf herzhafte Bauernkost aus dem Norden Griechenlands? Aber Vorsicht, denn um das Auberginen-Topping wird sich jeder reißen! Die Kichererbsen sind sämig und weich und liefern Pflanzeneiweiß mit niedrigem Glyx-Wert bzw. wenig Kohlenhydraten. Das Gericht kann am Vortag zubereitet werden. Einfach kurz vor dem Servieren knusprig aufbacken und mit Wirsingsalat (Seite 51) servieren. Ein echter Hit!

KICHERERBSEN-SCHMORTOPF MIT ÜBERBACKENEN AUBERGINEN

ZUBEREITUNGSZEIT: 20 MINUTEN + EINWEICHZEIT ÜBER NACHT, GARZEIT: 1 STUNDE 30 MINUTEN INKLUSIVE SCHNELLKOCHTOPF, FÜR 10 PERSONEN

Für den Kichererbsen-Schmortopf:

600 g Kichererbsen, über Nacht eingeweicht

2 mittelgroße Zwiebeln, geschält und grob gehackt

4 Knoblauchzehen, geschält und fein gehackt

1 EL süßes Paprikapulver

1 TL Salz

2 TL gerebelter Oregano

2 EL Olivenöl extra vergine

Für die überbackenen Auberginen:

2 mittelgroße Auberginen (ca. 800 g), ungeschält

40 g Mehl

¼ l Olivenöl extra vergine

2 TL süßes Paprikapulver

2 TL getrockneter Oregano

½ TL Salz

frisch zerstoßener schwarzer Pfeffer

Pro Portion: Energie 2116 kJ/506 kcal; Eiweiß 21 g; Fett 39 g; gesättigte Fettsäuren 6 g; Cholesterin 0 mg; Kohlenhydrate 14 g; Zucker 7 g; Ballaststoffe 15 g; Kalzium 140 mg; Eisen 6,5 mg; Natrium 356 mg

1. Für den Kichererbsen-Schmortopf die Kichererbsen abbrausen und abtropfen lassen, und zusammen mit den anderen Zutaten für den Schmortopf und ¼ l Wasser in einen Schnellkochtopf geben. Gut mischen, den Topf mit dem Deckel verschließen und Druck aufbauen. Die Hitze reduzieren und auf niedriger Stufe 15 Minuten unter Druck garen. Vor dem Öffnen den Dampf entweichen lassen. (Für die konventionelle Zubereitung noch 1¾ l Wasser zugießen und alles aufkochen. Die Hitze reduzieren und den Schmortopf 2 Stunden zugedeckt schmoren lassen, bis die Kichererbsen sehr weich sind. Kurz vor dem Ende der Garzeit mit Salz würzen.)

2. Die gegarten Kichererbsen mit dem Kochsud in einer großen Auflaufform verteilen.

3. In der Zwischenzeit die Auberginen jeweils längs in 1 cm dicke lange Scheiben schneiden. Mit Küchenpapier trocken tupfen und mit Mehl bestäuben.

4. Den Backofen auf 200 °C vorheizen.

5. In einer großen Pfanne etwas Olivenöl erhitzen und die Auberginenstreifen portionsweise rundum goldbraun braten. Mit etwas Paprikapulver, Oregano und Salz würzen. Das restliche Öl nach und nach darüberträufeln, damit die Auberginen es gut aufnehmen können.

6. Die Auberginenscheiben leicht überlappend auf die Kichererbsen in den Schmortopf legen, sodass sie komplett bedeckt sind. Mit den Gewürzen, Salz und Pfeffer abschmecken.

7. Die Auflaufform in den vorgeheizten Backofen stellen und die Auberginen 45 Minuten knusprig backen. Das Schmorgericht heiß oder lauwarm servieren. Reste sofort portionsweise in Behälter füllen und für spätere Mittagessen tiefkühlen.

Ein köstliches sizilianisches Nudelgericht mit Brokkoli, einem wirklich supergesunden Gemüse! Servieren Sie das Ganze mit einer Rohkostbeilage wie Brunnenkresse oder Kohlrabi. Dadurch steigert sich der Anteil an Sulphoraphanen, die in allen in Kreuzblütlern enthalten sind – so auch im gegarten Brokkoli. Diese Inhaltsstoffe sind hochwirksam gegen Krebs.

PENNE MIT BROKKOLI, TOMATEN UND BROTBRÖSELN

ZUBEREITUNGSZEIT: 5 MINUTEN, GARZEIT: 30 MINUTEN, FÜR 5 PERSONEN

320 g Brokkoli, in größere Röschen zerteilt
2 EL Brotbrösel
2 TL Olivenöl extra vergine, plus 5 EL für den Knoblauch
320 g Penne
6 große sonnengetrocknete Tomaten (ca. 55 g), fein gehackt
4 Knoblauchzehen, geschält und klein gehackt
½ TL getrocknete Chiliflocken
½ TL Salz

1. Den Brokkoli in 15 Minuten sehr weich dämpfen. In grobe Stücke zerteilen, die nicht länger sein sollten als die Penne.
2. In der Zwischenzeit die Brotbrösel in einer kleinen Pfanne goldbraun rösten. Den Herd ausschalten und 2 TL Olivenöl untermischen.
3. Die Penne in einem großen Topf mit Wasser und wenig Salz aufkochen und in 7 Minuten *al dente* garen. Abgießen und in den Topf zurückgeben.
4. Das restliche Olivenöl in einer mittelgroßen Pfanne erhitzen und Tomaten, Knoblauch, Chiliflocken und Salz 1 Minute darin aromatisch dünsten.
5. Die Brokkolistücke unterheben und dann das Ganze mit den gegarten Penne mischen.
6. Die Penne auf Bowls verteilen und mit den Brotbröseln bestreuen. Sofort servieren.

TIPP:

– *Das ist eine perfekte Art, um Reste vom Brokkoli mitsamt Stielen zu verwerten. Gerade Letztere werden oft weggeworfen.*

Pro Portion: Energie 1953 kJ/467 kcal; Eiweiß 12 g; Fett 22 g; gesättigte Fettsäuren 4 g; Cholesterin 0 mg; Kohlenhydrate 52 g; Zucker 4 g; Ballaststoffe 7 g; Kalzium 48 mg; Eisen 1,9 mg; Natrium 282 mg

Lasagne mit Röstgemüse,
Seite 186

Eine farbenfrohe Lasagne ganz ohne Milch und Fleisch! Da die Zubereitung etwas länger dauert, gehe ich etappenweise vor. Der Nudelteig kann bereits am Vortag zubereitet werden, dann bricht er nicht so leicht. Die gute Nachricht: Diese Lasagne macht viele Partygäste satt – dafür brauchen Sie aber eine große Lasagne-Auflaufform. Oder Sie bereiten nur die halbe Menge als Familienmahlzeit vor, dann reicht eine kleine Form.

LASAGNE MIT RÖSTGEMÜSE

ZUBEREITUNGSZEIT: 45 MINUTEN, GARZEIT: 1 STUNDE 45 MINUTEN, FÜR 12 PERSONEN

Für das Röstgemüse:

1 kg Butternusskürbis, geschält und in
 ½ cm dicke Scheiben geschnitten
2 rote Paprikaschoten, längs halbiert
 und entkernt
600 g Auberginen (mit Haut), längs in
 7 ½ mm dicke Scheiben geschnitten
800 g Zucchini, längs in 7 ½ mm dicke
 Scheiben geschnitten
4 EL Olivenöl extra vergine

Für den Tofu-Ricotta:

530 g fester Tofu, gut abgetropft
100 g Tahin (Sesampaste)
30 g helle Misopaste
4 EL Olivenöl extra vergine
5 Knoblauchzehen, geschält
3 TL gerebelter Oregano
½ TL Salz

Für die Sauce und zum Schichten:

1 EL Olivenöl extra vergine
6 frische Lasagneblätter
800 g Arrabbiata- oder Tomatensauce

*Pro Portion: Energie 1670 kJ/399 kcal;
Eiweiß 13 g; Fett 23 g; gesättigte Fettsäuren 3 g;
Cholesterin 0 mg; Kohlenhydrate 31 g;
Zucker 16 g; Ballaststoffe 11 g; Kalzium 123 mg;
Eisen 2,9 mg; Natrium 788 mg*

1. Für das Röstgemüse das vorbereitete Gemüse auf vier Backbleche verteilen und mit dem Olivenöl einpinseln. Im vorgeheizten Backofen bei 220 °C etwa 45 Minuten backen.

2. Die schwarze Haut von den Paprikas abziehen und die Paprikas in Streifen schneiden.

3. Für den Tofu-Ricotta alle Zutaten mit 180 ml Wasser in der Küchenmaschine glatt pürieren. Der Tofu-Ricotta kann am Vortag hergestellt und auch für andere Rezepte verwendet werden.

4. Für die Sauce und zum Schichten den Boden einer großen Lasagneform (mind. 36 x 25 x 7 cm) mit Olivenöl einpinseln und mit 2 Teigplatten auslegen; dazu den Nudelteig passgenau schneiden.

5. Die Hälfte der gebackenen Kürbisse hineinschichten und dann die Hälfte der Auberginen, Paprikaschoten und Zucchini.

6. Ein Drittel der Tomatensauce mit dem Löffel darauf verteilen.

7. Die Hälfte des Tofu-Ricottas darüber verstreichen.

8. Mit 2 weiteren Teigplatten bedecken und die Schritte 5 bis 7 wiederholen. Mit 2 Teigplatten enden und die restliche Tomatensauce mit dem Löffel darübergeben.

9. Die Ränder mit 125 ml Wasser befeuchten, die Lasagne mit Backpapier bedecken, diese mehrfach einstechen, damit der Dampf entweichen kann und die Teigplatten sich nicht so stark nach oben wölben.

10. Die Lasagne im vorgeheizten Backofen bei 180 °C etwa 60 Minuten backen. Abkühlen lassen und bis zum Servieren (maximal 3 Tage) im Kühlschrank aufbewahren. Die abgekühlte Lasagne 40 Minuten im Backofen erwärmen.

„Wenn ich viele Gäste erwarte, bereite ich gerne eine große Lasagne zu. Für eine schnelle Familienmahlzeit genügt schon die Hälfte der Zutaten."

TIPPS:
- Ein Gemüsehobel ist ideal, um Auberginen und Zucchini in gleich dicke Scheiben zu schneiden. Arbeiten Sie dabei mit dem Handschutz!
- Sie können auch fertiges Röstgemüse aus dem Feinkostladen verwenden. Hier das Olivenöl vorher abgießen.
- Verwenden Sie möglichst Vollkornteigplatten.

- Traditionelle Polenta wird mit einem großen Holzlöffel angerührt, damit der Maisgrieß nicht klumpt.
- Polentareste sofort in einer Backform glatt drücken. Im Kühlschrank fest werden lassen, dann in Dreiecke oder fingerbreite Streifen schneiden und vor dem Servieren warm grillen.

Ein köstliche Basis für Eintöpfe, Röstgemüse, Dal- und Currygerichte oder das cremige Porridge zum Früh-
stück – Polenta steckt voller Zeaxanthin, einem pflanzlichen Nährstoff, der die Augennetzhaut vor einer
Makuladegeneration schützt. Mit reichlich „resistenter Stärke" hält die Polenta, vor allem gegart oder ab-
gekühlt, auch den Darm gesund und beugt Darmkrebs vor (Abbildung Seite 191).

EINFACHE POLENTA

ZUBEREITUNGSZEIT: 3 MINUTEN, GARZEIT: 30 MINUTEN, FÜR 4 PERSONEN

1 TL Salz
350 g Polenta (aus Maisgrieß)

1. In einen mittelgroßen Topf 1½ l Wasser mit Salz aufkochen lassen.
2. Die Polenta nach und nach hineingeben. Dabei mit dem Holzlöffel kräftig umrühren, damit sie nicht klumpt. Vorsicht: Wenn die ganze Grießmasse vermengt ist, kann sie sehr heiß werden und eventuell aufspritzen.
3. Einen Deckel auf egen, die Hitze reduzieren und die Polenta etwa 20 Minuten garen, dabei alle 5 Minuten umrühren.
4. Sofort auf einzelnen Tellern anrichten und servieren, denn die Polenta wird schnel fest.

TIPPS:

— *Verwenden Sie keine feinkörnige Instant-Polenta.*

— *Variation: Wenn gerade Fenchelsaison ist, mischen Italiener gern fein gehacktes Fenchelkraut unter.*

— *Reinigung: Den Kochtopf über Nacht einweichen lassen. Die Rückstände lösen sich von selbst und der Topf lässt sich am nächsten Tag einfacher sauber machen.*

Pro Portion: Energie 844 kJ/201 kcal; Eiweiß 5 g; Fett 1 g; gesättigte Fettsäuren 0 g; Cholesterin 0 mg; Kohlenhydrate 41 g; Zucker 0 g; Ballaststoffe 2 g; Kalzium 6 mg; Eisen 0,5 mg; Natrium 573 mg

Statt Hackfleisch verwende ich für meine fleischlosen „Frikadellen" gerne Walnüsse und Pilze und zaubere daraus ein Lieblingsgericht für die ganze Familie. Sie können diese herzhaften Bratlinge mit ihrem leckeren Pilzfond auf weicher Polenta oder zu Vollkornspaghetti servieren. Sie schmecken auch warm oder kalt ganz wunderbar als Appetithäppchen oder Salat-Topping. Dieses Rezept wird ohne Ei und Milch zubereitet.

WALNUSS-PILZ-BRATLINGE MIT TOMATENSAUCE

ZUBEREITUNGSZEIT: 25 MINUTEN, GARZEIT: 30 MINUTEN FÜR BRATLINGE + 20 MINUTEN FÜR SAUCE, FÜR 9 STÜCK

Für die Bratlinge:
250 g Champignons
40 g Haferflocken
110 g Walnusskerne
2 mittelgroße Zwiebeln, geschält und
    geviertelt
4 Knoblauchzehen, geschält
1 TL Kreuzkümmelpulver
1 TL getrockneter Oregano
2 EL Sojasauce
200 g Mehrkorn-Paniermehl
frisch gemahlener schwarzer Pfeffer

Für die Tomatensauce:
8 EL Olivenöl extra vergine
2 rote Zwiebeln, geschält und fein
    gehackt
680 g passierte Tomaten (aus der
    Flasche)
1 TL Salz
8 frische Basilikumblätter, klein gezupft

1. Die Pilze mit einem feuchten Küchentuch abwischen und grob hacken. Nicht waschen, sonst weichen sie durch. In eine Schüssel geben und beiseitestellen. Den Backofen auf 180 °C vorheizen.
2. Haferflocken und Walnüsse in der Küchenmaschine fein hacken.
3. Zwiebel und Knoblauch dazugeben und alles fein zerkleinern.
4. Die Pilze mit den Gewürzen und der Sojasauce dazugeben und nochmals alles fein zerkleinern.
5. Während die Küchenmaschine läuft, das Paniermehl durch den Einfüllschacht einrieseln lassen. Weiter alles gut mischen, bis die Masse eine dicke Konsistenz hat.
6. Mit angefeuchteten Händen aus der Masse mittelgroße Bratlinge formen, diese auf ein mit Backpapier ausgelegtes Backblech legen und im vorgeheizten Backofen in 25 bis 30 Minuten goldbraun backen.
7. Für die Tomatensauce in der Zwischenzeit das Olivenöl erhitzen und die Zwiebeln bei mittlerer Hitze 7 Minuten sehr weich dünsten. Passierte Tomaten und ¼ l Wasser (das zum Ausspülen der Saucenreste aus der Flasche verwendet wurde) unterrühren und die Sauce kräftig mit Salz würzen. Weiter köcheln lassen, bis die Sauce eindickt. Das Basilikum untermischen.
8. Die Bratlinge auf Nudeln oder Reis anrichten und mit Tomatensauce beträufeln. Alternativ in der heißen Sauce 1 Minute ziehen lassen, aber nicht zerkochen. Die Bratlinge zerfallen leicht, da sie kein Ei enthalten, das bindet. Sie sind ideal zum Tiefkühlen.

Pro Portion: Energie 1434 kJ/343 kcal; Eiweiß 8 g; Fett 23 g; gesättigte Fettsäuren 3 g; Cholesterin 0 mg; Kohlenhydrate 27 g; Zucker 10 g; Ballaststoffe 5 g; Kalzium 50 mg; Eisen 1,5 mg; Natrium 728 mg

TIPPS:

— Sie können auch geschmacksintensivere Riesenchampignons oder Portobello-Pilze verwenden.
— Feuchtigkeit und Textur der Semmelbrösel sind nicht immer gleich; deshalb besser exakt abwiegen.
— Die glutenfreie Variante besteht aus Hirse- oder Quinoaflocken, glutenfreiem Paniermehl und Sojasauce (Tamari).
— Mit nährstoffreichen Gewürzen (milchfreier Parmesan-Ersatz aus dem Bioladen; oder mit Rotalgenflocken bestreuen.

„Dieses leckere Gericht wird auf Einfacher Polenta (Seite 189) serviert."

SUPPEN

Sellerie-Blumenkohl-Suppe,
Seite 197

„gehackten Koriander
untermischen oder die Suppe vor dem
Servieren kurz pürieren.“

grüne Chili-Erbsen-Suppe mit
Koriander, Seite 196

Diese Suppe mit niedrigem Glyx-Wert liefert reichlich Antioxidantien und entzündungshemmende Pflanzen-inhaltsstoffe – perfekt bei Insulinresistenz oder Diabetes. Sie ist eine meiner liebsten herzhaften Bowls. Rote Linsen zerfallen beim Kochen, sodass sie zu Recht die Rolle als „beste Hülsenfrüchte" für sich in Anspruch nehmen dürfen. Einfach eine Handvoll in jede Suppe mischen und keiner wird es merken!

SÜSSKARTOFFEL-LINSEN-SUPPE MIT ZITRONE

ZUBEREITUNGSZEIT: 10 MINUTEN, GARZEIT: 40 MINUTEN, FÜR 4 PERSONEN

200 g rote Linsen, gesäubert und abgebraust
1 Gemüsebrühwürfel (10 g), zerkrümelt
1 große Zwiebel, geschält und grob gehackt
1 mittelgroße Süßkartoffel (400 g), geschält und grob zerkleinert
2 Knoblauchzehen, geschält
4 EL Olivenöl extra vergine
1 TL Kreuzkümmelpulver
250 g Tomatensauce (aus dem Glas)
2 EL gehackter frischer Dill
3 EL Zitronensaft

1. Die Linsen waschen und mit 1½ l Liter Wasser und dem zerkrümelten Gemüsebrühwürfel in einem großen Topf aufkochen. Den weißen Schaum abschöpfen und mit halb geschlossenem Deckel etwa 15 Minuten köcheln lassen oder bis die anderen Zutaten vorbereitet sind.
2. Zwiebel, Süßkartoffel und Knoblauch in der Küchenmaschine fein hacken.
3. Das Olivenöl in einer großen Pfanne erhitzen und gehacktes Gemüse, Kreuzkümmel und Tomatensauce dazugeben und alles 10 Minuten kurz anbraten.
4. Das angebratene Gemüse in den Topf mit den kochenden Linsen geben und unter gelegentlichem Rühren weitere 15 Minuten köcheln lassen, bis die Aromen sich binden.
5. Dill und Zitronensaft untermischen und mit etwas Mehrkorn- oder Roggenbrot heiß servieren. Die Suppe lässt sich gut tiefkühlen und wird dadurch geschmacksintensiver.

TIPP:

– *Für diese Suppe eignen sich auch überreife Tomaten, die aufgebraucht werden sollen. Einfach klein hacken und untermischen.*

Pro Portion: Energie 1855 kJ/443 kcal; Eiweiß 16 g; Fett 21 g; gesättigte Fettsäuren 3 g; Cholesterin 0 mg; Kohlenhydrate 44 g; Zucker 15 g; Ballaststoffe 11 g; Kalzium 97 mg; Eisen 5,3 mg; Natrium 624 mg

Raffiniert, jedoch einfach in der Zubereitung: Mit dieser Suppe können Sie garantiert beeindrucken! Forschungen zufolge hat Koriander eine Anti-Tumor-Wirkung im Dickdarm und erhöht die Insulinabsonderung in der Bauchspeicheldrüse. Koriandersamen haben die höchste Nährstoffkonzentration. Die Korianderblätter verleihen der Suppe eine kräftige Note, die sich mit dem süßen Geschmack der Erbsen und der leichten Schärfe von Chili mischt (Rezeptfoto Seite 194).

GRÜNE CHILI-ERBSEN-SUPPE MIT KORIANDER

ZUBEREITUNGSZEIT: 6 MINUTEN, GARZEIT: 18 MINUTEN, FÜR 4 PERSONEN

1 EL Olivenöl extra vergine
1 mittelgroße Zwiebel, geschält und
    fein gehackt
1 kleine rote Chilischote, entkernt und
    fein gehackt
500 g grüne Erbsen (tiefgekühlt)
1 Gemüsebrühwürfel (à 10 g)
½ kleines Bund Koriander, fein gehackt
frisch gemahlener schwarzer Pfeffer
    (nach Belieben)

1. Das Olivenöl in einem mittelgroßen Suppentopf erhitzen und Zwiebel und Chili darin sehr weich dünsten.
2. Die tiefgekühlten Erbsen hinzufügen, den Brühwürfel hineinkrümeln und 1 l kochendes Wasser hinzugießen.
3. Den Inhalt wieder aufkochen, die Hitze reduzieren und die Suppe 5 Minuten köcheln lassen.
4. Die gehackten Korianderblätter hinzufügen und die Suppe mit dem Stabmixer mixen. Alternativ die Suppe abkühlen lassen, in einen Standmixer füllen und glatt mixen. Nach Belieben mit Pfeffer würzen. Die Suppe hält sich maximal 2 Tage im Kühlschrank.

TIPP:

– Die Suppe schmeckt am nächsten Tag noch besser. Ähnlich wie Gazpacho kann sie auch kalt serviert werden.

Pro Portion: Energie 589 kJ/141 kcal; Eiweiß 8 g; Fett 6 g; gesättigte Fettsäuren 1 g; Cholesterin 0 mg; Kohlenhydrate 10 g; Zucker 4 g; Ballaststoffe 10 g; Kalzium 45 mg; Eisen 2,6 mg; Natrium 321 mg

Knollensellerie gehört zur Familie der Wurzelgemüse. Er ist ein knorriges Gemüse, das vom wilden Sellerie abstammt, der seit jeher in Europa verwendet wird. Knollensellerie ist kalorienärmer als die Kartoffel, liefert viel Vitamin K und enthält Pflanzeninhaltsstoffe mit krebshemmender Wirkung. Sein kräftiges Aroma erinnert an eine Mischung aus Staudensellerie und Petersilie. Gegarter Knollensellerie ist erdig und nussig im Geschmack – einfach köstlich (Rezeptfoto Seite 194).

SELLERIE-BLUMENKOHL-SUPPE

ZUBEREITUNGSZEIT: 15 MINUTEN, GARZEIT: 40 MINUTEN, FÜR 6 PERSONEN

2 EL Olivenöl extra vergine

1 mittelgroße Zwiebel, geschält und fein gehackt

½ TL Kreuzkümmelpulver

800 g Knollensellerie, geschält und in kleinere grobe Stücke gehackt, Selleriekraut gewaschen

400 g Blumenkohlröschen

1 große Kartoffel, geschält und in Würfel geschnitten

2 Gemüsebrühwürfel (à 10 g), in 1½ l kochendem Wasser aufgelöst

einige Stiele Petersilie

frisch gemahlener schwarzer Pfeffer

1. Das Olivenöl in einem Suppentopf erhitzen und die Zwiebel etwa 5 Minuten darin weich dünsten. Das Kreuzkümmelpulver untermischen und 15 Sekunden kochen.

2. Knollensellerie, Selleriekraut, Blumenkohl, Kartoffel, Brühe und Pfeffer dazugeben und alles aufkochen. Die Hitze reduzieren und die Suppe 30 Minuten zugedeckt köcheln lassen, bis das Gemüse weich ist.

3. Die Suppe vom Herd nehmen, das Selleriekraut entfernen und die Suppe mit dem Stabmixer glatt pürieren. Alternativ kann die Suppe auch abkühlen und kommt dann in den Kühlschrank. Am nächsten Tag dann vor dem Erwärmen pürieren.

TIPP:

– *Für einen intensiveren Geschmack mit etwas Trüffelöl beträufeln oder etwas Pesto unterrühren.*

Pro Portion: Energie 658 kJ/157 kcal; Eiweiß 5 g; Fett 7 g; gesättigte Fettsäuren 1 g; Cholesterin 0 mg; Kohlenhydrate 13 g; Zucker 6 g; Ballaststoffe 10 g; Kalzium 81 mg; Eisen 1,1 mg; Natrium 491 mg

Diese japanische Suppe stellt Ihnen ein gesundes Meeresgemüse und die zwei Sojaprodukte Tofu und Miso vor. Miso wird aus fermentierten Sojabohnen gewonnen und ist kräftig im Geschmack. Seidentofu hingegen bleibt unfermentiert und zergeht auf der Zunge. Diese Suppe ist eine herrliche Vorspeise und fix zubereitet. Sojaprodukte und Meeresgemüse sind ein wichtiger Bestandteil der traditionellen asiatischen Ernährung und werden häufig und gern serviert. Ihre häufige Verwendung wird mit einem längeren Leben und gemindertem Krebsrisiko in Verbindung gebracht.

WAKAME-MISO-SUPPE MIT SEIDENTOFU

ZUBEREITUNGSZEIT: 7 MINUTEN, GARZEIT: 15 MINUTEN, FÜR 4 PERSONEN

1 EL getrocknete Wakame (Braunalgen)
4 frische Shiitakepilze, gewaschen, von den Stielen befreit und in Scheiben geschnitten
150 g Seidentofu, in 36 kleine Würfel geschnitten
2 ½ EL helle Misopaste

1. Die Wakame 5 Minuten in ¼ l Wasser einweichen und dann die Feuchtigkeit ausdrücken.
2. In einem mittelgroßen Topf 1½ l Wasser erhitzen. Wakame und Pilze in das kochende Wasser geben und 3 Minuten darin garen.
3. Die Hitze auf mittlere Stufe reduzieren und die Tofuwürfel zum Durchwärmen hinzufügen.
4. Die Misopaste in eine kleine Schüssel geben und löffelweise in kleinen Mengen in den kochenden Sud geben, bis sich eine dünne Paste bildet. Nach und nach die Paste in die Suppe zurückgeben und nur 1 Minute durchwärmen. Wichtig: Nicht aufkochen!
5. Die Suppe vom Herd nehmen und sofort servieren, oder zudecken und bei Bedarf langsam erwärmen, aber nicht sieden lassen! Die Suppe eignet sich nicht zum Tiefkühlen.

TIPPS:

— *Wakame und Miso sind im Asialaden erhältlich. Die Wakame quillt durch Einweichen zu dreifachem Volumen auf.*
— *Für eine kräftige Brühe getrocknete Shiitakepilze mit einem Streifen frischen Kombu in 1 l Wasser über Nacht einweichen lassen, dann vor der weiteren Verwendung abgießen. Pilze und Kombu zerkleinern und anstelle der frischen Pilze als Suppeneinlage verwenden.*

Pro Portion: Energie 235 kJ/56 kcal; Eiweiß 5 g; Fett 2 g; gesättigte Fettsäuren 0 g; Cholesterin 0 mg; Kohlenhydrate 5 g; Zucker 3 g; Ballaststoffe 2 g; Kalzium 18 mg; Eisen 1,4 mg; Natrium 287 mg

TIPP:

– Sie können jedes beliebige Miso verwenden. Im Winter wird in Japan gewöhnlich mit hellem Miso (Shiro miso) gekocht, da es süßer schmeckt, während im Sommer rotes Miso verwendet wird, weil es trockener ist. Misopasten haben einen sehr unterschiedlichen Salzgehalt. Immer auf dem Etikett prüfen und die Brühe zuerst mit wenig Miso würzen und dann nach Belieben mehr dazugeben. Nicht aufkochen lassen, denn Miso ist ein fermentiertes Nahrungsmittel und Überhitzung zerstört seinen herzhaften Geschmack und macht es nur salzig.

TIPP:
— Zum Eindicken 200 g gekochte Bohnen pürieren und statt des Maismehls wieder in die Suppe einrühren.

Zitronige Kichererbsensuppe.
Seite 203

Schaumige Gazpacho.
Seite 202

TIPP:
— Ersetzen Sie die frische Tomate durch passierte Tomaten oder Tomatensauce.

Diese traditionelle kroatische Suppe ist vor allem im Winter sehr sättigend, doch bei mir kommt sie ganzjährig auf den Tisch. Reste schmecken am nächsten Tag sogar noch besser. Sie können große Mengen auf Vorrat kochen und portionsweise tiefkühlen. Diese Bohnensuppe wird traditionell als Hauptmahlzeit mit frischem Kohlsalat serviert. Probieren Sie dazu meinen Wirsingsalat mit Zitronendressing (Seite 51).

BOHNEN-MÖHREN-SUPPE MIT PETERSILIE

ZUBEREITUNGSZEIT: 10 MINUTEN + EINWEICHZEIT ÜBER NACHT, GARZEIT: 50 MINUTEN INKLUSIVE SCHNELLKOCH-TOPF, FÜR 5 PERSONEN

5 EL Olivenöl extra vergine

1 große Zwiebel, geschält und fein gehackt

2 Knoblauchzehen, geschält und durchgepresst

300 g getrocknete Cannellini-Bohnen, über Nacht in reichlich Wasser eingeweicht

2 mittelgroße Möhren, geschält und in kleine Stücke gehackt

1 große weiche Tomate, grob gehackt

1½ TL Salz

grob gemahlener schwarzer Pfeffer

2 EL süßes Paprikapulver

2 EL Maismehl

3 EL fein gehackte Petersilie

Saft von 1 Zitrone (nach Belieben)

1. Das Olivenöl im Schnellkochtopf erhitzen und die Zwiebel 5 Minuten darin goldbraun rösten. Den Knoblauch dazugeben und 1 Minute rösten.

2. Die eingeweichten Bohnen abbrausen und abgießen. Zusammen mit Möhren, Tomate, Salz, Pfeffer und 1½ l Wasser in den Schnellkochtopf geben und gut mischen.

3. Den Schnellkochtopf verschließen und die Temperatur erhöhen. Wenn ausreichend Druck aufgebaut ist, die Hitze reduzieren und die Suppe 20 Minuten auf sehr niedriger Stufe garen. Anschließend die Suppe vom Herd nehmen und vor dem Öffnen den Dampf natürlich entweichen lassen. (Für die konventionelle Zubereitung die Suppe zugedeckt aufkochen, dann die Hitze reduzieren und unter gelegentlichem Rühren köcheln lassen, bis die Bohnen sehr weich sind. Diese Garmethode dauert etwa 2 Stunden. Während des Kochvorgangs 125 ml Wasser nach und nach angießen.)

4. Das Paprikapulver mit dem Maismehl mischen und mit 125 ml Wasser zu einer glatten, dünnen Paste verrühren. Die Paste in die Bohnensuppe einrühren und die Suppe erneut aufkochen. Etwa 5 Minuten kochen lassen, bis sie leicht eindickt.

5. Die Petersilie untermischen und die Suppe noch heiß mit krossem Vollkornbrot servieren. Nach Belieben mit frisch gepresstem Zitronensaft abschmecken.

Pro Portion: Energie 1945 kJ/465 kcal; Eiweiß 21 g; Fett 31 g; gesättigte Fettsäuren 5 g; Cholesterin 0 mg; Kohlenhydrate 19 g; Zucker 11 g; Ballaststoffe 18 g; Kalzium 166 mg; Eisen 7,8 mg; Natrium 729 mg

Die Gazpacho stammt aus Südspanien und wird im Sommer, wenn Tomatensaison ist, immer gut gekühlt serviert. Diese aus rohen Zutaten zubereitete Gemüsesuppe ist wunderbar erfrischend und steckt voller Lycopin, einem bekanntermaßen hochwirksamen antioxidativen Wirkstoff gegen Prostatakrebs. Fangen Sie mit der Zubereitung möglichst 1 Stunde früher an, damit die Suppe ausreichend Zeit zum Abkühlen hat (Rezeptfoto Seite 200).

SCHAUMIGE GAZPACHO

ZUBEREITUNGSZEIT: 10 MINUTEN + 1 STUNDE KÜHLZEIT, FÜR 6 PERSONEN

1 kg weiche rote Tomaten (nur zähe Haut entfernt)
1 kleine Zwiebel, geschält
½ grüne Paprikaschote, entkernt
½ kleine Salatgurke, geschält
2 Knoblauchzehen, geschält
½ TL Salz
¼ TL Kreuzkümmelpulver
1 EL Olivenöl extra vergine, plus 3 TL zum Garnieren
2 TL Apfelessig

1. Das vorbereitete Gemüse grob hacken und mit Salz und Kreuzkümmel in einen leistungsstarken Standmixer mit mindestens 1½ l Fassungsvermögen füllen. Einige Minuten glatt pürieren und gegebenfalls mit dem Stampfer zusätzlich zerkleinern.
2. Olivenöl und Essig in den Mixer tröpfeln lassen und mitpürieren, bis die Mischung sich zu einer Emulsion verbindet.
3. Die Suppe in den Kühlschrank stellen, bis sie gut gekühlt ist.
4. In Gläser oder Suppenschalen füllen und zusätzlich mit etwas Olivenöl beträufeln. Die Gazpacho ist im Kühlschrank bis zu 3 Tage haltbar, eignet sich jedoch nicht zum Tiefkühlen.

TIPPS:

— Echte Gazpacho ist rosa-orange und nicht, wie oft abgebildet, rot. Mit etwas mehr Tomatensaft wird sie rötlicher.
— Für eine dicksämige Konsistenz altes Brot vom Vortag mit etwas Wasser besprühen und mit den restlichen Zutaten in den Standmixer geben.
— Traditionell kann die spanische Gazpacho mit gerösteten Brotwürfeln, hart gekochtem gehacktem Ei, feinen roten und grünen Paprikawürfeln, klein geschnittenen Frühlingszwiebeln und kleinen süßen hellen Trauben garniert werden.

Pro Portion: Energie 351 kJ/84 kcal; Eiweiß 2 g; Fett 6 g; gesättigte Fettsäuren 1 g; Cholesterin 0 mg; Kohlenhydrate 5 g; Zucker 5 g; Ballaststoffe 3 g; Kalzium 24 mg; Eisen 0,6 mg, Natrium 209 mg

Eine griechische Kichererbsensuppe mit sämiger Konsistenz. Emulgierendes Olivenöl und Zitronensaft verleihen ihr ein wahrhaft köstliches Aroma! In Griechenland wird diese Suppe gewöhnlich mit Brot, Oliven und Fetakäse serviert. Auch ein knackiger Rohkostsalat mit Sellerie, Rettich und Minze passt gut dazu. Kichererbsen haben einen niedrigen Glyx-Wert und halten den Darm gesund (Rezeptfoto Seite 200).

ZITRONIGE KICHERERBSENSUPPE

ZUBEREITUNGSZEIT: 5 MINUTEN + EINWEICHZEIT ÜBER NACHT, GARZEIT: 1 STUNDE 10 MINUTEN INKLUSIVE SCHNELLKOCHTOPF, FÜR 6 PERSONEN

500 g getrocknete Kichererbsen, über Nacht mit 2 EL Salz in Wasser eingeweicht

2 mittelgroße Zwiebeln, geschält, mit intaktem Stielansatz

2 Knoblauchzehen, geschält

4 EL Olivenöl extra vergine

1½ TL Salz

1 TL gerebelter Oregano oder frisch gehackte Petersilie

1 scharfe Chilischote, fein gehackt (nach Belieben)

1 EL Maismehl

Saft von 1 Zitrone

1. Eingeweichte Kichererbsen abgießen und gut abbrausen. Auf den Boden eines Schnellkochtopfs verteilen und mit 2½ cm Wasser bedecken, dann 5 Minuten kochen.

2. Die Kichererbsen erneut abgießen und das Kochwasser wegschütten. Den Boden des Schnellkochtopfs ausspülen, die Kichererbsen zurück in den Topf schütten und mit 1½ l kochendem Wasser auffüllen.

3. Den Knoblauch dazugeben und die Zwiebeln unter die Kichererbsen mischen. Den Schnellkochtopf mit dem Deckel verschließen und ausreichend Druck aufbauen. Dann die Hitze stark reduzieren und den Inhalt in 35 Minuten sehr weich garen. Danach den Dampf natürlich entweichen lassen. (Für die konventionelle Zubereitung die Suppe mindestens 1½ Stunden garen und nach und nach noch 1¾ l Wasser angießen.)

4. Den Deckel abnehmen und Zwiebeln und Knoblauch mit einem große Schaumlöffel abschöpfen und gut ausdrücken, sodass ihre Säfte die Suppe würzen. Olivenöl, Salz, Oregano und eventuell Chili dazugeben und die Suppe erneut aufkochen.

5. In der Zwischenzeit das Maismehl mit dem Zitronensaft zu einer dünne Paste verrühren, dann unter die Suppe mischen und die Suppe weitere 5 Minuten ohne Deckel sämig einkochen. Heiß servieren oder abkühlen lassen. Die Suppe kann portionsweise im Kühlschrank aufbewahrt oder auch tiefgekühlt werden.

TIPP:

— *Wenn die Kichererbsen in Salzwasser eingeweicht werden, weicht ihre Haut auf und die Bohnen werden noch sämiger.*

Pro Portion: Energie 1752 kJ/418 kcal; Eiweiß 27 g; Fett 26 g; gesättigte Fettsäuren 4 g; Cholesterin 0 mg; Kohlenhydrate 14 g; Zucker 7 g; Ballaststoffe 18 g; Kalzium 166 mg; Eisen 8,3 mg; Natrium 583 mg

Die auffällig orange Farbe dieser Suppe kommt von den Antioxidantien Alpha- und Beta-Carotin. Möhren be-
sitzen aber auch Lutein und Zeaxanthin, die in der Augennetzhaut als eine Art „Sonnenschutz" eingelagert
werden, um einer UV-Schädigung und Makuladegeneration vorzubeugen.

MÖHREN-ORANGEN-SUPPE

ZUBEREITUNGSZEIT: 20 MINUTEN, GARZEIT: 30 MINUTEN, FÜR 8 PERSONEN

2 EL Olivenöl extra vergine

1 mittelgroße Zwiebel, geschält und
   gehackt

2 Knoblauchzehen, geschält und
   durchgepresst

3 TL frisch geriebener Ingwer

2 TL Kreuzkümmelpulver

1 TL Korianderpulver

1 kg Möhren, geschält und in 1 cm dicke
   Scheiben geschnitten

1 mittelgroße Süßkartoffel, geschält und
   in 1 cm dicke Scheiben geschnitten

1½ l Gemüsebrühe (z. B. Brühwürfel in
   kochendem Wasser aufgelöst)

Cayennepfeffer

Saft von 1 Orange

½ Bund frischer Koriander, gehackt

1. Das Olivenöl erhitzen und Zwiebel und Knoblauch darin weich dünsten.

2. Ingwer, Gewürze und 1 Prise Cayennepfeffer dazugeben und weitere 30 Sekunden dünsten.

3. Möhre, Süßkartoffel und Gemüsebrühe hinzufügen und die Suppe zugedeckt aufkochen lassen.

4. Die Hitze reduzieren und mit geschlossenem Deckel etwa 15 Minuten leicht köcheln lassen, bis das Gemüse fertig gegart ist.

5. Glatt pürieren und den Orangensaft untermischen. Für eine dünnere Konsistenz noch etwas kochendes Wasser hinzugießen.

6. Die Suppe heiß servieren und mit reichlich Koriander bestreuen.

Pro Portion: Energie 622 kJ/149 kcal; Eiweiß 3 g; Fett 5 g; gesättigte Fettsäuren 1 g; Cholesterin 0 mg; Kohlenhydrate 19 g; Zucker 13 g; Ballaststoffe 7 g; Kalzium 73 mg; Eisen 1,4 mg; Natrium 226 mg

„Garnieren Sie die Suppe vor dem Servieren mit frischen Korianderblättern."

„Das hier ist ein dankbarer Suppeneintopf – perfekt für die Resteverwertung."

Diese köstliche braune Linsensuppe mit gesundem Blattgemüse aus der libanesischen Küche kann als Hauptgericht serviert werden. Eine Portion dunkelgrünes Blattgemüse pro Tag mindert das Erkrankungsrisiko von Typ-2-Diabetes und Makuladegeneration. Diese Suppe kann gut im Voraus zubereitet werden, da das Aroma mit der Zeit immer geschmackvoller wird. Reste können portionsweise in Glasbehältern tiefgekühlt werden – für ein schnelles Mittagessen!

LINSENSUPPE MIT MANGOLD UND ZUCCHINI

ZUBEREITUNGSZEIT: 20 MINUTEN, GARZEIT: 35 MINUTEN, FÜR 8 PERSONEN

2 EL Olivenöl extra vergine
1 große Zwiebel, geschält und gehackt
500 g braune Linsen, gesäubert und
  gewaschen
1 TL Salz
2 mittelgroße Kartoffeln, geschält und in
  1 cm große Würfel geschnitten
2 mittelgroße Zucchini, in 1 cm große
  Würfel geschnitten
1 Bund Mangold (ca. 600 g), gewaschen,
  geputzt und in 1 cm dicke Streifen
  geschnitten
2 Knoblauchzehen, geschält und durch-
  gepresst
frisch gemahlener schwarzer Pfeffer
1 Bund frischer Koriander, gehackt
Saft von 2 Zitronen

1. Das Olivenöl in einem großen Suppentopf (mit mindestens 8 l Fassungsvermögen) erwärmen und die Zwiebel darin weich dünsten.
2. Linsen, Salz und 2 l Wasser einfüllen, den Deckel auflegen und das Ganze aufkochen. Die Hitze reduzieren und die Linsen 15 Minuten köcheln lassen.
3. Die Kartoffelwürfel dazugeben und weitere 10 Minuten köcheln lassen.
4. Zucchini, Mangold, Knoblauch und Pfeffer hinzufügen und 1 l kochendes Wasser zusätzlich angießen und die Suppe weitere 5 Minuten köcheln lassen, bis das Blattgemüse gerade weich wird.
5. Koriander und Zitronensaft einrühren und die heiße Suppe mit der Schöpfkelle in Schüsseln füllen. Nach Belieben mit Vollkornbrot servieren.

Pro Portion: Energie 1201 kJ/287 kcal; Eiweiß 19 g; Fett 6 g; gesättigte Fettsäuren 1 g; Cholesterin 0 mg; Kohlenhydrate 34 g; Zucker 5 g; Ballaststoffe 13 g; Kalzium 130 mg; Eisen 7,7 mg, Natrium 457 mg

Braune-Linsen-Suppe mit Oregano,
Seite 210

Eine süß schmeckende Suppe mit dem feinen Aroma von frischem Thymian. Dazu schmecken mit frischem Knoblauch eingeriebene und geröstete Brotscheiben sehr gut. Die Suppe dickt noch etwas ein, wenn sie eine Weile steht. Am nächsten Tag schmeckt sie sogar noch besser!

GELBE SCHÄLERBSENSUPPE MIT LAUCH UND THYMIAN

ZUBEREITUNGSZEIT: 15 MINUTEN, GARZEIT: 1 STUNDE, FÜR 5 PERSONEN

400 g gelbe Schälerbsen, gesäubert und abgebraust
2 EL Olivenöl extra vergine
1 Zwiebel, geschält und fein gehackt
1 Stange Lauch, geputzt und in feine Ringe geschnitten
1 Möhre, geschält und in feine Würfel geschnitten
2 Stangen Staudensellerie, von Fäden befreit und in feine Würfel geschnitten
3 große Zweige Thymian, plus einige Blätter zum Servieren
1 Gemüsebrühwürfel (10 g), zerkrümelt
Salz
frisch gemahlener schwarzer Pfeffer

1. Die Schälerbsen mit 1½ l Wasser in einen Topf geben. Den Inhalt aufkochen, dann die Hitze reduzieren und die Erbsen 15 Minuten köcheln lassen.
2. Inzwischen das Olivenöl in einer großen Pfanne erhitzen und die Zwiebeln darin weich dünsten. Lauch, Möhre und Sellerie dazugeben und weitere 5 Minuten zart dünsten.
3. Das gedünstete Gemüse in den Suppentopf füllen und Thymianzweige, Brühwürfel, Salz und ¾ l kochendes Wasser hinzufügen. Den Deckel auflegen und alles aufkochen lassen. Die Hitze reduzieren und die Suppe weitere 20 bis 30 Minuten kochen lassen, bis die Erbsen sehr weich sind. Achtung: Häufig umrühren, damit die Suppe nicht am Topfboden klebt.
4. Die Suppe 10 Minuten ziehen lassen und die Thymianzweige vor dem Servieren herausnehmen. Mit der Schöpfkelle in Suppenschalen füllen und mit Pfeffer und frischen Thymianblättern bestreuen. Reste tiefkühlen.

TIPPS:

– Anders als die meisten Hartbohnen müssen Schälerbsen nicht eingeweicht werden. Jedoch kann man sie über Nacht einweichen, um die Garzeit zu beschleunigen.
– Die winzigen Thymianblätter lösen sich beim Garen von selbst von den Zweigen. Wenn Sie das lieber vorher erledigen wollen, ziehen Sie eine Gabel entgegen der Wuchsrichtung über die Zweige. Falls Sie keinen frischen Thymian zur Hand haben, verwenden Sie einfach 1 TL getrockneten Thymian.

Pro Portion: Energie 1422 kJ/340 kcal; Eiweiß 19 g; Fett 9 g; gesättigte Fettsäuren 2 g; Cholesterin 0 mg; Kohlenhydrate 41 g; Zucker 7 g; Ballaststoffe 12 g; Kalzium 92 mg; Eisen 4,2 mg; Natrium 321 mg

Dies ist vermutlich die schnellste und einfachste Braune-Linsen-Suppe, die Sie zubereiten können! Sie schmeckt köstlich, kostet nicht viel und ist gut für den ganzen Körper – von den Blutgefäßen bis hin zum Darm. Ich koche sie gern das ganze Jahr über. Reste kommen in den Kühlschrank oder werden tiefgekühlt – für ein wirklich schnelles Mittagessen (Rezeptfoto Seite 208).

BRAUNE-LINSEN-SUPPE MIT OREGANO

ZUBEREITUNGSZEIT: 8 MINUTEN, GARZEIT 25 MINUTEN, FÜR 5 PERSONEN

400 g braune Linsen, gesäubert und abgebraust
1 Zwiebel, grob gehackt
2 Knoblauchzehen, geschält und klein geschnitten
1 TL gerebelter Oregano
1 TL Salz
frisch gemahlener schwarzer Pfeffer
4 EL Olivenöl extra vergine
5 TL Zitronensaft

1. Linsen, Zwiebel, Knoblauch, Oregano, Salz, Pfeffer und Olivenöl in einen Schnellkochtopf geben. Mit 1½ l Wasser angießen und den Topf mit dem Deckel fest verschließen.
2. Die Temperatur erhöhen, bis sich Druck aufbaut, dann die Hitze stark reduzieren und die Suppe 10 Minuten unter Druck garen. (Alternativ 25 bis 30 Minuten in einem herkömmlichen Topf köcheln lassen, bis die Linsen sehr weich und sämig sind.)
3. Vom Herd nehmen und den Dampf natürlich entweichen lassen, damit sich der Deckel leicht abnehmen lässt.
4. Mit der Schöpfkelle in Suppenschalen füllen, mit 1 TL Zitronensaft pro Portion abschmecken, dann nach Belieben mit etwas mehr Olivenöl beträufeln. Als Hauptmahlzeit wird zu dieser Suppe meist krosses Brot serviert. Blanchiertes Blattgemüse wie Spinat oder rohe Kohlsalate passen ebenfalls perfekt.

TIPPS:

– Variation: Möhren, Sellerie oder halbierte kleine Kartoffeln und etwas mehr Wasser hinzufügen.
– Oregano kann durch Marjoran ausgetauscht werden – sie stammen aus derselben Familie.

Pro Portion: Energie 1520 kJ/363 kcal; Eiweiß 19 g; Fett 16 g; gesättigte Fettsäuren 2 g; Cholesterin 0 mg; Kohlenhydrate 31 g; Zucker 3 g; Ballaststoffe 12 g; Kalzium 71 mg; Eisen 6,2 mg; Natrium 467 mg

DIPS, CREMES & PASTEN

SCHMAND AUS SONNENBLUMEN-KERNEN

Rezept Seite 218

CREMIGER HUMMUS

Rezept Seite 216

MANDEL-SALBEI-PESTO

Rezept Seite 215

Rezept Seite 222

GRIECHISCHER JOGHURT-DIP MIT GURKE UND MINZE

PAPRIKA-DIP MIT WALNÜSSEN UND GRANATAPFEL

Rezepte Seite 219

SANTORINI-FAVA-DIP

Rezept Seite 214

BASILIKUM-PESTO MIT PINIENKERNEN

Rezept Seite 223

Dip dich fit!

Dieser Dip stammt von der griechischen Insel Santorini. Er wird traditionell als Vorspeise oder als Teil einer Mezze-Platte serviert. Hier trifft der süße Geschmack der gelben Spalterbsen auf das würzige Aroma von rohen Zwiebeln und Olivenöl, die für die Garnitur verwendet werden (Rezeptfoto Seite 213).

SANTORINI-FAVA-DIP

ZUBEREITUNGSZEIT: 10 MINUTEN, GARZEIT: 1 STUNDE, FÜR 12 PERSONEN

**200 g gelbe Schälerbsen,
gesäubert und abgebraust**
**2 Knoblauchzehen, geschält und
durchgepresst**
**1 Zwiebel, geschält und fein
gehackt**
6 EL Olivenöl extra vergine
1 EL süßes Paprikapulver
**¼ Zwiebel, geschält und fein
gehackt**
½ TL Salz

1. Die Schälerbsen mit Knoblauch, Zwiebel und Salz in einem mittel-großen Topf mit 650 ml Wasser geben und aufkochen. Die Hitze reduzieren und unter gelegentlichem Rühren die Schälerbsen zugedeckt 1 Stunde köcheln lassen, bis sie sehr weich sind.
2. Die Mischung im Standmixer mit 3 EL Olivenöl glatt pürieren.
3. Den Dip auf einer Servierplatte anrichten: Kurz vor dem Servieren mit dem Löffel in der Mitte eine Mulde formen, dann mit dem restlichen Olivenöl beträufeln. Mit Paprikapulver und roher Zwiebel bestreuen und mit Vollkornbrot oder -Kräckern servieren.

TIPPS:

— *Bei der dreifachen Menge Schälerbsen (600 g) mit 1 l Wasser und einer Garzeit von 1 Stunde müssen Sie anschließend die breiig gegarten Schälerbsen nicht mehr pürieren.*

— *Gewöhnlich wird der Dip zusätzlich mit einigen Oliven und Kapern garniert.*

— *Nach dem Pürieren können Sie etwas Zitronensaft untermischen oder den Dip mit Balsamico bianco beträufeln.*

— *Reste des Dips sind mehrere Tage im Kühlschrank haltbar und können später aufgewärmt werden. Der Dip dickt beim Abkühlen ein und wird beim Erwärmen wieder weich.*

Pro Portion: Energie 572 kJ/137 kcal; Eiweiß 4 g; Fett 10 g; gesättigte Fettsäuren 2 g; Cholesterin 0 mg; Kohlenhydrate 8 g; Zucker 1 g; Ballaststoffe 2 g; Kalzium 12 mg; Eisen 0,8 mg; Natrium 99 mg

Salbei ist eine Pflanze mit stark antioxidativer Wirkung, die erstaunliche Aromen auf Ihren Teller bringt. In Sizilien entdeckte ich dieses einfache Pesto-Rezept, das gut zu Vollkornnudeln passt. Dabei sollten Sie nur 80 g trockene Nudeln pro Person rechnen – und diese nur al dente kochen, um den blutzuckerrelevanten Kohlenhydrateffekt zu mindern. Mit frischer Salatbeilage servieren (Rezeptfoto Seite 212).

MANDEL-SALBEI-PESTO

ZUBEREITUNGSZEIT: 7 MINUTEN, FÜR 8 NUDELPORTIONEN

120 g ganze Mandeln
20 g weiche Salbeiblätter, von den
   Stielen abgezupft
1 Knoblauchzehe, geschält
1 TL feines Salz
¼ l Olivenöl extra vergine

1. Die Mandeln in einer mittelgroßen Rührschüssel in der Küchenmaschine vermahlen, dann Salbeiblätter, Knoblauch und Salz dazugeben und alles zu einer Paste pürieren.
2. Während die Maschine läuft, das Olivenöl in den Einfüllschacht träufeln und alles zu einem sämigen Pesto verarbeiten. Das Pesto mit heißen Nudeln verrührt servieren. Oder zum Aufbewahren in ein fest verschließbares Glasgefäß füllen. Das Pesto hält sich mindestens 1 Woche im Kühlschrank und lässt sich auch gut tiefkühlen.

TIPPS:
– Verwenden Sie 1 EL Pesto pro 170 g gegarten Nudeln. Mit etwas kochendem Nudelwasser auflockern, bis die gewünschte cremige Konsistenz erreicht ist.
– Mit frisch geriebenem Pecorino oder alternativ mit milchfreien Hefeflocken bestreuen.
– Für ein dicksämiges Pesto, das als Brotaufstrich verwendet wird, die Menge Olivenöl reduzieren.

Pro Portion: Energie 1470 kJ/351 kcal; Eiweiß 3 g; Fett 37 g; gesättigte Fettsäuren 5 g; Cholesterin 0 mg; Kohlenhydrate 1 g; Zucker 1 g; Ballaststoffe 2 g; Kalzium 80 mg; Eisen 1,3 mg; Natrium 287 mg

Probieren Sie dieses köstliche und authentische Hummus-Rezept, das ich von meiner libanesischen Freundin Claudia bekommen habe. Die Zubereitung mit getrockneten Kichererbsen ist etwas aufwendiger als mit Kichererbsen aus der Dose, doch der Hummus schmeckt so viel besser! Luftdicht aufbewahrter Hummus hält sich 1 Woche im Kühlschrank. Er kann auch als Dip oder statt Butter als Brotaufstrich verwendet werden (Rezeptfoto Seite 212).

CREMIGER HUMMUS

ZUBEREITUNGSZEIT: 15 MINUTEN + EINWEICHZEIT ÜBER NACHT, GARZEIT: 45 MINUTEN, FÜR 14 PERSONEN

250 g getrocknete Kichererbsen
1 TL Salz
Saft von 1 Zitrone
70 g Tahin (Sesampaste)
1 Knoblauchzehe, geschält und
    durchgepresst

1. Die Kichererbsen über Nacht in Wasser einweichen. Am nächsten Tag abgießen und zweimal abbrausen. Zusammen mit ½ TL Salz in einen großen Topf geben und mit 1¼ l Wasser auffüllen. Den Deckel auflegen und aufkochen, dann den Deckel abnehmen und den Schaum abschöpfen. Nun 30 bis 40 Minuten ohne Deckel kochen lassen, bis die Kichererbsen weich gegart sind. Mit dem Löffelrücken kontrollieren, ob sie ausreichend weich sind. Dann lassen sie sich anschließend leicht pürieren.

2. Die Kichererbsen vom Herd nehmen und abgießen, dabei ¼ l Kochflüssigkeit zurückbehalten.

3. Kichererbsen, Zitronensaft, Sesampaste oder Sesamsamen, Knoblauch und restliches Salz in der Küchenmaschine sehr glatt und cremig pürieren. Die Seiten der Rührschüssel mit einem Teigschaber abkratzen, dann die Küchenmaschine erneut einschalten und die Hälfte des zurückbehaltenen Kochwassers nach und nach dazugeben, bis die gewünschte Konsistenz erreicht ist. Hummus dickt im Kühlschrank noch weiter ein und eignet sich nicht zum Tiefkühlen.

Pro Portion: Energie 469 kJ/112 kcal; Eiweiß 7 g; Fett 8 g; gesättigte Fettsäuren 1 g; Cholesterin 0 mg; Kohlenhydrate 3 g; Zucker 1 g; Ballaststoffe 5 g; Kalzium 55 mg; Eisen 2,1 mg; Natrium 170 mg

TIPPS:
– Um die Garzeit abzukürzen, die Kichererbsen im Schnellkochtopf mit Wasser bedecken. Ausreichend Druck aufbauen, dann die Hitze reduzieren und die Kichererbsen 15 Minuten auf sehr niedriger Stufe garen. Vor dem Öffnen des Deckels den Dampf natürlich entweichen lassen.
– Wenn Sie Kochwasser hinzugießen, wird der Hummus heller.

Hier ein einfacher milchfreier „Schmand". Samen und Kerne sind eine gute Alternative für Leute mit einer Nussallergie und zudem wesentlich günstiger! Sonnenblumenkerne sind reich an Vitamin E und Pflanzensterinen. Zudem liefern sie eine beeindruckende Menge an Vitaminen und Mineralien (Rezeptfoto Seite 212).

SCHMAND AUS SONNENBLUMENKERNEN

ZUBEREITUNGSZEIT: 7 MINUTEN, FÜR 8 FERSONEN

140 g Sonnenblumenkerne
Saft von 1 Zitrone
½ TL Zwiebelgranulat
¼ TL Knoblauchpulver
¾ TL Salz

1. Alle Zutaten in einem leistungsstarken Standmixer mit 300 ml Wasser in einigen Minuten zu einer weißen, glatten und cremigen Masse pürieren.
2. In einen Vorratsbehälter füllen und in den Kühlschrank stellen. Der Schmand dickt beim Kühlen noch weiter ein. Er kann über die Woche verteilt nach Bedarf aufgebraucht werden. Zum Tiefkühlen ungeeignet.

TIPPS:

— Diese Creme aus Sonnenblumenkernen statt echten Schmand einsetzen.
— Ist der Schmand ausreichend gekühlt und eingedickt, eignet er sich auch perfekt als Brotaufstrich oder Sandwichbelag.
— Für mehr Schärfe einfach geriebenen Meerrettich oder Wasabi untermischen.
— Den Schmand mit Wasser strecken und mit Gewürzen abschmecken und dann als Salatdressing verwenden.

Pro Portion: Energie 439 kJ/105 kcal; Eiweiß 4 g; Fett 9 g; gesättigte Fettsäuren 1 g; Cholesterin 0 mg; Kohlenhydrate 1 g; Zucker 1 g; Ballaststoffe 2 g; Kalzium 22 mg; Eisen 0,9 m g; Natrium 215 mg

Der orientalische Dip, traditionell als „Muhamarra" bekannt, ist extrem vielseitig und köstlich. Er schmeckt zu libanesischen Fladenbrotecken oder als Pesto für Nudeln. Durch die Walnüsse sinkt der Glyx-Wert der Kohlenhydrate, die man gleich mitserviert. Die gerösteten Paprikaschoten reichern den Dip mit Antioxidantien an und die Granatapfelmelasse verleiht ihm eine süß-saure Würze (Rezeptfoto Seite 213)!

PAPRIKA-DIP MIT WALNÜSSEN UND GRANATAPFEL

ZUBEREITUNGSZEIT: 10 MINUTEN + 1 STUNDE EINWEICHZEIT, FÜR 20 PERSONEN

250 g Walnusskerne, 1 Stunde in Wasser eingeweicht

450 g geröstete Paprikaschoten (aus dem Glas, Abtropfgewicht 265 g)

1½ EL Granatapfel-Melasse

3 Knoblauchzehen, geschält und durch-gepresst

2 TL Kreuzkümmelpulver

100 g Paniermehl

1 Prise Chilipulver

½ TL Salz

8 EL Olivenöl extra vergine

1. Die Walnüsse abgießen und in der Küchenmaschine pürieren.
2. Die restlichen Zutaten außer dem Olivenöl hinzufügen und alles glatt pürieren.
3. Bei laufendem Motor langsam das Olivenöl in feinem Strahl hinzu-gießen, bis eine cremige Textur entsteht.
4. Der Dip hält sich in einem luftdichten Behälter bis zu 1 Woche im Kühlschrank. Zum Servieren den Dip auf einer Servierplatte dekorativ anrichten. Dazu mit dem Löffelrücken Rillen einziehen und mit etwas Olivenöl zusätzlich beträufeln. Nach Belieben mit Minze, Oliven oder Granatapfelkernen garnieren.

TIPPS:

– Bei Verwendung von gerösteten Paprikaschoten aus einem größeren Glas benötigen Sie mindestens 330 g Abtropfgewicht.

– Mit dem Flambierbrenner oder im Backofen können Sie frische Paprikaschoten auch selber rösten. Die Paprikaschoten abkühlen lassen, die schwarze Haut abzie-hen und zum Schluss von Stielansatz und Kernen befreien. Nicht waschen.

– Die eingeweichten Nüsse liefern dem Körper zusätzliches Kalzium.

Pro Portion: Energie 669 kJ/160 kcal; Eiweiß 3 g; Fett 15 g; gesättigte Fettsäuren 1 g; Cholesterin 0 mg; Kohlenhydrate 4 g; Zucker 2 g; Ballaststoffe 1 g; Kalzium 16 mg; Eisen 0,5 mg; Natrium 80 mg

EINFACH BROT ESSEN

Wählen Sie das richtige Brot – dann können Sie auch weiterhin Brot essen.

Essen Sie vorzugsweise Vollkornbrot, Brot aus steingemahlenem Getreide und Sauerteigbrot mit jeder Menge Samen oder gekeimtem Getreide – z.B. Soja-Leinsamenbrot, dunkles Roggenbrot, Dinkelsauerteigbrot mit Sonnenblumenkernen.

Vermeiden Sie luftig-lockeres Weißbrot.

Anstatt das Vollkornbrot mit ungesunden Aufstrichen zuzukleistern, die nur Ihre Arterien verstopfen und entzündungsfördernd im Körper wirken, probieren Sie diese traditionellen Vollwertaufstriche einmal aus. Genießen Sie ein natürliches Nuss- oder Körnerpesto, frische Avocado oder einen meiner himmlischen Dips und Brotaufstriche.

• Knoblaucharoma

Das Brot leicht rösten und die Oberseite mit 1 frischen Knoblauchzehe einreiben. Dabei zieht der Knoblauchsaft in das Brot und die Knoblauchzehe wird nach und nach abgerieben. Dieses Geheimnis ist Europäern seit jeher bekannt.

• Olivenöl und Oregano

Das Brot mit einem guten Olivenöl beträufeln und mit gerebeltem Oregano bestreuen. Griechischer geht's nicht!

• Zahtar

Ein Pesto aus 1 gehäuften Esslöffel Zahtar und Olivenöl zubereiten. Dieses kommt auf frisches libanesisches Fladenbrot. Wie beim Pizzabäcker in dreieckige Tortenstücke schneiden. Ein komplettes Umstyling auf orientalische Art.

• Saftige Tomate

So geht Garnieren auf spanische Art: 1 überreife Tomate zerkleinern und leicht salzen. Mit einem Löffel aufs Brot streichen und mit etwas Olivenöl extra vergine beträufeln.

Hier ist ein authentisches Rezept für den weltberühmten griechischen Zaziki – zubereitet mit Joghurt als Sauce oder Dip (Rezeptfoto Seite 213).

GRIECHISCHER JOGHURT-DIP MIT GURKE UND MINZE

ZUBEREITUNGSZEIT: 10 MINUTEN, FÜR 8 PERSONEN

2 kleine Salatgurken, ungeschält

500 g griechischer Joghurt

7 große Minzeblätter, zur „Zigarre" gerollt und fein geschnitten

Saft von ¼ Zitrone

1 Knoblauchzehe, geschält und durchgepresst

¼ TL Salz (nach Belieben)

1. Die Gurken reiben und in einem Sieb über dem Spülbecken abtropfen lassen. Mit dem Löffel so viel Saft wie möglich ausdrücken.

2. Die geriebenen Gurken in eine Schüssel füllen und Joghurt und restliche Zutaten unterheben. In einer Servierschüssel anrichten und sofort servieren oder für mehrere Tage in den Kühlschrank stellen. Der Zaziki wird mit der Zeit noch geschmacksintensiver. Zum Tiefkühlen ungeeignet.

TIPPS:

– Variation: Die Minze kann durch frischen Dill ersetzt werden. Sie können auch einfach mit verschiedener Kräuterkombinationen experimentieren!

– Milchjoghurt kann durch Hausgemachten Sojajoghurt (Seite 294) ersetzt werden; diesen mindestens 4 Stunden oder über Nacht in einem feinmaschigen Nylon-Nussmilchbeutel abtropfen lassen, damit er eindickt.

Pro Portion: Energie 239 kJ/57 kcal; Eiweiß 4 g; Fett 1 g; gesättigte Fettsäuren 1 g; Cholesterin 11 mg; Kohlenhydrate 6 g; Zucker 6 g; Ballaststoffe 1 g; Kalzium 158 mg; Eisen 0,2 mg; Natrium 66 mg

Dieses klassische Pesto ist einfach und unglaublich schmackhaft – eines meiner Lieblingspestos! Das Fett kommt hier ausschließlich von nativem Olivenöl und Nüssen. Es enthält ungesättigte Fettsäuren mit stark antioxidativen, entzündungshemmenden Pflanzeninhaltsstoffen. Genießen Sie das Pesto mit gekochten Nudeln vermischt, in Suppen eingerührt oder als Vollkornbrotaufstrich (Rezeptfoto Seite 213).

BASILIKUM-PESTO MIT PINIENKERNEN

ZUBEREITUNGSZEIT: 10 MINUTEN, FÜR 6 PERSONEN

1 großes Bund Basilikum
40 g Pinienkerne
2 Knoblauchzehen, geschält und
   durchgepresst
5 EL Olivenöl extra vergine
¼ TL Salz
grob zerstoßener schwarzer Pfeffer

1. Die Basilikumblätter von den Stielen abzupfen. Waschen und trocken schleudern.
2. Die Pinienkerne 30 Sekunden in der Küchenmaschine vermahlen. Die restlichen Zutaten inklusive der Basilikumblätter dazugeben und alles in 3 Minuten zu einer sämigen Paste verarbeiten.
3. Das Pesto in kleine luftdichte Behälter füllen, damit die Farbe schön hellgrün bleibt. Das Pesto kann im Voraus zubereitet und tiefgekühlt werden. Im Kühlschrank hält es sich bis zu 1 Woche. Mit Farfalle oder Penne servieren. Nach Belieben mit Parmesan oder milchfreien Hefeflocken bestreuen.

TIPPS:
– Das Pesto mit einigen Esslöffeln zurückbehaltenem Kochwasser strecken, bevor es unter die Pasta gemischt wird.
– Um das Gericht kalorienärmer zu machen oder den Anteil der Kohlenhydrate zu reduzieren, mit Algennudeln, Shirataki-Nudeln oder Zucchini-Linguine statt mit normalen Nudeln servieren. Viele Gemüsesorten können mit Spiralschneider, Gemüsehobel oder Julienneschäler in Nudeln verwandelt werden. Probieren Sie es mit Möhren, Roter Bete, Kohlrabi, Jicamawurzel oder Daikon-Rettich. Sie können dieses Gemüse roh genießen oder mit 1 Spritzer Olivenöl, Chiliflocken und Knoblauchpulver in einer Pfanne weich dünsten.

Pro Portion: Energie 721 kJ/172 kcal; Eiweiß 2 g; Fett 18 g; gesättigte Fettsäuren 2 g; Cholesterin 0 mg; Kohlenhydrate 1 g; Zucker 0 g; Ballaststoffe 2 g; Kalzium 59 mg; Eisen 0,8 mg; Natrium 99 mg

Dieser köstliche Quark wird aus nährstoffreichen Mandeln hergestellt, die nur gesunde Fette und Pflanzeneiweiß liefern. Obwohl er leicht gelingt, muss er am Vortag vorher zubereitet werden. Nüsse senken den Cholesterinspiegel und mindern den blutzuckertreibenden Effekt kohlenhydratreicher Nahrungsmittel, die Sie dazu reichen.

MANDEL-KRÄUTER-QUARK

ZUBEREITUNGSZEIT: 15 MINUTEN + 6 STUNDEN EINWEICHZEIT + 12 STUNDEN RUHEZEIT, FÜR 8 PERSONEN

140 g blanchierte ganze Mandeln
3 EL Olivenöl extra vergine, plus 1 EL
   zum Garnieren
Saft von 1 Zitrone
1 TL Salz
1 Knoblauchzehe, geschält
1 EL frischer Rosmarin
1 TL gerebelter Oregano

1. Die Mandeln mindestens 6 Stunden in Wasser einweichen. Dann abgießen und gut abbrausen, dann in einen leistungsstarken Standmixer geben.
2. Olivenöl, Zitronensaft, Salz, Knoblauch und 125 ml Wasser dazugeben. Einige Minuten glatt und cremig weiß pürieren, bis die Masse dicker Schlagsahne ähnelt. Möglicherweise muss der Mixer einige Male aus- und eingeschaltet werden, um alles von den Seiten abzukratzen.
3. Die Creme in 2 Portionen aufteilen. Portionsweise auf drei Lagen Passiertücher in einem kleinen Sieb über eine Schüssel legen. Das dreilagige Passiertuch an den Seiten hochziehen und den Inhalt zu einer Kugel abdrehen, um überschüssiges Wasser herauszudrücken. In den Kühlschrank legen und mindestens 12 Stunden fest werden lassen.
4. Die 2 Quarkkugeln aus den Tüchern auf eine Servierplatte stürzen. Mit den Handflächen auf eine Höhe von 2 cm flach drücken und die Ränder glätten. Kurz vor dem Servieren mit Kräutern bestreuen und mit etwas mehr Olivenöl beträufeln. Mit Vollkornbrot oder Knäckebrot servieren. Der Quark eignet sich gut zum Tiefkühlen.

TIPPS:

– Feinmaschige Nylon-Nussmilchbeutel gibt's online oder im Reformhaus.
– Blanchieren Sie Mandeln selbst: Nach dem Einweichen über Nacht einfach 20 Minuten mit kochendem Wasser bedecken und die Mandeln zum Enthäuten zwischen 2 Fingern quetschen. Das Blanchieren verlängert die Zubereitungszeit um 8 Minuten.

Pro Portion: Energie 856 kJ/205 kcal; Eiweiß 4 g; Fett 20 g; gesättigte Fettsäuren 2 g; Cholesterin 0 mg; Kohlenhydrate 1 g; Zucker 1 g; Ballaststoffe 2 g; Kalzium 49 mg; Eisen 0,8 mg; Natrium 289 mg

„Ich serviere diesen Quark zu Knäckebrot. Er ist so weich und cremig, dass meine Partygäste gar nicht glauben können, dass er milchfrei ist."

TIPP:

— Um den Quark zu trocknen und in einen krümeligen „Feta" zu verwandeln, die Portionen auf ein mit Backpapier ausgelegtes Backblech legen und bei 140 °C etwa 20 Minuten backen. Abkühlen lassen und für spätere Verwendung tiefkühlen.

LECKERE DESSERTS

„Meine sechsjährige Nichte Zoe hilft mir gern in der Küche. Es ist überraschend, was kleine Kinder alles können, wenn man es ihnen einmal gezeigt hat."

Das ist die passende Alternative, wenn Kinder wieder einmal nach Eis verlangen! Sie können auch tief-gekühltes Obst wie Mango oder Beeren dazugeben. Die Zubereitung erfolgt schon am Vortag. Es ist die perfekte Art, überreife Bananen zu verwerten.

ECHTES BANANENEIS

ZUBEREITUNGSZEIT: 15 MINUTEN + TIEFKÜHLZEIT, FÜR 4 PERSONEN

4 überreife Bananen, geschält
¼ TL Zimtpulver, Muskatnuss oder
   Akaziensamen
¼ TL Vanilleextrakt (ohne Alkohol)

1. Die Bananen in Scheiben schneiden oder in gleich große Stückchen zerteilen, in einen Glasbehälter geben und tiefkühlen, bis sie fest werden; vorzugsweise über Nacht.
2. Die Bananen 5 bis 10 Minuten auftauen lassen. Zusammen mit den restlichen Zutaten in der Küchenmaschine glatt pürieren, bis eine sahnige Textur entsteht.
3. Das Eis mit dem Kugelstecher sofort in kleinen Schüsseln anrichten oder für den späteren Verzehr erneut tiefkühlen.

Pro Portion: Energie 360 kJ/86 kcal; Eiweiß 1 g; Fett 0 g; gesättigte Fettsäuren 0 g; Cholesterin 0 mg; Kohlenhydrate 19 g; Zucker 16 g; Ballaststoffe 2 g; Kalzium 6 mg; Eisen 0.3 mg; Natrium 0 mg

TIPPS:

– Für zusätzliches Aroma das Eis kurz vor dem Servieren mit Passionsfruchtmark oder Ahornsirup beträufeln.

– Wann immer Sie überreife oder schwarz gewordene Bananen in Ihrer Obstschale bemerken, diese einfach schälen, in Stücke schneiden und in den Gefrierschrank legen. Ideal für die spätere Zubereitung von Eis und Smoothies.

Dattel-Karamell-Sauce, Seite 230

Statt Zucker verwenden Sie diese wunderbare Karamellsauce für Müslis, Desserts oder Eiscreme. Und das Beste daran? Sie enthält jede Menge Antioxidantien und lösliche Ballaststoffe, um den Cholesterinspiegel zu senken (Rezeptfoto Seite 229).

DATTEL-KARAMELL-SAUCE

ZUBEREITUNGSZEIT: 4 MINUTEN, FÜR 20 PERSONEN

300 g getrocknete Datteln (ohne Kern)
2 TL Zitronensaft

1. Die Datteln in einer Schüssel mit ½ l kochendem Wasser bedecken und 5 Minuten einweichen lassen.
2. Die Datteln zusammen mit dem Einweichwasser in einen leistungsstarken Standmixer oder in die Küchenmaschine geben, Zitronensaft hinzufügen und alles glatt pürieren.
3. Die Sauce in ein Glasgefäß mit festem Schraubverschluss füllen. So hält sie sich bis zu 2 Wochen im Kühlschrank.

TIPPS:
– Der Zitronensaft verleiht der Sauce eine spritzige Note und wirkt konservierend.
– Variation: Statt kochendem Wasser Orangensaft verwenden und die Datteln 4 Stunden vor dem Pürieren darin einweichen.
– Wenn während der Verarbeitung das Geräusch von übersehenen Dattelkernen zu hören ist, die Sauce vor Gebrauch durchsieben.

Pro Portion: Energie 182 kJ/44 kcal; Eiweiß 0,3 g; Fett 0 g; gesättigte Fettsäuren 0 g; Cholesterin 0 mg; Kohlenhydrate 10 g; Zucker 10 g; Ballaststoffe 1,5 g; Kalzium 7 mg; Eisen 0,4 mg; Natrium 2 mg

Diese köstliche Sauce, die nicht gekocht werden muss, passt hervorragend zu Käsekuchen und kann auch als Topping für andere Desserts und Porridge verwendet werden. Die Beeren stecken voller Anthocyane und anderer starker Antioxidantien und haben einen niedrigen Glyx-Wert; sie sollten nach Möglichkeit bei keinem Frühstück fehlen (Rezeptfoto Seite 233).

GEMISCHTE BEERENSAUCE

ZUBEREITUNGSZEIT: 3 MINUTEN, FÜR 6 PERSONEN

200 g gemischte Beeren (tiefgekühlt)
Saft von 1 Orange
2 TL roher Bio-Agavendicksaft

1. Alle Zutaten in der Küchenmaschine etwa 30 Sekunden pürieren und in ein kleines Gefäß füllen. Nach Bedarf 20 bis 30 Minuten stehen lassen, bis das Eis in den gefrorenen Beeren schmilzt und die Sauce dünnflüssig ist, und dann servieren. Die Sauce ist mehrere Tage im Kühlschrank haltbar, eignet sich jedoch nicht zum Tiefkühlen.

TIPP:

– Statt tiefgekühlter Beeren können Sie auch frische Beeren verwenden. Wenn die Sauce pinkfarbener aussehen soll, dann mindestens zur Hälfte Himbeeren wählen.

Pro Portion: Energie 138 kJ/33 kcal; Eiweiß 1 g; Fett 0 g; gesättigte Fettsäuren 0 g; Cholesterin 0 mg; Kohlenhydrate 6 g; Zucker 6 g; Ballaststoffe 2 g; Kalzium 10 mg; Eisen 0,2 mg; Natrium 2 mg

Unglaublich, wie einfach diese Mousse zubereitet ist. Zudem ist sie sehr gesund! Sie enthält Sojaeiweiß und cholesterinsenkende Flohsamen sowie Nährstoffe, die den Blutzucker und die Darmfunktion besser regulieren.

ERDBEER-BANANEN-MOUSSE

Zubereitungszeit: 10 Minuten + 5 Stunden Kühlzeit, für 4 Personen

500 g Erdbeeren, gewaschen und Stielansatz entfernt, plus 4 Erdbeeren, halbiert, zum Garnieren
1 große Banane
375 ml kalorienreduzierte Sojamilch
1 EL Honig
3 EL Flohsamen

1. Alle Zutaten außer den Erdbeeren für die Garnitur in einem Standmixer glatt pürieren. Achtung: Für eine gröbere Textur ein paar Fruchtstückchen ganz lassen.
2. In große Gläser füllen und 5 Stunden oder über Nacht kühl stellen. Jedes Glas mit einer Erdbeerhälfte garnieren und servieren. Innerhalb von 2 Tagen aufbrauchen, denn die Mousse enthält keine Konservierungsstoffe und wird an Farbe verlieren. Zum Tiefkühlen ungeeignet.

Pro Portion: Energie 529 kJ/126 kcal; Eiweiß 6 g; Fett 2 g; gesättigte Fettsäuren 0 g, Cholesterin 0 mg; Kohlenhydrate 19 g; Zucker 14 g; Ballaststoffe 5 g; Kalzium 134 mg; Eisen 1,3 mg; Natrium 65 mg

„Ersetzen Sie die Erdbeeren durch andere Beeren,
um die Mousse farblich zu variieren."

Gemischte Beerensauce,
Seite 231

„Wenn Sie wegen der vielen Kalorien oder des Dattelzuckers besorgt sind, dann bereiten Sie Mini-Trüffel-Törtchen zu. Für die Garnitur können Sie zusätzlich Minzeblätter verwenden."

TIPPS:
– Für eine dunklere Ganache verwenden Sie eine Schokolade mit höherem Kakaoanteil.
– Für ein überraschend intensives Geschmackserlebnis fügen Sie 4 Tropfen ätherisches Orangen– oder Pfefferminzöl in Lebensmittelqualität hinzu.

Sie haben Lust auf gesunden Genuss? Dieses herrliche Naschrezept verwendet ausschließlich vollwertige, rohe Zutaten. Die blutzuckersenkenden Nüsse und Avocados sorgen für einen niedrigen Glykämischen Index (Glyx-Wert), die Datteln und Himbeeren für einen süßlichen Geschmack und jede Menge Antioxidantien. Zur Zeitersparnis können Sie die Schokotrüffel vorab zubereiten und tiefkühlen. Schlagen Sie die Ganache dann kurz vor dem Servieren auf.

SCHOKO-TRÜFFEL-TÖRTCHEN MIT HIMBEEREN

ZUBEREITUNGSZEIT: 30 MINUTEN + 30 MINUTEN RUHEZEIT, FÜR 6 PERSONEN

Für die Trüffel:
100 g Mandeln
100 g Pekannusskerne
210 g Medjoul-Datteln (ca. 14 Stück, ohne Stein)
2 EL rohes Bio-Kakaopulver

Für die Ganache:
1 kleine Avocado (180 g)
225 g Medjoul-Datteln (ca. 7 Stück, ohne Stein)
2 EL rohes Bio-Kakaopulver

Für die Garnitur:
180 g Himbeeren, frisch oder tiefgekühlt
6 große frische Minzeblätter

1. Für die Trüffel von der Muffinform 6 Mulden über die Ränder hinaus mit quadratisch zugeschnittener Frischhaltefolie auslegen, sodass sich jeder Schokotrüffel gut einschlagen und wieder leicht herausheben lässt.
2. Für die Trüffel die Nüsse in der Küchenmaschine grob hacken, damit sie nicht ölig werden. Datteln und Kakaopulver dazugeben und in 1 Minute zu einer feucht-körnigen Masse verarbeiten.
3. Die Masse gleichmäßig in die Mulden füllen und mit dem Rücken eines Metall öffels fest andrücken, sodass die Oberfläche schön glatt ist. Die überhängende Folie darüberschlagen und die Trüffel etwa 30 Minuten zum Festwerden in den Kühlschrank stellen. Tipp: Die fest gewordene Masse aus der Form lösen und zur späteren Verwendung tiefkühlen.
4. Für die Ganache in der Zwischenzeit die Zutaten in der Küchenmaschine schön glatt rühren.
5. Die Trüffel auf ein Küchenbrett stürzen. Die Ganache mit einem Palettenmesser oben dick und an den Seiten dünn verstreichen, und die Trüffel mit Ganache zu Kuppeltörtchen formen.
6. Die Trüffel jeweils mit 6 Himbeeren auf einzelnen Gebäckschälchen anrichten. Austretenden Saft an den Rändern herunterlaufen lassen. Mit einem Minzeblatt garnieren und sofort servieren.

TIPP:
– Verwenden Sie eine Mini-Muffinform für 12 mundgerechte Portionen.

Pro Portion: Energie 1879 kJ/449 kcal; Eiweiß 9 g; Fett 25 g; gesättigte Fettsäuren 3 g; Cholesterin 0 mg; Kohlenhydrate 43 g; Zucker 40 g; Ballaststoffe 11 g; Kalzium 124 mg; Eisen 2,6 mg; Natrium 4 mg

Ein verblüffender milch- und weizenfreier „Käsekuchen" mit gesunden Zutaten einschließlich Tofu und Mandelmehl, um die Textur eines traditionellen Käsekuchens zu erzielen. Im Gegensatz dazu hinterlässt dieser Kuchen jedoch ein „leichtes" Gefühl im Magen!

SAMTIGER KÄSEKUCHEN MIT TOFU UND VANILLE

ZUBEREITUNGSZEIT: 30 MINUTEN + 4 STUNDEN KÜHLZEIT, BACKZEIT: 1 STUNDE 15 MINUTEN, FÜR 16 PERSONEN

Für den Teigboden:
360 g Mandelmehl (Bioladen)
60 g Vollkornreismehl
120 g Haferflocken
1 TL Salz
5 EL Olivenöl extra vergine
5 EL Ahornsirup

Für die Füllung:
600 g fester Seidentofu (vakuum-
   verpackt), abgetropft
450 g extrafester Tofu, abgetropft
300 g Ahornsirup
60 g Pfeilwurzmehl (Stärke)
2 EL Olivenöl extra vergine
1 EL abgeriebene Bio-Zitronenschale
5 EL Zitronensaft
1 Vanilleschote, längs aufgeschnitten und
   das Mark herausgekratzt
½ TL Backpulver
1 Prise Salz

Außerdem:
1 Springform von 25 cm Durchmesser
getrocknete Hülsenfrüchte zum
   Blindbacken

1. Für den Teigboden alle trockenen Zutaten in eine mittelgroße Schüssel geben. In einem zweiten kleineren Gefäß die flüssigen Zutaten mit 2 EL Wasser verrühren. Mit der Gabel nach und nach die Olivenöl-Sirup-Mischung unter die trockenen Zutaten mischen, bis ein feuchter Teig entsteht.
2. Den Backofen auf 180 °C vorheizen.
3. Die Backform einfetten und den Teig darin verteilen und mit sauberen Händen oder dem Löffelrücken fest andrücken, dabei einen 5 cm Teigrand hochziehen. Den Teig mit Backpapier auslegen, mit den Hülsenfrüchten bedecken und im vorgeheizten Backofen 15 Minuten blindbacken.
4. Für die Füllung in der Zwischenzeit die Zutaten in der Küchenmaschine zu einer glatten Creme verarbeiten.
5. Den Teigboden aus dem Backofen nehmen und das Backpapier mit den Hülsenfrüchten entfernen. Die Füllung darauf verteilen.
6. Den Käsekuchen 1 weitere Stunde backen, bis er an den Rändern fest und in der Mitte beinahe fest ist. Die Oberseite wird leicht bräunen. Auf ein Kuchengitter legen, den Tortenring jedoch noch nicht lösen und mit einem großen Küchenmesser am Rand der Form entlanggehen. Den Kuchen vollständig abkühlen lassen, den Tortenring lösen und den Käsekuchen für mindestens 4 Stunden in den Kühlschrank stellen.
7. Kurz vor dem Servieren herausnehmen und in 16 Stücke schneiden. Jede Portion mit einer fruchtiger Sauce wie der Gemischten Beerensauce (Seite 231) beträufeln oder mit ein paar frischen Beeren und Minze garnieren. Reste sofort kühl stellen, damit der Kuchen nicht zu weich wird. Abgedeckt hält es sich einige Tage im Kühlschrank.

Pro Portion: Energie 1361 kJ/325 kcal; Eiweiß 10 g; Fett 18 g; gesättigte Fettsäuren 2 g; Cholesterin 0 mg; Kohlenhydrate 28 g; Zucker 19 g; Ballaststoffe 5 g; Kalzium 160 mg; Eisen 2,8 mg; Natrium 228 mg

TIPPS:
— Es ist wichtig, die festen Sorten von
beiden Tofus zu verwenden, denn dadurch
wird der Käsekuchen schön fest.
— Statt mit Sauce können Sie den Kuchen
auch mit frischen klein geschnittenen
Früchten wie Mangostückchen garnieren.
— Käsekuchenreste tiefkühlen und zu einem
anderen Zeitpunkt genießen!

TIPPS:
– Sie können die heiße Polenta auch in einzelne Förmchen gießen.
– Mit Kokosraspeln bekommen die Quadrate eine raue Oberfläche.

„Das ist meine Version eines
gesunden ‚Vanille-Schnittchens‘.“

Dieses nahrhafte, köstliche Dessert, auf Französisch „poudine maïs" genannt, war in den 1960ern auf Mauritius ein beliebtes Naschwerk und wurde dort häufig als Streetfood verkauft. Seine gelbe Farbe rührt vom Zeaxanthin her, einem antioxidativen Pigment, das vor einer Erkrankung der Augennetzhaut (Makuladegeneration) schützt. Polenta ist reich an resistenter Stärke, einem Ballaststofftyp, der nachweislich Darmkrebs vorbeugt.

POLENTA-VANILLE-PUDDING MIT FEIGEN

ZUBEREITUNGSZEIT: 3 MINUTEN + 30 MINUTEN ZUM FESTWERDEN, GARZEIT: 8 MINUTEN, FÜR 12 PORTIONEN

1 l kalorienreduzierte Sojamilch
170 g Polenta (gelber Maisgrieß)
75 g Honig
3 große getrocknete weiße Feigen, fein gehackt
1 TL Vanilleextrakt (ohne Alkohol)
25 g Kokosraspel

1. Die Milch mit 125 ml Wasser in einem mittelgroßen Topf bis kurz vor dem Siedepunkt erhitzen. Achtung: Die Milch kann leicht überkochen!

2. Nach und nach unter ständigem Rühren die Polenta untermischen, bis die Sojamilch nach etwa 1 Minute aufgenommen ist.

3. Honig, gehackte Feigen und Vanilleextrakt dazugeben und die Mischung unter ständigem Rühren bei schwacher Hitze etwa 7 Minuten weiter köcheln lassen. Achtung: Wenn die Temperatur zu hoch ist, wird die Polenta zu dick; in diesem Fall mit etwas kochendem Wasser verdünnen.

4. Den Boden einer rechteckigen Backform (30 x 23 cm) mit der Hälfte der Kokosraspel bestreuen. Die heiße Polenta einfüllen und die Oberfläche sofort glatt verstreichen. Mit den restlichen Kokosraspeln bestreuen.

5. Den Pudding leicht abkühlen lassen und dann mindestens 30 Minuten in den Kühlschrank stellen, bis er fest wird.

6. In 12 quadratische Schnittchen schneiden und kalt servieren. Nach Belieben mit etwas zerkleinerten frischen Feigen oder mit ein paar frischen Beeren garnieren.

Pro Portion: Energie 596 kJ/142 kcal; Eiweiß 4 g; Fett 3 g; gesättigte Fettsäuren 1 g; Cholesterin 0 mg; Kohlenhydrate 24 g; Zucker 10 g; Ballaststoffe 2 g; Kalzium 115 mg; Eisen 0,2 mg; Natrium 55 mg

Ein sehr einfaches Dessert ohne viel Kochaufwand, aber mit Wow-Effekt für Familie und Gäste! Chiasamen sind reich an löslichen Ballaststoffen und Omega-3-Fettsäuren und ergänzen perfekt jede Ernährungsweise. Die Zubereitung beginnt schon am Vortag. Kurz vor dem Servieren dann einfach alles zusammenfügen!

CHIA-PUDDING MIT BLUTORANGE UND GRANATAPFELKERNEN

ZUBEREITUNGSZEIT: 15 MINUTEN + KÜHLZEIT ÜBER NACHT, FÜR 6 PERSONEN

75 g schwarze Chiasamen
2 EL Ahornsirup
½ l gesüßte Mandelmilch
1 TL Orangenblütenwasser
3 Blutorangen, geschält, in Spalten zerteilt und in kleine Stücke geschnitten
6 TL Granatapfelkerne

1. Chiasamen in einer mittelgroßen Glasschüssel mit dem Ahornsirup verrühren, bis eine Art Bindemittel entsteht.
2. Milch und Orangenblütenwasser untermischen und die Mischung 5 Minuten ruhen lassen, bis die Chiasamen aufquellen.
3. Das Ganze nochmals durchrühren, damit sich keine Klümpchen bilden. Zudecken und über Nacht in den Kühlschrank stellen, sodass der Pudding eindickt. Die Mischung ergibt 600 g Pudding. Dieser ist mehrere Tage im Kühlschrank haltbar.
4. Den Chia-Pudding vorsichtig umrühren und dann in sechs gleich große Dessertgläser oder -schälchen füllen. Mit Orangenstückchen und Granatapfelkernen garnieren und mit dem restlichen Orangensaft beträufeln.

TIPPS:

– Um die Granatapfelkerne herauszulösen, die Frucht oben und unten putzen, dann zum Zerteilen längs vier Spalten einritzen. In einer Schüssel mit Wasser bedecken. Mit den Händen unter fließendem Wasser den Granatapfel langsam auseinanderziehen und dabei die Kerne aus ihrem Gehäuse herauslösen, bis sie auf den Boden der Schüssel fallen. Die Kerne setzen sich ab und die weißen Häute schwimmen oben. Abgießen und mit Wasser abbrausen, bis die Kerne sauber sind.

– Die Blutorangen durch andere farbenfrohe, aromatische Früchte, wie etwa Beeren mit ihrem Saft oder Kaki-, Mango- oder Papayawürfel mit Passionsfruchtmark, ersetzen.

Pro Portion: Energie 626 kJ/150 kcal; Eiweiß 4 g; Fett 7 g; gesättigte Fettsäuren 0,6 g; Cholesterin 0 mg; Kohlenhydrate 15 g; Zucker 14 g; Ballaststoffe 6 g; Kalzium 123 mg; Eisen 1,2 mg; Natrium 67 mg

„Wer sagt denn, dass ein Dessert kein gesundes Frühstück ersetzen kann?"

Benötigen Sie ein Rezept für einen wunderbar saftigen Kastenkuchen ohne Butter und Margarine? Dann lassen Sie sich diese Nachspeise zum Frühstück oder zum Nachmittagstee schmecken. Walnüsse haben cholesterinsenkende Eigenschaften und Muskateller-Rosinen stecken voller antioxidativ wirkender Polyphenole, die die gesundheitsschädliche Oxidation von Cholesterin verhindern.

BIRNEN-WALNUSS-KUCHEN MIT ROSINEN

ZUBEREITUNGSZEIT: 15 MINUTEN, BACKZEIT: 55 MINUTEN + 30 MINUTEN ZUM ABKÜHLEN, FÜR 10 PERSONEN

90 g Roggenmehl

150 g Weizenvollkornmehl

1 TL Backpulver

75 g entkernte Muskateller-Rosinen

70 g gehackte Walnusskerne,
   plus 2 EL zum Garnieren

825 g Birnenhälften (aus der Dose),
   abgetropft

2 EL Honig

¼ TL gemahlenes Backgewürz (z. B.
   mit Zimt, Anis, Piment, Muskatnuss,
   Kardamom etc.)

1. Den Backofen auf 180 °C vorheizen. Eine Kastenform (21 x 11 x 7 cm) mit Backpapier auslegen (auch die Seiten bis zum oberen Rand).

2. Mehle, Backpulver, Rosinen und Walnüsse in eine große Schüssel geben. Mit einem Holzlöffel zusammenklebende Rosinen lösen.

3. Die Birnen abgießen und den Saft zurückbehalten. Nun 3 schön geformte Birnenhälften beiseitestellen und den Rest in 1 cm große Stücke schneiden.

4. Die Birnenstücke zusammen mit ¼ l zurückbehaltenem Birnensaft vorsichtig unter die Mehl-Nuss-Mischung heben. Die Mischung sollte feucht und klebrig sein.

5. Die Mischung mit dem Löffel in die vorbereitete Kastenform füllen und gleichmäßig darin verteilen. Die 3 zurückbehaltenen Birnenhälften mit der Schnittfläche nach unten darauf verteilen.

6. In einer kleinen Schüssel Honig und Backgewürz mischen und jede Birnenhälfte damit bestreichen. Zusätzlich mit gehackten Walnüssen bestreuen.

7. Im vorgeheizten Backofen etwa 55 Minuten backen. Den Kuchen mindestens 30 Minuten in der Form abkühlen lassen. Mithilfe des Backpapiers den Kuchen vorsichtig aus der Form heben und mit einem Messer mit Wellenschliff aufschneiden. Warm servieren oder auf Zimmertemperatur abkühlen lassen. Restliche Kuchenstücke in einem luftdichten Behälter im Kühlschrank aufbewahren.

TIPP:

— *Mit einem Klecks Cashew-Birnen-Creme (Seite 244) servieren.*

Pro Portion: Energie 831 kJ/200 kcal; Eiweiß 4 g; Fett 5 g; gesättigte Fettsäuren 0 g; Cholesterin 0 mg; Kohlenhydrate 34 g; Zucker 19 g; Ballaststoffe 6 g; Kalzium 36 mg; Eisen 1,4 mg; Natrium 174 mg

Mit mild schmeckenden Nüssen wie Cashewkernen, Mandeln und Erdnüssen kann eine wunderbare luftig-flockige Creme aufgeschlagen werden, die Sie zum Dessert servieren können. Anders als Sahne auf Milchbasis, die reich an gesättigten Fettsäuren ist und die Arterien verstopft, wirkt diese Creme cholesterinsenkend und mindert den blutzuckertreibenden Effekt von Kohlenhydraten. Lassen Sie es sich schmecken – die Creme tut Ihrem Körper gut!

CASHEW-BIRNEN-CREME

ZUBEREITUNGSZEIT: 5 MINUTEN, FÜR 6 PERSONEN

150 g Bio-Cashewkerne
4 Birnenhälften (aus der Dose),
    abgetropft
½ TL Vanilleextrakt (ohne Alkohol)

1. Alle Zutaten in der Küchenmaschine einige Minuten glatt pürieren, bis die Creme elfenbeinfarben schimmert, dabei Reste der Creme mit dem Teigspatel von den Seiten kratzen.
2. Die Creme in ein Glasgefäß füllen und bis zum Verzehr in den Kühlschrank stellen. Die Creme ergibt etwa 500 g und ist zum Tiefkühlen nicht geeignet.

TIPPS:
- Variation: Birnen durch 125 ml Apfelsaft ersetzen.
- Bei Verwendung von Erdnüssen, zuerst die Häute abreiben;
  Mandeln hingegen vor dem Häuten blanchieren, damit sie
  noch weißer werden.

Pro Portion: Energie 674 kJ/161 kcal; Eiweiß 4 g; Fett 12 g; gesättigte Fettsäuren 2 g; Cholesterin 0 mg; Kohlenhydrate 8 g; Zucker 5 g; Ballaststoffe 3 g; Kalzium 10 mg; Eisen 1 mg; Natrium 5 mg

„Alle, die meine kulinarisch-medizinischen Kochseminare besucht haben, lieben diese einfache Creme und verwenden sie vielseitig."

Erdbeeren mit Zitrone und Zucker, Seite 246

„Fragole al limone" ist ein klassisches und edles italienisches Dessert, das in Restaurants und zu Hause serviert wird. Es ist einfach in der Zubereitung und in der Erdbeersaison geradezu ideal. Obwohl das Rezept nur wenig Zucker enthält, genießen die Italiener die Erdbeeren pur ohne Eis oder Creme, und das sollten Sie auch tun (Rezeptfoto Seite 245).

ERDBEEREN MIT ZITRONE UND ZUCKER

ZUBEREITUNGSZEIT: 6 MINUTEN + 2 STUNDEN KÜHLZEIT, FÜR 4 PERSONEN

500 g Erdbeeren
4 TL feinster Zucker
Saft von 1 Zitrone

1. Erdbeeren waschen und den Stielansatz entfernen, dann je nach Größe halbieren oder vierteln und in eine Schüssel geben.
2. Mit Zucker und Zitronensaft beträufeln. Gut durchmischen und im Kühlschrank abgedeckt mindestens 2 Stunden ziehen lassen. Die Erdbeeren werden von der Zitronensäure aufgeweicht.
3. Vor dem Servieren probieren, um zu kontrollieren, ob die Mischung nicht zu säuerlich ist. Bei Bedarf und je nach natürlicher Süße der Erdbeeren oder Säure der Zitronen etwas nachzuckern. Gut gekühlt servieren. Das Dessert eignet sich nicht zum Tiefkühlen.

TIPPS:
– Für eine besondere Präsentation vor dem Servieren mit 1 Handvoll klein gehackten Minzeblättern bestreuen.
– In Italien wird statt Zitrone auch Balsamico bianco zum Säuern verwendet.

Pro Portion: Energie 197 kJ/47 kcal; Eiweiß 2 g; Fett 0 g; gesättigte Fettsäuren 0 g; Cholesterin 0 mg; Kohlenhydrate 8 g; Zucker 8 g; Ballaststoffe 2 g; Kalzium 18 mg; Eisen 0,8 mg; Natrium 8 mg

Eine Nascherei in perfektem Kinderformat: Das „asiatische Gelee" dickt durch das Agar-Agar-Pulver ein, das aus Meeresalgen gewonnen wird; es eignet sich also auch für Vegetarier und Veganer (Rezeptfoto Seite 248).

JAPANISCHES TRAUBENGELEE

ZUBEREITUNGSZEIT: 5 MINUTEN + 30 MINUTEN KÜHLZEIT, KOCHZEIT: 5 MINUTEN, FÜR 4 PERSONEN

½ l roter Traubensaft
(Zimmertemperatur)
2 TL Agar-Agar-Pulver
1 EL Zitronensaft
12 rote Trauben, gewaschen und
trocken getupft

1. Den Traubensaft zusammen mit dem Agar-Agar-Pulver in einem kleinen Topf aufkochen. Dann die Hitze reduzieren und unter ständigen Rühren 1 bis 2 Minuten kochen, bis sich das Gelierpulver aufgelöst hat. Vom Herd nehmen und Zitronensaft untermischen. Leicht abkühlen lassen, bis das Gelee nicht mehr dampft.
2. Die Serviergläser oder -schälchen mit Wasser ausspülen; somit bleibt die Geliermasse nicht haften und vereinfacht das Abspülen. Die Trauben auf die Gläser verteilen.
3. Die Trauben gleichmäßig mit der Traubensaftmischung beträufeln – etwa 3 große Servierlöffel pro Glas – und anschließend 30 Minuten im Kühlschrank fest werden lassen. Gut gekühlt servieren.

TIPPS:

– Agar-Agar ist im Asialaden, Bioladen oder auch im gut sortierten Supermarkt in Pulver- oder Streifenform erhältlich.
– Zwar werden Weintrauben ohne Schale weicher; jedoch empfehle ich, sie nicht zu enthäuten, weil in der Traubenhaut die meisten wertvollen Polyphenole eingelagert sind.
– Agar-Agar geliert nicht bei Früchten wie Kiwi, Grapefruit, Rhabarber oder Papaya.

Pro Portion: Energie 385 kJ/92 kcal; Eiweiß 1 g; Fett 0 g; gesättigte Fettsäuren 0 g; Cholesterin 0 mg; Kohlenhydrate 23 g; Zucker 23 g; Ballaststoffe 1 g; Kalzium 21 mg; Eisen 0,6 mg; Natrium 20 mg

Japanisches Traubengelee,
Seite 247

Die ganzen Früchte machen dieses einfache säuerliche Sorbet zum gesunden Genuss – und das ganz ohne Zusatzstoffe, die sonst im Speiseeis versteckt sind. Perfekt für einen eleganten, süßen Abschluss eines festlichen Dinners! Beeren gehören zu den Nahrungsmitteln mit dem höchsten Anteil an Antioxidantien. Genau wie Erdbeeren haben auch Himbeeren einen niedrigen Glyx-Wert und enthalten Ellagsäure, jedoch 50 Prozent mehr davon, und doppelt so viele Ballaststoffe.

ECHTES HIMBEERSORBET

ZUBEREITUNGSZEIT: 5 MINUTEN, FÜR 6 PERSONEN

2 große, sehr reife Bananen (zusammen ca. 250 g), geschält, zerkleinert und tiefgekühlt
300 g Himbeeren (tiefgekühlt)
2 EL Ahornsirup
2 EL Zitronensaft

1. Die Bananen aus dem Gefrierschrank nehmen und in die Küchenmaschine geben. Darin 5 bis 7 Minuten leicht antauen lassen und anschließend grob zerkleinern.
2. Die restlichen Zutaten dazugeben und alles zu einer dickcremigen, pinkfarbenen Masse verarbeiten. Zwischendurch die Küchenmaschine einige Male ausschalten und die Reste des Sorbets vom Rand kratzen.
3. Die Masse sofort in Tassen oder Eiswaffeln servieren oder in eine Glasschüssel mit Deckel füllen und tiefkühlen.

TIPPS:

– Das Rezept ist wunderbar zur Resteverwertung von Bananen, die braun werden. Einfach schälen, zerkleinern und für den späteren Gebrauch im Gefrierfach lagern.
– Die Pinkfärbung wird durch das Tiefkühlen zu einem kräftigen Himbeerrot.
– Sie können auch andere Beeren nach Wahl verwenden.
– Reste in einem Eiswürfelbehälter tiefkühlen und als Eiswürfel für selbst gemachte Smoothies verwenden. Dazu dann einfach im Standmixer mit Milch, Sojamilch oder -joghurt mischen!

Pro Portion: Energie 405 kJ/97 kcal; Eiweiß 2 g; Fett 0 g; gesättigte Fettsäuren 0 g; Cholesterin 0 mg; Kohlenhydrate 19 g; Zucker 17 g; Ballaststoffe 6 g; Kalzium 29 mg; Eisen 0,7 mg; Natrium 2 mg

Für alle, die traditionelles Früchtebrot nicht so besonders mögen, ist dieser Kuchen genau richtig! Er ist nicht allzu süß und enthält leckere Trockenfrüchte. Feiern Sie gebührend und bleiben Sie gleichzeitig gesund! Denken Sie nur an die säuerlichen Aprikosen, die körnige Textur und die süßen Feigen ... Sie können den Kuchen auch in einer Kastenform backen und natürlich ganzjährig davon naschen!

WEIHNACHTLICHER FRÜCHTEKUCHEN

ZUBEREITUNGSZEIT: 20 MINUTEN, BACKZEIT: 55 MINUTEN, FÜR 12 PERSONEN

3 Bio-Eier
3 EL Olivenöl extra vergine
abgeriebene Schale von 1 Bio-Orange
Saft von 1 Orange (125 ml)
1 TL Cassia-Zimtpulver
¼ TL geriebene Muskatnuss
1 TL Vanilleextrakt (ohne Alkohol)
600 g getrocknete Aprikosen, Feigen und Rosinen (in gleichen Anteilen)
120 g Mandelmehl (Bioladen)
120 g Weizenvollkornmehl
60 g Walnusskerne, grob gehackt
20 blanchierte Mandeln
1 EL Aprikosenkonfitüre

1. Eine runde Tortenform (Durchmesser 18 cm) oder eine rechteckige Kastenform (13 x 23 cm) mit etwas Olivenöl einfetten und mit Backpapier auslegen; dabei etwas überlappen lassen, damit sich der fertig gebackene Kuchen später leicht aus der Form heben lässt. Das gefettete Papier bleibt an der Backform haften. Den Backofen auf 180 °C vorheizen.
2. Eier, Olivenöl, Orangenabrieb und -saft in einer großen Rührschüssel verquirlen und Gewürze und Vanilleextrakt untermischen.
3. Die Trockenfrüchte grob hacken und der Mischung zusammen mit Mandelmehl, Weizenvollkornmehl und Walnüssen unter die Ei-Olivenöl-Mischung heben, bis alles gut vermengt ist und die Fruchtstückchen nicht zusammenklumpen.
4. Den Teig in die vorbereitete Backform füllen und fest andrücken, damit keine Luftblasen entstehen. Die Oberfläche mit dem Löffelrücken glatt verstreichen. In der Mitte eine leichte Mulde eindrücken, damit der Kuchen dort nicht zu stark aufgeht. Die Mandeln in einem Muster darauf verteilen und das Früchtebrot nun 50 bis 55 Minuten im vorgeheizten Backofen backen. In den letzten 10 Minuten den Kuchen mit Backpapier abdecken, damit die Rosinen nicht verbrennen. Für die Garprobe einen Holzstäbchen in die Mitte stechen. Es sollte beim Herausziehen sauber bleiben.
5. Den Kuchen aus dem Backofen nehmen und noch etwa 30 Minuten in der Form ruhen lassen. Auf ein Kuchengitter legen, das Backpapier abnehmen und vor dem Aufschneiden ganz abkühlen lassen. Die Konfitüre erwärmen und als Glasur darauf verstreichen. In einem luftdichten Behälter hält sich der Früchtekuchen bis zu 2 Wochen. Achtung: Den Kuchen nicht im Kühlschrank aufbewahren, sonst wird er schnell zu trocken.

Pro Portion: Energie 1432 kJ/342 kcal; Eiweiß 8 g; Fett 16 g; gesättigte Fettsäuren 2 g; Cholesterin 46 mg; Kohlenhydrate 40 g; Zucker 31 g; Ballaststoffe 7 g; Kalzium 94 mg; Eisen 2,2 mg; Natrium 38 mg

TIPPS:
– Für eine vegane Variante
  6 TL veganen Ei-Ersatz, mit
  6 EL Wasser anrühren.
– Für kulinarische Geschenke Miniförmchen
  zum Backen verwenden und die kleinen Kuchen
  mit festlichen Bändern verzieren.
– Vor dem Tiefkühlen in Stücke schneiden.
– Australische getrocknete Aprikosen sind säuer-
  licher im Geschmack als die türkischen. Getrocknete weiße Feigen aus Griechenland sind saftig
  und einfach lecker!

„Viele meiner Mitarbeiter bereiten dieses Dessert für ihre Gäste zu und landen damit immer einen Hit. Sagen Sie bloß nicht, wie gesund es ist!"

TIPP:
– Für einen süßeren Geschmack einen natürlichen hochintensiven Süßstoff wie Stevia untermischen (Schritt 2). Das verleiht mehr Süße ohne Zucker oder zusätzliche Kalorien.

Diese Nascherei ist ein tolles Verwöhndessert für Ihre Gäste, bei dem sich Genuss nicht wie Sünde anfühlt! Je nach Zubereitungsmethode kann die dunkle Schokolade reich an Flavonoiden sein, die dem Dessert jedoch eine bittere Note verleihen, dabei allerdings entspannend auf die Muskulatur der Blutgefäße wirken und den Blutdruck senken. Der Haselnuss-Crunch sorgt für einen wunderbaren Kontrast. Zusätzlich birgt der cholesterinsenkende Tofu enorme Heilkraft.

SCHOKOLADENMOUSSE MIT HASELNUSS-CRUNCH

ZUBEREITUNGSZEIT: 15 MINUTEN + 1 STUNDE KÜHLZEIT, KOCHZEIT: 5 MINUTEN, FÜR 6 PERSONEN

100 g dunkle Schokolade (mit mind. 85 % Kakaoanteil), zerkleinert
125 ml Sojamilch
300 g mittelgroßer fester Seidentofu
2 EL Ahornsirup

Für die Garnitur:
100 g ganze Haselnüsse
2 EL Ahornsirup

1. Schokolade und Sojamilch in einem kleinen Topf nicht zu heiß erwärmen – gerade so lange, bis die Schokolade schmilzt und die Zutaten sich verbinden.
2. Den Tofu mit Küchenpapier trocken tupfen und mit 2 EL Ahornsirup in der Küchenmaschine glatt rühren, dann die Schokoladenmischung dazugeben und weiter zu einer glatten Creme verarbeiten.
3. Die Mischung in sechs einzelne Schälchen oder Gläser füllen und zum Festwerden mindestens 1 Stunde in den Kühlschrank stellen.
4. Für die Garnitur inzwischen die Haselnüsse in einer Pfanne rösten, bis sie aromatisch duften und langsam bräunen. Vom Herd nehmen und mit 2 EL Ahornsirup mischen, bis die Haselnüsse davon überzogen sind. Jede Portion Schokoladenmousse mit dem Haselnuss-Crunch garnieren und zum Festwerden nochmals zurück in den Kühlschrank stellen. Gut gekühlt servieren.

TIPPS:

– Verwenden Sie dunkle Schokolade mit möglichst hohem Kakaoanteil und wenig Zucker. Meiden Sie Schokolade aus alkalisiertem Kakaokernbruch, denn dieser Art von Schokolade werden im Verarbeitungsprozess die Flavonoide entzogen. Es steht nicht immer auf dem Etikett; gegebenenfalls beim Hersteller nachfragen.

– Variation: Ein Drittel der Haselnüsse durch Mandelsplitter ersetzen.

Pro Portion: Energie 1140 kJ/272 kcal; Eiweiß 7 g; Fett 16 g; gesättigte Fettsäuren 3 g; Cholesterin 0 mg; Kohlenhydrate 24 g; Zucker 21 g; Ballaststoffe 3 g; Kalzium 61 mg; Eisen 2,4 mg; Natrium 28 mg

Dieses köstliche, glutenfreie Dessert mit niedrigem Natriumgehalt ist von der thailändischen Küche inspiriert, die duftige Aromen in Hülle und Fülle bietet. Es ist einfach in der Zubereitung und viel gesünder als herkömmliche Puddings. Tapiokaperlen bestehen aus der Stärke der Maniokwurzel. Die ätherischen Öle der Gewürze liefern einen feinen Kontrast zur cremigen Textur. Das säuerliche Topping mit Passionsfrucht und Mango sorgt für eine erfrischende Note.

TAPIOKAPUDDING MIT MANGO UND KOKOSSAHNE

ZUBEREITUNGSZEIT: 10 MINUTEN + 4 STUNDEN EINWEICHZEIT, KOCHZEIT: 15 MINUTEN, FÜR 9 PERSONEN

1 Stängel Zitronengras, fein geschnitten

4 frische Kaffir-Limettenblätter, gerollt und fein geschnitten

1 walnussgroßes Stück Ingwer, geschält und fein geschnitten

½ l kalorienreduzierte Sojamilch

5 EL Ahornsirup

150 g Tapiokaperlen, 4 Stunden oder über Nacht in kaltes Wasser eingeweicht, abgetropft

Für die Garnitur:

1 große Mango, geschält und Fruchtfleisch in Würfel geschnitten

Fruchtfleisch von 4 Passionsfrüchten

9 EL Kokossahne

9 Kaffir-Limettenblätter, gerollt und sehr fein zerkleinert

1. Zitronengras, Kaffir-Limettenblätter und Ingwer mit ¼ l Wasser in einem kleinen Topf mit geschlossenem Deckel aufkochen. Die Hitze reduzieren und Kräuter und Gewürz mindestens 20 Minuten ziehen lassen. Durch ein Küchensieb in einen größeren Topf (mit etwa 2 l Fassungsvermögen) abgießen; dabei die festen Teile mit einem Löffel ausdrücken, um die gesamte aromatisierten Flüssigkeit freizusetzen. Die festen Teile wegwerfen.

2. Milch und Ahornsirup unterrühren und die Mischung fast aufkochen lassen. Abgetropfte Tapiokaperlen untermischen und darin aufkochen, dann die Hitze reduzieren und unter ständigem Rühren etwa 5 Minuten köcheln lassen, bis die Perlen glasig sind.

3. Tapiokacreme in sechs Gläser oder kleine asiatische Dessertschälchen aufteilen und leicht abkühlen lassen. Bis zum Servieren in den Kühlschrank stellen.

4. Vor dem Servieren, jeden Pudding mit Mangowürfeln und Passionsfruchtfleisch garnieren und mit etwas Kokossahne beträufeln. Mit Kaffir-Limettenblättern garnieren.

TIPP:

— *Kein kochendes Wasser zum Einweichen der Tapiokaperlen verwenden, sonst wird die Stärke zu breiig. Wenn Sie es eilig haben, 20 Minuten in warmem Wasser einweichen.*

Pro Portion: Energie 809 kJ/193 kcal; Eiweiß 3 g; Fett 5 g; gesättigte Fettsäuren 4 g; Cholesterin 0 mg; Kohlenhydrate 33 g; Zucker 14 g; Ballaststoffe 2 g; Kalzium 88 mg; Eisen 0,8 mg; Natrium 50 mg

– Variation: Ersetzen Sie
die Mango durch eine
entsprechende Menge Papaya.

TIPP:

– Tapiokaperlen sind im Supermarkt oder im Asialaden erhältlich. Getrocknet
sind sie undurchsichtig, nach dem Kochen werden sie durchsichtig.

TIPPS:

– Ein 670-Gramm-Glas entsteinter Schattenmorellen ergibt ein Abtropfgewicht von 200 g. Den aufgefangenen Saft können Sie für Kräuterlikör verwenden.

– Sie können auch tiefgekühlte oder getrocknete Sauerkirschen verwenden.

– Wenn Sie mit Filoteig arbeiten, dann wickeln Sie nicht verwendeten Teig sofort in ein Küchentuch ein, damit er nicht austrocknet.

„Sauerkirschen werden im Supermarkt meist nicht frisch angeboten. Da sie sehr herb im Geschmack sind, werden sie in der Regel in Saft konserviert. Diese Kirschen sind gut zum Backen geeignet. Meine Mutter tauscht sie im Strudel manchmal gegen überreife Weintrauben aus."

Eine köstliche süß-saure Füllung in luftig-flockigem Teigmantel für ein köstliches Dessert! Schattenmorellen sind dunkle Sauerkirschen, die in Europa und im Mittleren Osten zum Kuchenbacken verwendet werden. Sauerkirschen und ihr Saft sind nachgewiesenermaßen einzigartige Entzündungshemmer. Walnüsse liefern Omega-3-Fettsäuren, die ebenfalls entzündungslindernd sind. Den Filoteig 2 Stunden vor Gebrauch aus dem Kühlschrank nehmen, damit er schön elastisch bleibt und nicht brüchig wird oder Risse bekommt.

APFEL-SAUERKIRSCH-STRUDEL MIT WALNÜSSEN

ZUBEREITUNGSZEIT: 30 MINUTEN, BACKZEIT: 35 MINUTEN, FÜR 12 PERSONEN

4 große grüne Äpfel (ca. 800 g)
50 g brauner Zucker
9 Blätter Filoteig
8 EL Olivenöl extra vergine, plus etwas Öl für die Form
60 g Paniermehl
200 g Sauerkirschen (ohne Stein), abgetropft
50 g Walnusskerne, gehackt

Für den Zitronensirup:
1 EL Zitronensaft
2 TL Olivenöl extra vergine
2 TL brauner Zucker

Pro Portion: Energie 942 kJ/225 kcal; Eiweiß 3 g; Fett 13 g; gesättigte Fettsäuren 2 g; Cholesterin 0 mg; Kohlenhydrate 24 g; Zucker 14 g; Ballaststoffe 3 g; Kalzium 18 mg; Eisen 0,7 mg; Natrium 114 mg

1. Den Backofen auf 200 °C vorheizen. Ein großes Backblech leicht mit Olivenöl einpinseln.
2. Die Äpfel vom Kerngehäuse befreien und mit der Schale raspeln. Mit Zucker bestreuen.
3. Nun 3 Filoteigblätter auf einer Arbeitsplatte längs nebeneinander anordnen. Bis zum Rand mit Olivenöl einpinseln. Dann ein Drittel des Paniermehls über die Teigblätter streuen. Dann jeweils eine weitere Teigplatte auf jedes Teigblatt legen. Diesen Vorgang wiederholen, bis drei Lagen Teigblätter jeweils mit Olivenöl und Paniermehl bedeckt sind und die Füllung darauf verteilt werden kann.
4. Geraspelte Äpfel, Kirschen und Walnüsse mit dem Löffel gleichmäßig auf den dreilagigen Filoteigblätter verteilen. Alles glatt verstreichen, damit keine größeren Klümpchen entstehen. Den Strudelteig zum Körper hin und mit der Naht nach unten einrollen.
5. Die gefüllten Strudelteigrollen auf ein gefettetes Backblech legen. Mit dem restlichen Olivenöl und mit etwas Wasser zusätzlich einpinseln, damit der Teig etwas aufweicht. Im vorgeheizten Backofen in 30 Minuten goldbraun backen. Nach der Hälfte der Backzeit die Oberseite mit etwas Wasser befeuchten.
6. Für den Zitronensirup in der Zwischenzeit die Zutaten in einem kleinen Topf 1 Minute kochen lassen.
7. Den fertig gebackenen Strudel aus dem Backofen nehmen und mit dem Sirup einpinseln. Den Sirup einziehen lassen und den Strudel nochmals 5 Minuten backen. Abkühlen lassen.
8. Die beiden Strudelenden im 45-Grad-Winkel abschneiden und dann jede Teigrolle in rautenförmige Stücke schneiden.

Die Leute reißen sich förmlich um diese leckeren Waffeln, obwohl sie weder Mehl noch Eier oder Butter enthalten. Mit acht Vollkorngetreidesorten und viererlei Nüssen und Samen sind diese Waffeln sehr nahrhaft, ballaststoffreich und eine gute Eisenquelle. Erdbeeren steigern die antioxidative Kapazität des Blutes, und ihre Ellagsäuren stärken die entgiftenden Enzyme im Körper für eine natürliche Detox-Kur. Erdbeeren in einer Mahlzeit reduzieren die Insulinausschüttung bei übergewichtigen Menschen!

KNUSPERWAFFELN MIT ERDBEER-RHABARBER-SAUCE

ZUBEREITUNGSZEIT: 15 MINUTEN, BACKZEIT: 45 MINUTEN, FÜR 8 PERSONEN

Für die Waffeln:
40 g Leinsamen, Sonnenblumenkerne
   und Mandelkerne
30 g Amaranthflocken
50 g Buchweizenkörner
50 g Hirseflocken
50 g Vierkornflocken (Gerste, Triticale,
   Roggen, Weizen)
50 g Haferflocken
1 EL Sojamehl
2 EL brauner Zucker
30 g rohe Cashewkerne, zerkleinert
Salz

Olivenölspray, für das Waffeleisen

Für die Sauce:
500 g Erdbeeren, gewaschen, Stielansatz entfernt und halbiert
400 g Stangen Rhabarber, gewaschen
   und in 3 cm große Stücke geschnitten
50 g brauner Zucker

1. Für die Waffeln alle Zutaten mit ¾ l Wasser im Standmixer in wenigen Minuten zu einem milchig-glatten Teig verrühren.
2. Das Waffeleisen stark erhitzen. Wenn das Eisen heiß ist, die Innenflächen mit Olivenölspray einsprühen.
3. Nun 2 bis 3 EL Teig hineinfüllen (nicht zu viel, damit er an den Rändern nicht herausläuft) und mehrere Minuten knusprig und goldbraun backen; je nach Waffeleisen beträgt die Backzeit 3 bis 5 Minuten.
4. Eventuell noch 125 ml Wasser unter den Teig mischen, denn durch längeres Stehen wird er oftmals etwas fest. Die Konsistenz sollte einem Pfannkuchenteig ähneln.
5. Schritt 3 wiederholen, bis der Teig aufgebraucht ist (Tipp: Waffeleisen mit Antihaftbeschichtung müssen nach der ersten Waffel nicht nochmals mit Öl eingesprüht werden).
6. Für die Sauce in der Zwischenzeit alle Zutaten mit 125 ml Wasser in einem Topf mit geschlossenem Deckel langsam aufkochen lassen. Die Hitze sofort reduzieren und die Sauce noch 10 Minuten bei schwacher Hitze köcheln lassen, bis die Früchte weich werden und ihren Saft freisetzen. Nicht zerkochen!
7. Die Waffeln mit der Sauce servieren oder zwischen Gefrierpapier (doppellagig aus Folie und Papier) legen und tiefkühlen.

Pro Portion: Energie 1148 kJ/274 kcal; Eiweiß 9 g; Fett 8 g; gesättigte Fettsäuren 1 g; Cholesterin 0 mg; Kohlenhydrate 38 g; Zucker 11 g; Ballaststoffe 7 g; Kalzium 66 mg; Eisen 2,8 mg; Natrium 35 mg

TIPP:
– Die Waffeln bereits im Voraus backen und dann tiefkühlen. Nach 10 Minuten Aufwärmzeit im Backofen werden sie wieder wunderbar knusprig.

TIPP:
– Sie können den Teig mehrere Stunden im Voraus zubereiten und in den Kühlschrank stellen. Dann können Sie ihn später direkt verwenden. Die Konsistenz dabei noch einmal überprüfen, denn die Getreidearten variieren leicht in ihrer Festigkeit und eventuell muss noch etwas Wasser hinzugegossen werden.

Dieser asiatische Pudding verführt durch seinen Kokosgeschmack. Trotz längerer Garzeit lohnt sich der Aufwand! Schwarzer Klebreis enthält kein Gluten, er ist nach dem Kochen einfach nur klebrig in seiner Textur. Seine violette Färbung verdankt er den Pflanzeninhaltsstoffen.

SCHWARZER KOKOS-REIS-PUDDING MIT PISTAZIEN

ZUBEREITUNGSZEIT: 10 MINUTEN, GARZEIT: 40 MINUTEN, FÜR 4 PERSONEN

100 g schwarzer Klebreis, abgebraust
20 g Kokosflocken
30 g Pistazienkerne, grob gehackt
1¼ TL Cassia-Zimtpulver
¼ TL Kardamompulver
etwas Nelkenpulver
1 EL Honig
165 ml kalorienreduzierte Kokossahne
100 g frische Früchte wie Mango, Pfirsich oder Pflaume, in Würfel geschnitten

1. Den abgebrausten Reis mit ½ l Wasser in einem kleinen Topf aufkochen lassen. Bei geschlossenem Deckel und unter ständigem Rühren etwa 30 Minuten köcheln lassen, bis der Reis weich ist.

2. In der Zwischenzeit Kokosflocken und Pistazienkerne in einer kleinen trockenen Pfanne goldbraun und duftend rösten. Zum Abkühlen in eine Schüssel füllen. Achtung: In der heißen Pfanne bräunen die Kokosflocken weiter.

3. Wenn der Reis fertig gegart ist, Gewürze, Honig und etwa drei Viertel der Kokossahne dazugeben. Bei schwacher Hitze in 5 Minuten gut unterrühren, bis der Reis die Flüssigkeit größtenteils aufgenommen hat. Der Reis sollte klebrig und weich sein.

4. Die Mischung in vier kleine Dessertschalen oder -gläser füllen. Mit der restlichen Kokossahne beträufeln und mit den gerösteten Kokosflocken und Pistazienkernen bestreuen. Zum Schluss die frischen Fruchtstücke darauf anrichten und den Pudding servieren.

Pro Portion: Energie 644 kJ/154 kcal; Eiweiß 5 g; Fett 9 g; gesättigte Fettsäuren 4 g; Cholesterin 0 mg; Kohlenhydrate 31 g; Zucker 12 g; Ballaststoffe 2 g; Kalzium 20 mg; Eisen 1,7 mg; Natrium 9 mg

Ein einfaches Dessert mit einer guten Portion an Sauerkirschen. Diese stecken voller entzündungs-hemmender Pflanzeninhaltsstoffe, um Arthritis zu lindern, Gicht vorzubeugen und die Muskelregeneration zu unterstützen. Einer Studie zufolge sollen 150 g tiefgekühlte Sauerkirschen so wirksam sein wie zwei Tabletten Aspirin! Mit der Zubereitung muss schon am Vorabend begonnen werden.

SAUERKIRSCHEN-SAGO

ZUBEREITUNGSZEIT: 5 MINUTEN + EINWEICHZEIT ÜBER NACHT,
GARZEIT: 20 MINUTEN, KÜHLZEIT: 3 STUNDEN, FÜR 4 PERSONEN

50 g kleine Sagoperlen (oder Tapiokasamen)
2 EL Ahornsirup
½ Cassia- oder Ceylon-Zimtstange
200 g Sauerkirschen (ohne Stein), Saft abgetropft

1. Am Vortag die Sagoperlen in eine Schüssel geben und mit kaltem Wasser bedecken. Über Nacht einweichen lassen, dann abgießen und vor Gebrauch überschüssige Stärke abbrausen.

2. In einem kleinen Topf 375 ml Wasser aufkochen lassen. Sagoperlen, Ahornsirup und Zimtstange hinzufügen und die Perlen unter ständigem Rühren etwa 15 Minuten köcheln lassen, bis sie glasig sind.

3. Zimtstange herausnehmen und die Sauerkirschen dazugeben, dann unter ständigem Rühren weitere 5 Minuten köcheln lassen. Die Mischung sollte sich rosa verfärben, klebrig und geleeartig sein.

4. Vom Herd nehmen und auf vier Servierschälchen verteilen. Das Sago mindestens 3 Stunden in den Kühlschrank stellen, damit es vor dem Servieren gut geliert.

TIPPS:

– Sago- und Tapiokaperlen sind im Asialaden und in den meisten Supermärkten erhältlich. Obwohl Sago aus dem Mark der Sagopalme gewonnen wird und Tapioka aus Maniokwurzeln, können sie gleichermaßen als Verdickungsmittel verwendet werden.

– Um den klebrigen Topf nach dem Kochen zu reinigen, einfach mit Wasser füllen und über Nacht einweichen lassen. Die Sagorückstände lösen sich dadurch wie von selbst.

Pro Portion: Energie 547 kJ/131 kcal; Eiweiß 1 g; Fett 0 g; gesättigte Fettsäuren 0 g; Cholesterin 0 mg; Kohlenhydrate 32 g; Zucker 18 g; Ballaststoffe 1 g; Kalzium 18 mg; Eisen 1 mg; Natrium 4 mg

Diese Energiebällchen geben Ihnen vor oder nach dem Workout den nötigen Energiekick oder schmecken auch als kleine Nascherei für unterwegs. Zubereitet werden sie mit gesunden Nüssen, Samen und frischen Datteln, die sich hervorragend zum Süßen eignen und die Textur bereichern.

SUPER-ENERGIE-BÄLLCHEN

ZUBEREITUNGSZEIT: 20 MINUTEN, FÜR 10 PERSONEN

60 g Walnusskerne
200 g frische Medjoul-Datteln
   (ohne Kern)
60 g Mandelmehl (Bioladen)
80 g Haferflocken
70 g Sonnenblumenkerne
2 EL rohes Kakaopulver
3 EL Ahornsirup
30 g weiße Sesamsamen

1. Die Walnüsse in der Küchenmaschine grob hacken und beiseitestellen.
2. Die restlichen Zutaten außer den Sesamsamen in der Küchenmaschine zu einer homogenen Masse verarbeiten.
3. Die Masse in eine Schüssel füllen und die Walnusskerne untermischen.
4. Mit angefeuchteten Händen aus der Masse walnussgroße Bällchen formen.
5. Die Sesamsamen in eine kleine Schüssel geben und die Bällchen darin rollen, bis sie gleichmäßig davon bedeckt sind. Sofort servieren, für den späteren Genuss im Kühlschrank aufbewahren oder tiefkühlen. Durch das Tiefkühlen werden die Bällchen zäher.

TIPPS:

— Um den Geschmack zu variieren, einige Tröpfchen reines, lebensmittelechtes ätherisches Öl (Minze oder Orange) dazugeben.
— Für zusätzliches Eiweiß 3 EL Erbsenproteinpulver dazugeben.
— Für einen etwas bitteren Geschmack die Bällchen in rohem Kakaopulver rollen oder die Sesamsamen durch gemahlene Pistazien ersetzen. Diese fest auf die Bällchen drücken.

Pro Portion: Energie 1002 kJ/239 kcal; Eiweiß 6 g; Fett 12 g; gesättigte Fettsäuren 0 g; Cholesterin 0 mg; Kohlenhydrate 25 g; Zucker 19 g; Ballaststoffe 5 g; Kalzium 52 mg; Eisen 1,6 mg; Natrium 3 mg

SNACKS & KLEINE HAPPEN

Ein verführerischer, jedoch supergesunder Leckerbissen für den besonderen Schokokick! Ideal für Picknicks und Partys und nicht so süß wie andere Brownies. Schwarze Bohnen haben einen niedrigen Glyx-Wert und sind, wie Nüsse und Samen, reich an Polyphenolen. Die Gewürze liefern zusätzliche Antioxidantien und wirken entzündungslindernd!

SCHOKO-WALNUSS-BROWNIES

ZUBEREITUNGSZEIT: 15 MINUTEN, BACKZEIT: 30 MINUTEN, FÜR 24 STÜCK

**120 g Walnusskerne, plus 24 Walnuss-
kerne zum Garnieren**
600 g schwarze Bohnen
¼ l Olivenöl extra vergine
**300 g frische Medjoul-Datteln (ohne
Stein)**
60 g weiße Sesamsamen
4 EL rohes Kakaopulver
2 EL Zimtpulver
1 TL Kardamompulver
3 EL Ahornsirup
2 TL Vanilleextrakt (ohne Alkohol)
70 g Sonnenblumenkerne

1. Den Backofen auf 180 °C vorheizen.
2. Die Walnüsse (120 g) in der Küchenmaschine zerkleinern.
3. Schwarze Bohnen und Olivenöl untermengen, bis die Zutaten verbunden sind. Datteln, Sesamsamen, Kakaopulver, Gewürze, Ahornsirup und Vanilleextrakt hinzufügen und glatt pürieren.
4. Die Mischung in eine große Schüssel füllen und die Sonnenblumenkerne mit dem Holzlöffel unterheben.
5. Die Masse mit dem Teigspatel auf einem mit Backpapier ausgelegten Backblech (30 x 23 cm) glatt verstreichen. In 24 Quadrate schneiden und in die Mitte jedes Quadrats einen Walnusskern drücken.
Tipp: Das Backblech mit Backpapier auslegen. Dann lassen sich die Brownies nach dem Abkühlen leichter vom Blech lösen.
6. Im vorgeheizten Backofen 30 Minuten backen. Bevor die Brownies vom Backpapier genommen werden, kurz abkühlen lassen. Noch frisch gebacken genießen oder bis zu 1 Woche im Kühlschrank lagern. Die Brownies lassen sich gut tiefkühlen.

TIPPS:

– Die Brownies nach 30 Minuten vom Blech lösen, selbst wenn sie so aussehen, als wären sie noch nicht fertig gebacken, da sie ansonsten am Boden anbrennen könnten.
– Variation: Für scharfe Brownies den Kardamom durch ¼ TL gemahlenen Cayennepfeffer ersetzen.

Pro Portion: Energie 1079 kJ/258 kcal; Eiweiß 6 g; Fett 18 g; gesättigte Fettsäuren 2 g; Cholesterin 0 mg; Kohlenhydrate 16 g; Zucker 11 g; Ballaststoffe 6 g; Kalzium 38 mg; Eisen 1,9 mg; Natrium 4 mg

GESUNDE UND EINFACHE SNACKS

Den meisten Erwachsenen empfehle ich, nicht regelmäßig zu naschen, denn meist nimmt man dann nur leere Kalorien zu sich, die die Gewichtszunahme fördern. Ich bevorzuge Wasser zwischen den Mahlzeiten und Esspausen von 4 bis 5 Stunden, um dem Magen nach jeder Mahlzeit seine wohlverdiente Ruhe zu gönnen. Hingegen kann das Naschen bei kleinen Mägen oder Appetitmangel von Vorteil sein. Auch in Krankenhäusern sind nahrhafte Snacks eine bewährte Strategie, um nach schweren Erkrankungen die Gewichtszunahme zu fördern.

Für den Fall, dass Ihre Essbedürfnisse größer sind – oder Sie gern etwas Gesundes zwischendurch genießen –, hier ein paar Anregungen für vollwertige Bio-Snacks (ergänzend zu den nachfolgenden köstlichen Rezeptideen):

- **Saisonale Früchte**
- **Maiskolben**
- **Selbst gemachte Gemüsesuppe**
- **Eine Handvoll ungesalzene, ungeröstete Nüsse oder Samen**
- **Geröstete Kichererbsen oder Favabohnen**
- **Gemüsesticks**
- **Kleine Süßkartoffel (gedämpft oder gebacken)**
- **Gemüsesaft**
- **Eine Handvoll Trockenfrüchte**

„Schälen Sie die Maronen, solange sie noch heiß sind."

Für Europäer und Asiaten sind Maronen ein Lieblingssnack. Bereits zu Zeiten Alexander des Großen und des Römischen Reiches allgegenwärtig, sind sie bis heute beliebt und werden in der Weihnachtszeit als Straßenimbiss verkauft. Maronen haben einen feinen, süßlich-nussigen Geschmack und enthalten, anders als andere Nüsse, sehr wenig Fett. Reich an Ballaststoffen, sind sie ideal für die ganze Familie. Probieren Sie einmal dieses einfache Rezept aus und Sie werden feststellen, dass gekochte Maronen genauso köstlich schmecken wie geröstete. Allerdings brauchen Sie zum Rösten einen Ofen.

GEKOCHTE MARONEN

ZUBEREITUNGSZEIT: 1 MINUTEN, GARZEIT: 40 MINUTEN, FÜR 10 PERSONEN

1 kg frische Maronen

1. Die Maronen in einem großen Topf mit reichlich kaltem Wasser bedecken.

2. Bei geschlossenem Deckel gut 35 Minuten garen, bis das Fruchtfleisch weich wie Kartoffelbrei ist. Vorsicht: Der Topf sollte dabei nie ganz austrocknen. Wenn das Wasser fast verdunstet ist, noch etwas kochendes Wasser angießen.

3. Vom Herd nehmen und die Maronen weitere 10 Minuten im heißen Wasser ruhen lassen, dann abgießen und in einer Schüssel servieren. Zum Verspeisen die Maronen vorher mit einem scharfen Küchenmesser schälen oder jede Marone in der Hälfte aufschlitzen und das süßliche Maronenfleisch herauszupfen.

TIPPS:

– Um zu prüfen, ob die Maronen ausreichend gegart sind, ein Stück aus dem kochenden Wasser nehmen, mit einem scharfen Messer halbieren und den Inhalt vorsichtig herauszupfen. Verbrennen Sie sich nicht die Zunge! Wenn das Maronenfleisch noch fest und knackig ist, die Garzeit etwas verlängern. Eine frische Marone in guter Qualität sollte nach dem Garen cremig weich sein.

– Übrig gebliebene Maronen 1 bis 2 Minuten garen, um sie zu erwärmen. Nicht in der Mikrowelle erhitzen, denn Maronen könnten darin explodieren.

Pro Portion: Energie 724 kJ/173 kcal; Eiweiß 3 g; Fett 1 g; gesättigte Fettsäuren 0 g; Cholesterin 0 mg; Kohlenhydrate 34 g; Zucker 4 g; Ballaststoffe 8 g; Kalzium 13 mg; Eisen 0,8 mg; Natrium 1 mg

Köstlich, einfach gemacht und ein perfekter Ersatz für Kleingebäck, in dem sich oft cholesterintreibende, gesättigte Fettsäuren und Transfette verstecken. Diese Taler schmecken gut zu einem heißen Getränk.

PEKANNUSS-INGWER-TALER

ZUBEREITUNGSZEIT: 25 MINUTEN, BACKZEIT: 15 MINUTEN, FÜR 12 PERSONEN

250 g Pekannusskerne, plus 4 Pekannusskerne, jeweils in 6 Stücke gebrochen, zum Garnieren
10 große Medjoul-Datteln (ohne Kern)
1 haselnussgroßes Stück Ingwer, geschält und fein gerieben

1. Die Pekannüsse in der Küchenmaschine grob zerhacken.

2. Datteln und geriebenen Ingwer hinzufügen und zu einer teigartigen Konsistenz verarbeiten.

3. Den Backofen auf 180 °C vorheizen.

4. Die Mischung vierteln und aus jedem Viertel 6 walnussgroße Bällchen formen. Tipp: Hände mit Wasser anfeuchten, damit der Teig weniger klebt.

5. Die Bällchen auf ein nicht gefettetes Backblech legen und in jeden Taler ein Stück Pekannusskern drücken. Wenn die Bällchen an den Rändern aufreißen sollten, sanft in Form bringen und erst dann in den vorgeheizten Backofen schieben. Übrigens: Die Taler laufen beim Backen nicht auseinander. Sie können deshalb dicht nebeneinander auf dem Backblech liegen.

6. Die Taler auf der oberen Schiene des Backofens 12 bis 15 Minuten backen, damit sie auf der Unterseite nicht anbrennen. In einem luftdichten Behälter halten sie sich mehrere Tage.

Pro Portion: Energie 686 kJ/164 kcal; Eiweiß 2 g; Fett 12 g; gesättigte Fettsäuren 1 g; Cholesterin 0 mg; Kohlenhydrate 12 g; Zucker 12 g; Ballaststoffe 3 g; Kalzium 19 mg; Eisen 0,6 mg; Natrium 1 mg

TIPPS:
— Variation: Den Ingwer durch abgeriebene Orangen-
oder Zitronenschale ersetzen.
— Diese Taler sind auch roh ein Genuss.

Cremiger Walnuss-Honig-Joghurt,
Seite 276

Einer meiner absoluten Lieblingssnacks, ob als Dessert oder zum Frühstück! Außerhalb der Saison verwenden Sie einfach tiefgekühlte Beeren. Dieses Rezept ist reich an Pflanzeneiweiß und Ballaststoffen und außerdem eine gute Eisen- und Zinkquelle. Es ist sehr einfach in der Zubereitung, muss aber am Vorabend angesetzt werden. Das Bircher-Müsli ist mehrere Tage im Kühlschrank haltbar.

BIRCHER-MÜSLI MIT BEEREN

ZUBEREITUNGSZEIT: 10 MINUTEN + 8 STUNDEN KÜHLZEIT, FÜR 6 PERSONEN

160 g Haferflocken

80 g getrocknete Pfirsiche und Datteln, gehackt

70 g Mandeln und Haselnüsse, zerkleinert

¾ l kalorienreduzierte Sojamilch

1 grüner Apfel (mit Schale), vom Kerngehäuse entfernt und fein gerieben

2 EL Honig

400 g gemischte frische Beeren, z. B. Himbeeren, Blaubeeren und Brombeeren

1. Haferflocken, Trockenfrüchte und Nüsse in einer Schüssel mischen.

2. Mit der Sojamilch übergießen. Abgedeckt etwa 8 Stunden oder über Nacht in den Kühlschrank stellen und quellen lassen, bis die Mischung weich und klebrig wird.

3. Aus dem Kühlschrank nehmen und Apfel und Honig untermischen. In Schüsseln oder Schälchen anrichten und mit frischen Beeren garnieren!

TIPPS:

– *Variieren Sie Trockenfrüchte und Nüsse nach Belieben! Es gibt keine falsche Kombination.*

– *Statt Sojamilch können Sie auch andere Arten von Nuss- oder Getreidemilch verwenden. Einige Leute bevorzugen Obstsaft, jedoch bringt das eine höhere GI-Belastung mit sich, was für Ihren Blutzucker nicht wünschenswert ist.*

Pro Portion: Energie 1437 kJ/343 kcal; Eiweiß 10 g; Fett 11 g; gesättigte Fettsäuren 1 g; Cholesterin 0 mg; Kohlenhydrate 46 g; Zucker 24 g; Ballaststoffe 10 g; Kalzium 210 mg; Eisen 2,4 mg; Natrium 82 mg

Hier kommt eine köstliche Dessertidee aus Kreta! Zwar essen die Griechen in der Regel nach Mahlzeiten keine Süßspeisen, jedoch wird dieser nahrhafte Joghurt bei heißem Wetter gerne als Nachmittagssnack oder leichte Mahlzeit verspeist. Verwenden Sie dazu einen stichfesten griechischen Joghurt, in Griechenland auch „strangisto" (abgetropft) genannt. Falls vorhanden, nehmen Sie einen feinwürzigen Thymianhonig. Die süß-saure Kombination der Zutaten, vermischt mit der knackigen Textur der Walnüsse ist grandios (Rezeptfoto Seite 274).

CREMIGER WALNUSS-HONIG-JOGHURT

ZUBEREITUNGSZEIT: 5 MINUTEN, FÜR 4 PERSONEN

500 g griechischer Joghurt
24 frische Walnusskerne
8 TL Honig

1. Den Joghurt auf vier kleine Dessertschälchen aufteilen und mit dem Löffelrücken kleine Mulden eindrücken.
2. Mit Walnüssen bestreuen und mit Honig beträufeln. Sofort genießen oder im Voraus zubereiten und vor dem Servieren einige Stunden im Kühlschrank aufbewahren.

TIPPS:

– Variation: Tauschen Sie Milchjoghurt gegen eine milchfreie Alternative wie etwa Kokos- oder Sojajoghurt ein.
– Für ein anderes Topping nehmen Sie zur Abwechslung grob gemahlene Nüsse. Selbst geschälte Nüsse sind frischer und süßer im Geschmack. Walnüsse sind reich an Omega-3-Fettsäuren; deshalb neigen sie nicht zu Oxidation und Bitterkeit, wenn sie bei Raumtemperatur gelagert werden. Nach dem Schälen friere ich meine Walnusskerne für gewöhnlich ein.

Pro Portion: Energie 1243 kJ/297 kcal; Eiweiß 7 g; Fett 15 g; gesättigte Fettsäuren 5 g; Cholesterin 16 mg; Kohlenhydrate 33 g; Zucker 28 g; Ballaststoffe 1 g; Kalzium 134 mg; Eisen 0,5 mg; Natrium 68 mg

In der Quittensaison bereite ich gern dieses Kompott zu! Dann ist die ganze Küche von dem süßen Aroma der Quitten erfüllt. Ähnlich köstlich und nahrhaft sind auch die Pflaumen. Sie haben einen außergewöhnlich hohen Kaliumgehalt, sind eine gute Ballaststoffquelle und dienen seit jeher als Abführmittel. Neueren Forschungen zufolge sollen Pflaumen auch die Knochen stärken. Genießen Sie einen Becher mit heißem Kompott an einem kühlen Abend – der Geschmack erinnert an Tee mit Fruchtstückchen! In Kroatien wird das Kompott auch zum Frühstück genossen (Rezeptfoto Seite 279).

QUITTEN-APFEL-KOMPOTT MIT PFLAUMEN

ZUBEREITUNGSZEIT: 8 MINUTEN, GARZEIT: 25 MINUTEN, FÜR 4 PERSONEN

1 kleine Quitte, geschält und Kerngehäuse entfernt
2 mittelgroße Äpfel, geschält
12 Pflaumen, entsteint
1½ EL Honig
1 Zimtstange

1. Quitte und Äpfel vom Kerngehäuse befreien und in 2 cm dicke Würfel schneiden.
2. Mit den restlichen Zutaten und 1 ½ l Wasser in einen mittelgroßen Topf mit geschlossenem Deckel aufkochen lassen.
3. Die Hitze reduzieren und bei mittlerer Temperatur etwa 25 Minuten köcheln lassen, bis das Obst weich und allmählich klar wird. Vom Herd nehmen und vor dem Servieren 15 Minuten ruhen lassen. Die Zimtstange wegwerfen und das Kompott warm oder kalt in einem Becher oder einer kleinen Schüssel mit Löffel servieren. Das Kompott hält sich mehrere Tage im Kühlschrank, ist jedoch nicht zum Tiefkühlen geeignet.

TIPP:

– *Das goldfarbene Kompott wird mit der Zeit farblich noch intensiver, weil die Pflaumen weiter aufquellen und weich werden.*

Pro Portion: Energie 633 kJ/151 kcal; Eiweiß 1 g; Fett 0 g; gesättigte Fettsäuren 0 g; Cholesterin 0 mg; Kohlenhydrate 35 g; Zucker 31 g; Ballaststoffe 5 g; Kalzium 24 mg; Eisen 0,6 mg; Natrium 9 mg

Ein tolles kroatisches Dessert aus geschälten Weizenkörnern (Graupen), frisch gemahlenen Pekannuss-kernen und Sultaninen. Üblicherweise wird das Gericht als Dessert, Snack oder Frühstück lauwarm serviert. Die Graupen haben einen niedrigen Glyx-Wert und sind reich an Antioxidantien.

GRAUPEN MIT PEKANNÜSSEN UND SULTANINEN

ZUBEREITUNGSZEIT: 7 MINUTEN, GARZEIT: 30 MINUTEN INKLUSIVE SCHNELLKOCHTOPF, FÜR 6 PERSONEN

120 g geschälte Weizenkörner (Graupen)
90 g Pekannusskerne, frisch gemahlen
80 g Sultaninen
2 EL Honig

1. Die Graupen abbrausen und bei geschlossenem Deckel mit 1¼ l Wasser weich garen. Im Schnellkochtopf beträgt die Garzeit 15 Minuten (sobald der Druck aufgebaut ist), in einem herkömmlichen Topf etwa 1 Stunde. Vor dem Öffnen des Schnellkochtopfs, den Dampf natürlich entweichen lassen – dabei werden die Körner noch etwas weicher.
2. Die Graupen in ein Sieb über dem Spülbecken schütten, abtropfen lassen und in eine Rührschüssel geben.
3. Die restlichen Zutaten gut untermischen, bis alle Zutaten vom Honig vollständig bedeckt sind. In kleinen Schälchen servieren. Das Dessert ist bis zu 1 Woche im Kühlschrank haltbar, eignet sich aber nicht zum Tiefkühlen.

TIPPS:

– Für eine gröbere Textur können die Nüsse auch in der Küchenmaschine grob zerkleinert werden.
– Üblicherweise wird dieses Dessert mit „Extras" wie etwa Eiscreme serviert. Nach Belieben kann man aber auch einen Klecks Joghurt oder etwas Kompott dazu reichen.

Pro Portion: Energie 1108 kJ/265 kcal; Eiweiß 6 g; Fett 9 g; gesättigte Fettsäuren 1 g; Cholesterin 0 mg; Kohlenhydrate 37 g; Zucker 18 g; Ballaststoffe 6 g; Kalzium 31 mg; Eisen 4,1 mg; Natrium 8 mg

Quitten-Apfel-Kompott
mit Pflaumen, Seite 277

Tiefgekühlte Früchte schmecken an einem heißen Sommertag köstlich als Snack oder Dessert. Ich entdeckte diese Idee in einem eleganten Ferienresort auf der griechischen Insel Mykonos und erkannte ihr Potenzial für Erwachsene und Kinder. Bereiten Sie dieses Rezept am Vortag zu!

GEFRORENE FRUCHTSPIESSE

ZUBEREITUNGSZEIT: 10 MINUTEN + 5 STUNDEN TIEFKÜHLZEIT, FÜR 4 PERSONEN

8 frische Stücke Ananas
16 große rote Weintrauben
8 große Erdbeeren, Stielansatz entfernt
2 Kiwis, geschält und geviertelt

Außerdem:
8 lange Holzspieße

1. Die Früchte wie in der Zutatenliste beschrieben zubereiten.
2. Die Spieße am stumpfen Ende halten und die Fruchtstückchen in beliebiger Reihenfolge auf dem spitzen Ende aufstecken.
3. Die Spieße auf eine Platte legen, abdecken und tiefkühlen. Noch tiefgekühlt servieren oder vor dem Servieren je nach Umgebungstemperatur 30 bis 60 Minuten antauen lassen, sodass sie leicht aufweichen.

TIPP:

– *Variation: Frieren Sie andere Früchte wie etwas Wassermelone oder Honig- bzw. Canteloupe-Melone ein.*

Pro Portion: Energie 284 kJ/68 kcal; Eiweiß 1 g; Fett 0 g; gesättigte Fettsäuren 0 g; Cholesterin 0 mg; Kohlenhydrate 13 g; Zucker 13 g; Ballaststoffe 3 g; Kalzium 26 mg; Eisen 0,5 mg; Natrium 5 mg

Eine unwiderstehliche, einfache Nascherei, die rundherum gesund und nur leicht gesüßt ist! Die Nüsse senken das Cholesterin und regulieren den Blutzucker. Sie sind ideal, um Heißhungerattacken abzuwenden und machen nicht dick, insbesondere wenn man sie gegen andere typische Snacks eintauscht. Neuere Forschungen zeigen, dass wir de facto nicht alle Nussfette aufnehmen.

SÜSSE NUSSKARREES

ZUBEREITUNGSZEIT: 15 MINUTEN + 3 STUNDEN RUHEZEIT, BACKZEIT: 5 MINUTEN, FÜR 25 STÜCK

70 g Macadamianusskerne
70 g Pekannusskerne
70 g Sonnenblumenkerne
70 g Kürbiskerne
70 g Leinsamen, Sonnenblumenkerne und Mandelkerne
1 TL Cassia-Zimtpulver
100 ml Ahornsirup
2 EL naturbelassene Erdnussbutter

1. Ein kleines Backblech (20 x 20 cm) mit Backpapier auslegen. Beim Zuschneiden des Backpapiers darauf achten, dass es an den Rändern 5 cm übersteht.

2. Die Nüsse auf einem Schneidebrett grob hacken und in eine mittelgroße Schüssel geben. Samen, Kerne und Cassia-Zimtpulver untermischen, sodass die Zutaten gleichmäßig verteilt sind.

3. Ahornsirup und Erdnussbutter in einem kleinen Topf bei schwacher bis mittlerer Hitze so lange rühren, bis die Mischung kocht und sich leicht dunkel verfärbt (nach etwa 5 Minuten). Nicht zerkochen! Anschließend die trockenen Zutaten untermengen. Die Mischung sollte klebrig sein.

4. Die Mischung auf das vorbereitete Backblech streichen und mit einem Teigspatel möglichst glatt verstreichen. Die Ränder des Backpapiers einschlagen und das Ganze mit einer zweiten Lage Backpapier abdecken. Das Backpapier mit den Händen fest verstreichen, damit sich die Mischung darunter gleichmäßig verteilt.

5. Die noch warme Masse abgedeckt bei Raumtemperatur abkühlen lassen. Über Nacht oder mehrere Stunden im Kühlschrank fest werden lassen.

6. Die feste Masse auf ein Schneidebrett stürzen und in 25 mundgerechte Karrees oder rechteckige Riegel schneiden und für unterwegs einwickeln. Die Karrees können auch tiefgekühlt werden.

Pro Stück: Energie 440 kJ/105 kcal; Eiweiß 3 g; Fett 8 g; gesättigte Fettsäuren 1 g; Cholesterin 0 mg; Kohlenhydrate 5 g; Zucker 5 g; Ballaststoffe 1 g; Kalzium 16 mg; Eisen 0,9 mg; Natrium 2 mg

„Die Nusskarrees sind so lecker und können einfach für unterwegs mitgenommen werden. Damit überbrücke ich manchmal die Zeit bis zum Abendessen."

„Ein perfektes Party-Fingerfood."

Diese hellgrünen, unreif geernteten Sojabohnen sind ein Lieblingssnack der Japaner und ein praktisches Standby-Produkt für Ihren Gefrierschrank. Sie sind leicht in der Zubereitung, superköstlich und richtig gesund! Sojabohnen haben einen hohen Eiweißgehalt und liefern wichtige Pflanzeninhaltsstoffe, die vor Brust- und Prostatakrebs schützen. Sie sind auch cholesterin- und blutzuckersenkend. Wer sie einmal probiert hat, wird danach süchtig!

GESALZENE EDAMAME

ZUBEREITUNGSZEIT: 1 MINUTE, BACKZEIT: 12 MINUTEN, FÜR 3 PERSONEN

**350 g Edamame, tiefgekühlt und
mit Hülsen**
¼ TL Salz (nach Belieben)

1. In einem mittelgroßen Topf 1½ l Wasser aufkochen und die Edamame hineingeben und das Wasser nochmals aufkochen. Anschließend die Bohnen 4 Minuten garen. Achtung: Nicht zerkochen, sonst platzer die Hülsen auf.
2. Die Edamame in ein Küchensieb abgießen. Kalt abschrecken und abtropfen lassen, dann in eine Servierschüssel füllen. Nach Belieben leicht salzen und sofort servieren. Reste im Kühlschrank lagern.

TIPP:

– Frische grüne Sojabohnen sind nicht immer und überall erhältlich. Versuchen Sie es im Bioladen. Im Asialaden können Sie tiefgekühlte Edamame mit Hülsen kaufen. Prüfen Sie die Nährwertangaben, denn manchmal werden Edamame vorgekocht und gesalzen angeboten.

Pro Portion: Energie 321 kJ/77 kcal; Eiweiß 6 g; Fett 3 g; gesättigte Fettsäuren 0 g; Cholesterin 0 mg; Kohlenhydrate 3 g; Zucker 1 g; Ballaststoffe 3 g; Kalzium 37 mg; Eisen 1,3 mg; Natrium 3 mg

Diese frischen Röllchen sind ideal als leichte Vorspeise oder Snack. Sie lassen sich auch wunderbar für ganze Gruppen am Tisch servieren! Die Zubereitung der Füllung nimmt die meiste Zeit in Anspruch, jedoch lassen sich schnell noch weitere Portionen zaubern. Dieses Rezept ist glutenfrei.

VIETNAMESISCHE REISPAPIER-RÖLLCHEN

ZUBEREITUNGSZEIT: 30 MINUTEN + 30 MINUTEN MARINIERZEIT, GARZEIT: 3 MINUTEN, FÜR 4 PERSONEN

Für die Marinade:
2 TL Zitronensaft
¼ TL brauner Zucker
½ TL glutenfreie Sojasauce
½ TL Sesamöl in guter Qualität

Für die Gemüsefüllung:
25 g Bohnensprossen
25 g Möhre
25 g kleine Salatgurke
¼ kleine rote Zwiebel

Für die Nudelfüllung:
50 g Reisnudeln

Für die Kräuter- und Salat-Füllung:
16 große Basilikumblätter
16 große Minzeblätter
15 g Stiele Koriander (mit weichen Stielen)
30 g weicher Kopfsalat, in kleine Stücke gezupft
16 Stiele Schnittlauch

8 mittelgroße Reispapierblätter (22 cm Durchmesser)

1. Für die Marinade die Zutaten in einem Marmeladenglas mit Schraubverschluss kräftig schütteln und beiseitestellen.
2. Für die Gemüsefüllung die Sprossen 3 Minuten in kochendem Wasser blanchieren, dann gut abgießen. Möhre, Gurke und Zwiebel schälen, fein schneiden und mit den Sprossen mischen. Mit der Marinade gut vermischen und dann 20 bis 30 Minuten marinieren lassen.
3. Die Reisnudeln in einer mittelgroßen Schüssel mit heißem Wasser bedecken. Etwa 6 Minuten aufweichen lassen, dann abgießen und mit der Schere in 5 cm lange Stücke schneiden.
4. Für die Kräuter-Salat-Füllung Kräuter und Salat vorsichtig waschen und trocken tupfen. Beiseitestellen.
5. Für die Röllchen warmes Wasser in eine große Schüssel füllen und ein Reispapierblatt 3 Sekunden eintauchen, bis es aufweicht. Herausheben und abtropfen lassen, dann mit der rauen Seite nach oben zum Füllen auf einen Teller legen. Nicht zu lange einweichen!
6. Von jeder Füllung eine kleine Portion an einem Ende des Reispapierblatts aufschichten; zuerst immer Kräuter und Salat (Blätter längs ausgerichtet), dann Nudeln und Gemüse.
7. Das Reispapierblatt vom unteren Rand über die Füllung klappen und fest anziehen; dann die linken und rechten Seiten darüberklappen. Bis kurz vor dem Ende einrollen, dann 2 Schnittlauchstiele einlegen, die an den Seiten überstehen, und alles weiter fest zusammenrollen.
8. Die Schritte 5 bis 7 so lange wiederholen, bis alle Zutaten aufgebraucht sind.

Pro Portion: Energie 266 kJ/64 Kcal; Eiweiß 2 g; Fett 1 g; gesättigte Fettsäuren 0 g; Cholesterin 0 mg; Kohlenhydrate 12 g; Zucker 1 g; Ballaststoffe 1 g; Kalzium 21 mg; Eisen 0,6 mg; Natrium 52 mg

TIPPS:
– Variation: Für die Fül-
  lung können auch Jicamawurzel,
  Chinakohl, Sellerie, Knoblauch, Schnitt-
  lauch, gebratener Tofu oder Pilze verwendet werden.
– Es gibt zwei Arten von Reispapier, ein steiferes (und auch klebrigeres) zum Braten
  und eine Qualität für frische Röllchen. Bitte unbedingt das richtige Reispapier kaufen!
– Mit einer asiatischen Sauce zum Dippen sofort servieren, oder die Röllchen für mehrere
  Stunden in den Kühlschrank stellen und dann servieren. Zum Tiefkühlen ungeeignet.

Eine tolle Nascherei nach dem Abendessen oder zu einem heißen Getränk, wenn Gäste spontan vorbeischauen. Datteln und Nüsse liefern viele Antioxidantien, sind ballaststoffreich und wirken cholesterinsenkend. Neue Forschungen bestätigen, dass nur ein Drittel des Fetts aus den Mandeln vom Körper aufgenommen wird. Der tatsächliche Brennwert dieses Rezepts ist demnach geringer als weiter unten angegeben.

FRISCHE DATTELN MIT MANDELFÜLLUNG

ZUBEREITUNGSZEIT: 4 MINUTEN, FÜR 6 PERSONEN

12 große Medjoul-Datteln
12 große blanchierte ganze Mandeln
½ EL Sesamsamen

1. Jede einzelne Dattel mit einem scharfen Küchenmesser an der Seite aufschlitzen und die Kerne mit den Fingern herauslösen.
2. Jeden Kern durch eine Mandel ersetzen und die Dattel wieder fest zusammendrücken; die Mandel sollte dabei ein wenig aus dem Spalt hervorschauen. Die Datteln sollten leicht zusammenkleben.
3. Die Sesamsamen in eine kleine Schüssel geben und die gefüllten Datteln darin wenden, bis sie ganz davon überzogen sind. Die Sesamsamen bleiben kleben, denn die Datteln sind vom Entkernen noch leicht klebrig. In einem luftdichten Behälter lagern, bis sie servierfertig sind. Die Datteln können auch tiefgekühlt werden.

TIPP:
– *Variation: Ersetzen Sie Mandeln durch andere Nüsse wie beispielsweise Walnüsse, Cashewkerne oder Paranüsse.*

Pro Portion: Energie 521 kJ/125 kcal; Eiweiß 1 g; Fett 2 g; gesättigte Fettsäuren 0 g; Cholesterin 0 mg; Kohlenhydrate 24 g; Zucker 24 g; Ballaststoffe 4 g; Kalzium 23 mg; Eisen 1 mg; Natrium 5 mg

Ein einfacher Snack zum Selbermachen, denn industriell hergestelltes Popcorn für die Mikrowelle enthält häufig versteckte Transfette! Dieses Rezept dauert mit der Popcornmaschine nur 3 Minuten oder 10 Minuten mit der klassischen Herdplattenmethode.

SELBST GEMACHTES POPCORN MIT OLIVENÖL

ZUBEREITUNGSZEIT: 1 MINUTE, GARZEIT: 3 MINUTEN, FÜR 7 PERSONEN

60 g Maiskörner für Popcorn
1 EL Olivenöl extra vergine
¼ TL Salz

1. Die Popcornmaschine einschalten und die Maiskörner in die entsprechende Kammer einfüllen. Zum Auffangen des heißen Popcorns eine tiefe Schale unter den Einfüllschacht stellen. Mit Olivenöl beträufeln und mit Salz bestreuen. Heiß oder kalt servieren.
2. Alternativ die konventionelle Methode anwenden. Dazu das Olivenöl und die Maiskörner in einem Topf mit 3 Liter Fassungsvermögen geben und auf mittlere Hitze erwärmen. Den Deckel auflegen und warten, bis die Maiskörner allmählich geräuschvoll aufplatzen; dann die Temperatur erhöhen und den Topf ständig rütteln, bis die Maiskörner alle aufgeplatzt sind und der Topf voll ist. Das wird ungefähr 10 Minuten dauern.

TIPPS:
— Stellen Sie mit einer selbst gekauften Flasche mit Sprühpumpe Ihr eigenes Olivenölspray her. Damit können Sie das Popcorn besser besprühen, wenn Sie es in der Popcornmaschine zubereiten.
— Andere Popcornaromen sind Zimt, süßer Paprika, Zitronenpfeffer oder gerebelter Oregano.

Pro Portion: Energie 307 kJ/73 kcal; Eiweiß 1 g; Fett 3 g; gesättigte Fettsäuren 0 g; Cholesterin 0 mg; Kohlenhydrate 10 g; Zucker 0 g; Ballaststoffe 0 g; Kalzium 0 mg; Eisen 0 mg; Natrium 87 mg

Diese Schnitten sind perfekt für hungrige Kinder und Erwachsene. In luftdichten Behältern sind die kleinen Stücke bis zu 1 Woche im Kühlschrank haltbar – sofern sie nicht schon früher genascht werden! Im Vergleich zu den meisten industriell hergestellten Riegeln und Schnitten mit hohem Fett- und Zuckerzusatz enthalten diese gesundes Dörrobst und Weizenkeime – und kommen ganz ohne Ei und Milch aus.

TROPISCHE FRUCHTSCHNITTEN

ZUBEREITUNGSZEIT: 10 MINUTEN, BACKZEIT: 40 MINUTEN, FÜR 15 STÜCK

2 EL gemahlene Leinsamen

75 g Honig

4 EL kalorienreduzierte Sojamilch

120 ml tropischer Fruchtsaft, ohne Zuckerzusatz

100 g Kokosraspel

100 g Weizenkeime

40 g Weizenvollkornmehl (mit 1 Msp. Backpulver gemischt)

400 g gemischtes Dörrobst, klein gehackt

60 g getrocknete Cranberrys

1. Die gemahlenen Leinsamen mit 6 EL Wasser in einer kleinen Schüssel gut umrühren und 10 Minuten stehen lassen. Die Mischung zu „Leinsamen-Gel" (Ei-Ersatz) quellen lassen.

2. Den Backofen auf 180 °C vorheizen. Ein Backblech (25 x 16 x 3 cm) mit Backpapier auslegen.

3. In einer großen Schüssel den Honig mit einem Metalllöffel mit Sojamilch und Saft verrühren. Dann das Leinsamen-Ei unterrühren.

4. Kokosraspel, Weizenkeime, Mehl, Dörrobst und Cranberrys unterheben, bis alles gut vermengt ist.

5. Die Mischung fest auf das vorbereitete Backblech drücken.

6. Im vorgeheizten Backofen 35 bis 40 Minuten goldbraun backen. Das Backwerk auf dem Backblech abkühlen lassen.

7. Das Backwerk vom Blech lösen und auf ein Schneidebrett stürzen, dann das Backpapier abziehen. Mit einem Messer mit Wellenschliff in kleine Quadrate schneiden. Die Schnitten können auch tiefgekühlt werden.

TIPP:

– *Variation: Cranberrys gegen Korinthen oder Sultaninen austauschen.*

Pro Portion: Energie 727 kJ/174 kcal; Eiweiß 3 g; Fett 4 g; gesättigte Fettsäuren 3 g; Cholesterin 0 mg; Kohlenhydrate 30 g; Zucker 26 g; Ballaststoffe 4 g; Kalzium 33 mg; Eisen 1,2 mg; Natrium 26 mg

Joghurt ist ein toller Snack und eine köstliche Ergänzung zum Frühstück oder für Smoothies. Für dieses Rezept wird ein EasiYo-Joghurtbereiter-Set (online erhältlich) verwendet; so gelingt die Herstellung mit gleichbleibend gutem Resultat. Oder einfach die Milch auf Körpertemperatur erwärmen, in einen Behälter füllen, etwas Starterkultur unterrühren und die Mischung fest werden lassen. Je nach Raumtemperatur kann die notwendige Gärung vergleichsweise genauso lange dauern. Setzen Sie den Joghurt am späten Abend oder am frühen Morgen an. Anders als die meisten industriell hergestellten Joghurts, die Gelatine und Dickungsmittel enthalten, ist die Textur dieses Joghurts feiner, sodass er auch als „Buttermilch" verwendet werden kann und durch das Abseihen eine dickere Konsistenz bekommt. Sojajoghurt birgt alle Gesundheitsvorteile, die mit Soja-Eiweiß und seinen natürlichen Isoflavonen verbunden sind; u. a. mindert er das Brust- und Prostatakrebsrisiko und wirkt cholesterinsenkend.

HAUSGEMACHTER SOJAJOGHURT

ZUBEREITUNGSZEIT: 4 MINUTEN + 10 STUNDEN FERMENTATIONSZEIT, FÜR 5 PERSONEN

3 EL probiotischer Joghurt (60 g)
875 ml Sojamilch

1. Wasser im Wasserkocher aufkochen.

2. Den probiotischen Joghurt (dieser ist die Starterkultur) in den EasiYo-Behälter einfüllen. Dann ¾ l Sojamilch hinzugießen, den Deckel fest verschließen und den Inhalt kräftig schütteln. Die restliche Sojamilch zugeben und den Deckel wieder fest verschließen.

3. Das kochende Wasser in den Behälter gießen, bis die Füllmenge bis zum roten Plastikeinsatz reicht.

4. Den Joghurtbehälter vorsichtig in den Joghurtbereiter einsetzen und den Deckel fest zuschrauben, bis es klickt. Auf dem Küchentisch 10 Stunden fermentieren lassen.

5. Den Joghurtbehälter herausnehmen und für mindestens 3 Stunden in den Kühlschrank stellen, damit der Joghurt fest wird. Bis zu 1 Woche im Kühlschrank lagern.

TIPPS:

– Für die plastikfreie Zubereitung können Sie statt des Joghurtbehälters aus dem Joghurtbereiter-Set auch ein gleich großes Glasgefäß verwenden.

– Variationen: Den Joghurt vor dem Servieren mit frisch gepresstem Zitronensaft beträufeln oder etwas Zimt oder fein geriebenen Ingwer einrühren.

Pro Portion: Energie 407 kJ/97 kcal; Eiweiß 6 g; Fett 3 g; gesättigte Fettsäuren 0 g; Cholesterin 0 mg; Kohlenhydrate 10 g; Zucker 5 g; Ballaststoffe 1 g; Kalzium 247 mg; Eisen 0 mg; Natrium 119 mg

TIPP:
— Wählen Sie einen frischen probiotischen Joghurt, um eine hohe Gesamtkeimzahl in Ihrer Starterkultur sicherzustellen. Wenn Sie Ihren ersten Sojajoghurt hergestellt haben, verwenden Sie Reste aus der Starterkultur für die nächste Portion.

TIPP:
— Man kann auch eine kleine tragbare Kühlbox als Joghurtbereiter verwenden. Einfach mit kochendem Wasser auffüllen, sodass das später hineingestellte Joghurtglas zur Hälfte im Wasser steht. Das Wasser auf Körpertemperatur abkühlen lassen, dann das Joghurtglas hineinstellen, den Deckel auf die Kühlbox legen und die Joghurt-Bakterien 10 Stunden inkubieren lassen.

GETRÄNKE

SO GUT SCHMECKT WASSER

Etwa 60 Prozent unseres Körpers besteht aus Wasser. Der Körper muss also ausreichend Flüssigkeit aufnehmen, damit der Stoffwechsel in den Hochphasen funktioniert.

REINES WASSER

Leitungswasser oder gefiltertes Leitungswasser ist meist von guter Qualität. Sie müssen nicht extra in Flaschen abgefülltes Wasser kaufen, wenn die Trinkwasserqualität gesichert ist. Das Leitungswasser können Sie mit etwas Limetten- oder Zitronensaft aromatisieren.

AROMATISIERTES WASSER

Lassen Sie Obststückchen, Kräuter oder Gewürze Ihrer Wahl im Wasser durchziehen, damit es schöner aussieht und interessanter schmeckt. Sie verspüren garantiert mehr Lust, mehr zu trinken. Diese natürlichen Geschmacksgeber lassen sich auch in Eiswürfelform zubereiten:
• Salatgurke mit Ingwer und Zitrone
• Orange mit Limette und Rosmarin
• Erdbeeren mit Kiwi und Lavendel
• Himbeeren mit Limette und Minze
• Zitrone mit Gewürznelken

GEKÜHLTE KRÄUTERTEES

Kühlen Sie Ihre (koffeinfreien) Lieblingskräutertees, wie etwa Hagebutte, Hibiskus, Zitronengras, Ginseng oder Salbei. Genießen Sie den gekühlten Tee als ungesüßtes Erfrischungsgetränk!

5 Tipps für eine ausreichende Wasserzufuhr

1. Trinken Sie jeden Tag gleich nach dem Aufwachen 1 bis 2 Gläser Wasser.
2. Nehmen Sie für unterwegs immer eine Wasserflasche (aus Glas) mit.
3. Stellen Sie immer eine Wasserkaraffe auf Ihrem Schreibtisch bereit.
4. Trinken Sie vor, während und nach Ihrem Fitnesstraining.
5. Trinken Sie auch abends immer 1 bis 2 Gläser Wasser.

„Es ist verblüffend, was ein paar kleine Zusätze bewirken können,
um unsere Wasseraufnahme zu optimieren."

Blaubeer-Soja-Smoothie,
Seite 303

Bananen-Frappé mit Passionsfrucht
und Minze, Seite 302

Bei der Zubereitung eines grünen Smoothies können Sie nichts falsch machen. Dieser Smoothie enthält jede Menge grünes Blattgemüse, was ihn ungeheuer farbintensiv und gesundheitsfördernd macht. Roher Grünkohl ist wichtig für die Stärkung des Immunsystems und steigert durch ein Mehr an Folsäure auch die Anti-Krebs-Wirkung. Bei Aufnahme von rohem Grünkohl wird das Wachstum von Darmkrebszellen im Reagenzglas um das Zehnfache stärker unterdrückt als bei gegartem Grünkohl. Folsäure ist wichtig, da schon ein kleiner Mangel ähnlich schwere DNA-Schäden verursachen kann wie eine erhöhte Strahlenbelastung. Die Leinsamen fördern die Aufnahme von Omega-3-Fettsäuren und Ballaststoffen und machen das Getränk dicksämig. Für einen superseidigen Smoothie empfehle ich einen Hochgeschwindigkeitsmixer.

GRÜNER MONSTER-SMOOTHIE

ZUBEREITUNGSZEIT: 10 MINUTEN, FÜR 2 PORTIONEN

4 Grünkohlblätter (ca. 60 g), nur die
    oberen Blattteile ohne faserige
    Blattrippen und Stiele
60 g frische junge Salatblätter
4 große Stiele frische Minze,
    Blätter abgezupft
1 große reife Banane, frisch oder
    tiefgekühlt
1 walnussgroßes Stück Ingwer, geschält
1 EL Leinsamen, gemahlen
½ l Mandelmilch
12 große Eiswürfel

1. Alle Zutaten in der angegebenen Reihenfolge in den Standmixer geben und glatt pürieren. Tipp: Zuerst auf langsamer Rührstufe beginnen und schrittweise hochschalten, bis die Masse glatt und cremig ist. Am besten den Smoothie sofort servieren. Er kann aber auch 1 Tag im Kühlschrank aufbewahrt werden. Wenn sich die Zutaten dabei voneinander trennen, einfach wieder glatt pürieren.

TIPPS:

– Variationen: Verwenden Sie andere grüne Blätter, Kräuter oder Algenflocken.
– Bei Verwendung von Bio-Grünkohl, die Blätter vorsichtig waschen und von möglichen Blattläusen und ihren abgelegten Eiern säubern. Befallene Blätter in einem sauberen Spülbecken einweichen und mit Essig und Salz gut durchspülen.
– Zum Reinigen des Standmixers etwas warmes Wasser mit einem Tropfen Geschirrspülmittel einfüllen und vor dem Ausspülen einige Sekunden laufen lassen.

Pro Portion: Energie 693 kJ/165 kcal; Eiweiß 4 g; Fett 6 g; gesättigte Fettsäuren 0 g; Cholesterin 0 mg; Kohlenhydrate 22 g; Zucker 19 g; Ballaststoffe 5 g; Kalzium 242 mg; Eisen 1,3 mg; Natrium 193 mg

Während ich Fruchtsäfte in der Regel meide und lieber ganze Früchte genieße, verwöhne ich mich mit Säften gern zu besonderen Anlässen. Dieser Drink entstammt einem erfrischenden Erlebnis, das ich in Hanoi (Vietnam) hatte, wo es manchmal extrem feucht-schwül werden kann. Er schmeckte unvergesslich lecker! Hier also meine Version: Die Passionsfrucht ist optimal für die erhöhte Aufnahme von Ballaststoffen (Rezeptfoto Seite 300).

BANANEN-FRAPPÉ MIT PASSIONSFRUCHT UND MINZE

ZUBEREITUNGSZEIT: 5 MINUTEN, FÜR 2 PORTIONEN

12 große Eiswürfel
1 große reife Banane
180 ml frisch gepresster Orangensaft mit Fruchtmark
50 g Fruchtmark von 2-3 Passsionsfrüchten
5 g Minzeblätter, plus 2 Stiele zum Garnieren

1. Alle Zutaten, außer der Passionsfrucht und den Minzezweigen, im Standmixer glatt pürieren.
2. Das Passionsfruchtmark untermischen, bis es gut verteilt ist.
3. Das Frappé auf zwei große Gläser verteilen und jeweils mit 1 Minzestiel garnieren. Sofort servieren!

TIPPS:
– Verwenden Sie einen Hochgeschwindigkeitsmixer, um auch zu Hause die beste Frappé-Konsistenz zu erreichen.
– Aus einer großen Passionsfrucht (Panama-Sorte) können Sie 50 g Fruchtmark gewinnen!

Pro Portion: Energie 412 kJ/98 kcal; Eiweiß 2 g; Fett 0 g; gesättigte Fettsäuren 0 g; Cholesterin 0 mg; Kohlenhydrate 18 g; Zucker 16 g; Ballaststoffe 6 g; Kalzium 20 mg; Eisen 0,4 mg; Natrium 8 mg

Smoothies lassen sich ruck, zuck mixen – ideal für ein Frühstück zum Mitnehmen oder als leichter Mahlzeitersatz. Dieser Smoothie ist schön lilafarben und wunderbar fruchtig im Geschmack. Die Blaubeere gilt als Königin der antioxidativen Früchte. Sie erhöht die Gedächtnisleistung und verbessert die Hirnfunktion (Rezeptfoto Seite 300).

BLAUBEER-SOJA-SMOOTHIE

ZUBEREITUNGSZEIT: 3 MINUTEN, FÜR 2 SMOOTHIES

125 g Blaubeeren
1 Banane
1 EL Weizenkeime
1 EL Honig
¼ l kalorienreduzierte Sojamilch,
gut gekühlt

1. Alle Zutaten im Standmixer glatt pürieren.
2. Den Smoothie in zwei große Gläser gießen und servieren. Der Smoothie dickt noch leicht ein, wenn er steht.

TIPP:

– *Es können auch tiefgekühlte Blaubeeren verwendet werden. Diese verleihen dem Smoothie eine schöne Textur.*

Pro Portion: Energie 733 kJ/172 kcal; Eiweiß 6 g; Fett 3 g; gesättigte Fettsäuren 0 g; Cholesterin 0 mg; Kohlenhydrate 31 g; Zucker 25 g; Ballaststoffe 4 g; Kalzium 156 mg; Eisen 0,5 mg; Natrium 77 mg

Lassen Sie sich von der mexikanischen und südamerikanischen Küche inspirieren und trinken Sie das Chia Fresca in kleinen Schlucken über den ganzen Tag verteilt – direkt aus der Wasserflasche: Ihre Aufnahme von Ballaststoffen wird sich um 8 Gramm erhöhen! Chiasamen sind reich an Omega-3-Fettsäuren und wasserlöslichen Ballaststoffen, wirken also cholesterin- und blutzuckersenkend. Sie steigern zudem Ihr Sättigungsgefühl! Chia Fresca streichelt gelatineartig den Gaumen, und einige Samen mehr zum Garnieren machen optisch eine gute Figur.

CHIA FRESCA

ZUBEREITUNGSZEIT: 3 MINUTEN, FÜR 1 PORTION

2 EL Chiasamen
Saft von ½ Zitrone
2 TL Ahornsirup

1. Die Chiasamen in einer großen, trockenen Wasserflasche mit 625 ml Wasser auffüllen. Mit dem Schraubverschluss fest verschließen und kräftig schütteln.
2. Zitronensaft und Ahornsirup hinzufügen und glatt verrühren. Dann die Flasche wieder fest verschließen und kräftig schütteln. Die Flüssigkeit 15 Minuten quellen lassen, dann auf Raumtemperatur oder gut gekühlt genießen. Das Chia Fresca schütteln und dann in kleinen Schlucken trinken.

TIPPS:

– Für einen säuerlicheren Geschmack zusätzlich Zitronensaft hinzufügen.
– Variation: Das Wasser durch Kokossaft ersetzen und statt Zitrone Limette verwenden.
– Variation: Zum Süßen etwas Honig oder Stevia verwenden oder das Getränk überhaupt nicht süßen.

Pro Portion: Energie 800 kJ/191 kcal; Eiweiß 6 g; Fett 13 g; gesättigte Fettsäuren 1 g; Cholesterin 0 mg; Kohlenhydrate 10 g; Zucker 10 g; Ballaststoffe 8 g; Kalzium 96 mg; Eisen 2,1 mg; Natrium 11 mg

Mango-Lassi, Seite 306

„Dieses Glas enthält die dreifache empfohlene Tagesdosis an blutzuckersenkender Bittermelone."

Bittermelonen-Zitronen-Drink, Seite 307

Ein von Indien inspiriertes cremiges Erfrischungsgetränk. In einem guten Standmixer dauert die Zubereitung nur einige Minuten. Dieses Lassi liefert wertvolle Isoflavone, die Brust und Prostata gesund erhalten (Rezeptfoto Seite 305).

MANGO-LASSI

ZUBEREITUNGSZEIT: 4 MINUTEN + 30 MINUTEN KÜHLZEIT, FÜR 2 PORTIONEN

6 große Eiswürfel
200 g reifes Mangofruchtfleisch
200 g fettarmer Sojajoghurt mit Mangogeschmack
2 TL Honig

1. Alle Zutaten in einem Standmixer in 1 Minute glatt pürieren. Anschließend 30 Minuten gut kühlen und dann servieren.

TIPPS:
— *Bei kleinen Eiswürfeln oder wenn das Lassi dünner werden soll, zusätzliche Eiswürfel hinzufügen.*
— *Falls Sie keinen Mango-Joghurt bekommen können, verwenden Sie stattdessen Vanillejoghurt.*

Pro Portion: Energie 658 kJ/157 kcal; Eiweiß 4 g; Fett 1 g; gesättigte Fettsäuren 0 g; Cholesterin 0 mg; Kohlenhydrate 32 g; Zucker 28 g; Ballaststoffe 3 g; Kalzium 133 mg; Eisen 1,5 mg; Natrium 127 mg

Diesen Powertrunk habe ich insbesondere für Menschen kreiert, die an Diabetes oder an einer Insulin-resistenz leiden, denn die Bittermelone hat blutzuckersenkende Eigenschaften. Ihre Inhaltsstoffe wirken wie „pflanzliches Insulin", das bestätigen auch wissenschaftliche Studien. Bittermelone ist reich an Vitamin C und Folsäure. Bereiten Sie den Gesundheitstrunk zweimal pro Woche in größeren Mengen zu und bedienen Sie sich dann jeden Tag aus dem Kühlschrank. Obwohl die Frucht in Südostasien, Indien, Afrika und Süd-amerika als ideale Nahrung für ein langes Leben gilt und deshalb gern getrunken wird, ist die Frucht für den westlichen Gaumen etwas zu bitter. Die Zitrone verbessert deutlich den Geschmack der bitteren Frucht (Rezeptfoto Seite 305).

BITTERMELONEN-ZITRONEN-DRINK

ZUBEREITUNGSZEIT: 7 MINUTEN, FÜR 16 DRINKS

2 große Bittermelonen (ca. 600 g)
Saft von 1 Zitrone

1. Die Bittermelonen gut waschen und längs halbieren. Mit einem Metalllöffel die Kerne herauslösen und wegwerfen.
2. Die Bittermelonen grob hacken und zusammen mit ½ l Wasser im Standmixer glatt pürieren.
3. Den Zitronensaft unterrühren, das Getränk in eine Flasche oder Karaffe füllen und maximal 5 Tage im Kühlschrank aufbewahren. Das natürliche Vitamin C wirkt konservierend. Vor dem Einschenken ein-fach umrühren oder schütteln, denn durch längeres Stehen bildet sich ein Bodensatz. Nach jeder Mahlzeit ein Gläschen trinken.

TIPPS:

– Variation: Für einen frischeren Geschmack eine Salatgurke hinzufügen.
– Andere Frucht- und Gemüsesäfte sind ebenfalls gesundheitsfördernd, weil sie reich an Pflanzeninhaltsstoffen sind. So ist erwiesen, dass die Tagesdosis von ½ l Rote-Bete-Saft den Blutdruck senkt.
– Um die Flasche mit dem Bittermelonensaft zu reinigen, eine kleine Handvoll Reiskörner und Wasser hineingeben und kräftig schütteln.

Pro Portion: Energie 21 kJ/5 kcal; Eiweiß 0 g; Fett 0 g; gesättigte Fettsäuren 0 g; Cholesterin 0 mg; Kohlenhydrate 0 g; Zucker 0 g; Ballaststoffe 1 g; Kalzium 9 mg; Eisen 0,4 mg; Natrium 1 mg

„Dieses Heißgetränk ist mein absoluter Favorit, und ich trinke es, wenn ich wieder einmal mit einer Erkältung kämpfe."

Ein köstlicher Gute-Nacht-Trunk mit Kurkuma (Gelbwurz), wie er üblicherweise in Indien kredenzt wird. Kurkuma ist ein hochwirksamer Entzündungshemmer und die Beigabe von etwas Pfeffer steigert deutlich die Aufnahme von Kurkumin als aktiven Wirkstoff. Gelbwurz wird als traditionelle Naturheilmedizin auch zur Behandlung von Husten und Erkältung verwendet, während der Honig als Hustenmedizin von der Weltgesundheitsorganisation empfohlen wird.

KURKUMA-SOJAMILCH

ZUBEREITUNGSZEIT: 4 MINUTEN, KOCHZEIT: 8 MINUTEN, FÜR 2 GLÄSER

½ l kalorienreduzierte Sojamilch
1 TL Kurkumapulver
1 walnussgroßes Stück Ingwer, geschält
   und zerkleinert
4 Kardamomkapseln, zerstoßen
2 TL Honig
Zimtpulver, zum Garnieren
frisch gemahlener schwarzer Pfeffer

1. Alle Zutaten außer Honig und Zimt in einem kleinen Topf unter ständigem Rühren fast bis zum Siedepunkt erhitzen.
2. Etwa 2 bis 3 Minuten köcheln lassen, dann vom Herd nehmen und den Honig unterrühren, bis er sich auflöst.
3. Durch ein Sieb abgießen, Ingwer und Kardamomkapseln wegwerfen und die warme Milch im Becher servieren. Mit Zimtpulver bestreuen.

TIPPS:

– *Variation: Verwenden Sie andere pflanzliche Milchsorten wie Mandelmilch.*
– *Vor dem Servieren im Standmixer schaumig aufschlagen.*
– *Probieren Sie die Milch mit 1 TL Kokosöl für einen kräftigeren Geschmack.*

Pro Portion: Energie 680 kJ/163 kcal; Eiweiß 8 g; Fett 5 g; gesättigte Fettsäuren 1 g; Cholesterin 0 mg; Kohlenhydrate 20 g; Zucker 12 g; Ballaststoffe 0 g; Kalzium 332 mg; Eisen 0,9 mg; Natrium 159 mg

Dieses wärmende, würzige Getränk ist perfekt für einen kalten Winterabend. Anders als die meisten Chai Latte ist es koffeinfrei und sorgt für einen guten Nachtschlaf. Die Gewürze sind wie Medizin, die man einfach aus dem Küchenschrank holt. Sie sind stark antioxidativ, wirken entzündungshemmend und antibakteriell. Dieser Chai Latte ist laktose- und glutenfrei.

CHAI LATTE

ZUBEREITUNGSZEIT: 5 MINUTEN, KOCHZEIT: 5 MINUTEN, FÜR 2 PORTIONEN

1 Teebeutel Rooibos-Tee
1 TL ganze Gewürznelken
1 TL grüne Kardamomkapseln
½ Cassia-Zimtstange
1 walnussgroßes Stück Ingwer, geschält und klein geschnitten
300 ml kalorienreduzierte Sojamilch
2 TL Honig
Zimtpulver, zum Garnieren

1. Den Teebeutel und die Gewürze mit 300 ml Wasser in einen kleinen Topf geben, den Deckel auflegen und aufkochen. Die Hitze leicht reduzieren und 3 Minuten kochen lassen.
2. Sojamilch und Honig unterrühren und ohne Deckel die Flüssigkeit nochmals langsam aufkochen. Dabei sollte nichts anbrennen oder überkochen. Vom Herd nehmen, sobald sich Schaum bildet oder die Milch aufsteigt.
3. Den Chai Latte durch ein kleines Sieb in zwei Becher gießen. Mit Zimt bestreuen und sofort genießen!

TIPPS:

— Rooibos-Tee kommt aus Südafrika und ist im Supermarkt oder Bioladen erhältlich. Er gilt als beliebte koffeinfreie Alternative zu schwarzem Tee.
— Für beste Resultate verwende ich frische Gewürze, denn durch die Lagerung verflüchtigen sich ihre ätherischen Öle.
— Ganze Gewürze können maximal 2 Jahre gelagert werden, gemahlene Gewürze sollten innerhalb von 12 bis 18 Monaten aufgebraucht werden. Keinesfalls im Kühlschrank aufbewahren, denn die Bildung von Kondenswasser fördert die Oxidation ihrer ätherischen Öle.

Pro Portion: Energie 469 kJ/112 kcal; Eiweiß 5 g; Fett 3 g; gesättigte Fettsäuren 0 g; Cholesterin 0 mg; Kohlenhydrate 15 g; Zucker 10 g; Ballaststoffe 3 g; Kalzium 216 mg; Eisen 0,9 mg; Natrium 101 mg

„Mein köstlicher Chai Latte enthält auch
frischen Ingwer – ein Tipp, den ich
auf einer Kamelsafari in Puhskar (Indien)
aufgeschnappt habe."

Gesunde Speisepläne für alle Gelegenheiten

Hier habe ich einige Beispiele für Mahlzeiten mit Heileffekt für verschiedene Gelegenheiten zusammengestellt. Bereiten Sie diese mit einigen Extra-Zutaten zu – siehe Tipps in den Rezepten – oder experimentieren Sie mit anderen Kombinationen. Sie müssen nicht alle gleichzeitig verspeist werden (die Seitenangaben für alle Rezepte erleichtern das Auffinden).

Wochenendmahlzeiten für Vielbeschäftigte

- Braune-Linsen-Suppe mit Oregano (210)
- Warmer Favabohnen-Salat (118)
- Erbseneintopf mit Minze nach griechischer Art (106)
- Kichererbsen-Curry mit Kürbis und Spinat (142)
- Linsen-Bolognese mit Oliven und getrockneten Tomaten (154)

Lunchbox mit Snacks für Kinder

- Super-Energie-Bällchen (265)
- Tropische Fruchtschnitten (293)
- Selbst gemachtes Popcorn mit Olivenöl (290)
- Bircher-Müsli mit Beeren (275)
- Vietnamesische Reispapier-Röllchen (286)

Süßes zum heißen Getränk

- Birnen-Walnuss-Kuchen mit Rosinen (243) mit Cashew-Birnen-Creme (244)
- Pekannuss-Ingwer-Taler (272)
- Frische Datteln mit Mandelfüllung (289)
- Schoko-Walnuss-Brownies (268)
- Süße Nusskarrees (282)

Fast Food für Zuhause

- Schwarze-Bohnen-Burger mit frischer Salsa (102)
- Zucchini-Feta-Pizza mit Chili (115)

- Japanischer Sobanudelsalat mit Shiitakepilzen (130)
- Tofu-Burger mit Ingwer, Chili und Knoblauch (134)
- Mandel-Salbei-Pesto (215)

Lieblingsrezepte für Kinder

- Möhren-Orangen-Suppe (204)
- Gebratener Vollkornreis mit Cashewkernen (111)
- Walnuss-Sesam-Röllchen (124)
- Walnuss-Pilz-Bratlinge mit Tomatensauce (190) mit Einfacher Polenta (189)
- Spaghetti-Bolognese-Sauce mit Zimt (157)

Familiendesserts für jeden Tag

- Erdbeer-Bananen-Mousse (232)
- Japanisches Traubengelee (247)
- Echtes Bananeneis (228)
- Gefrorene Fruchtspieße (281)
- Polenta-Vanille-Pudding mit Feigen (239)

Snacks am Abend

- Gesalzene Edamame (285)
- Quitten-Apfel-Kompott mit Pflaumen (277)
- Gekochte Maronen (271)
- Kurkuma-Sojamilch (309)
- Hausgemachter Sojajoghurt (294)

Jetzt tiefkühlen – später essen

- Zitronige Kichererbsensuppe (203)
- Persischer Erbseneintopf mit Tomate und Limette (147)
- Süßkartoffel-Linsen-Suppe mit Zitrone (195)
- Linsen-Bulgur mit karamellisierten Zwiebeln (84)
- Dreierlei Dal mit Linsen, Kichererbsen und
  Bohnen (146)

Party-Mitbringsel

- Fatoush-Salat mit geröstetem Brot und Sumach (40)
- Freekeh mit aromatischen Gewürzen und
  Pinienkernen (91)
- Couscous mit Röstgemüse und marokkanischem
  Dressing (140)
- Tofuspieße mit indonesischer Satay-Sauce (161)
- Gefüllte Paprika mit Aubergine und Perlgraupen (80)

Rezepte für den Wochenend-Brunch

- Bircher-Müsli mit Beeren (275)
- Ägyptische Bohnen (172)
- Rührtofu mit Tomate (123)
- Geschmorte gelbe Peperoni mit Joghurtsauce (35)
- Knusperwaffeln mit Erdbeer-Rhabarber-Sauce (258)

Picknick- und Barbecue-Begleiter

- Paprika-Dip mit Walnüssen und Granatapfel (219)
- Graupensalat mit Tomaten, Feta und Pinienkernen
  (129)
- Zucchini-Bratlinge mit Frühlingszwiebeln (126)
- Wildreis-Salat mit Wasabi-Dressing (77)
- Schwarzaugenbohnen-Salat mit Zwiebeln und Zitrone
  (127)

Mediterrane Schlemmerteller

- Santorini-Fava-Dip (214)
- Griechischer Rote-Bete-Salat mit Zitrone und
  Olivenöl (48)
- Überbackene Auberginen mit Tomatensauce (180)
- Gegarte Endivienblätter mit Zitrone und Olivenöl (64)
- Zitronen-Ofenkartoffeln (82)

Hauptgerichte für Dinnerpartys

- Lasagne mit Röstgemüse (186)
- Marokkanische Tajine mit Gemüse und Kichererbsen (179)
- Kichererbsen-Schmortopf mit überbackenen
  Auberginen (183)
- Gemüse-Curry mit Kokosmilch und Kartoffeln (169)
- Gebackene Limabohnen in Tomatensauce (162)

Gehaltvolle Desserts mit Wow-Effekt

- Schoko-Trüffel-Törtchen mit Himbeeren (235)
- Apfel-Sauerkirsch-Strudel mit Walnüssen (257)
- Samtiger Käsekuchen mit Tofu und Vanille (236)
  mit Gemischter Beerensauce (231)
- Weihnachtlicher Früchtekuchen (250)
- Schokoladenmousse mit Haselnuss-Crunch (253)

Blutzuckersenkende Gerichte

- Indisches Kichererbsen-Tomaten-Curry (171)
- Bittermelonen-Bratlinge (121)
- Frische Borlottibohnen mit Zichorienblättern (108)
- Exotischer Bulgur mit Amaranthblättern (89)
- Persischer Kräutereintopf mit Schwarzaugenbohnen (148)

Cholesterinsenkende Kost

- Linsensuppe mit Mangold und Zucchini (207)
- Tofu-Schatzkästchen (165)
  mit Gedämpftem Baby-Pak-Choi mit Knoblauchsauce (61)

Speisepläne rund ums Jahr

Hier nun Vorschläge für Wochenspeisepläne für alle Jahreszeiten mit einer Auswahl von Rezepten, die möglichst auf minimal bearbeiteten pflanzlichen Lebensmitteln basieren. Meine Empfehlungen enthalten Nahrungsmittel und Gerichte für verschiedene Gelegenheiten, die die Aufnahme natürlicher pflanzlicher Nahrungsmittel deutlich steigern und zu einer vielseitigen Ernährung beitragen (Seitenangaben für Rezepte in Klammern).

Frühlings-Speiseplan

Mahlzeit	Sonntag	Montag	Dienstag	Mittwoch	Donnerstag	Freitag	Samstag
Frühstück	Rührtofu mit Tomate (123) + Geschmorte gelbe Peperoni mit Joghurtsauce (35) + gekochte Spinatblätter	Bio-Müsli + gemahlene Leinsamen + Mandeln + Erdbeeren + Sojamilch	Vollkornbrot + frische Avocado + Tomatenscheiben + gerebelter Oregano	Chia-Porridge + frische Früchte der Saison	Grünes Monster-Smoothie (301)	Graupen mit Pekannüssen und Sultaninen (278)	Bircher-Müsli mit Beeren (275)
Mittagessen	Türkischer Gemüse-Eintopf (137) + Sauerteig-Dinkelvollkornbrot mit Sonnenblumenkernen	Japanischer Sobanudelsalat mit Shiitakepilzen (130)	Gersten-Wrap, gefüllt mit Schmand aus Sonnenblumenkernen (218) + feste Tofustreifen + Rote-Bete-Salat mit Möhre und Minze (38)	Würziger Bulgur-Pilaw mit Aubergine (93) + Taboulé (58)	Bruschetta mit Schwarzaugenbohnen-Salat mit Zwiebeln und Zitrone (127)	Sandwich mit Paprika-Dip mit Walnüssen und Granatapfel (219) + Veggie-Burger + Rucola	Gefüllte Paprika mit Aubergine und Perlgraupen (80) + Daikon-Rettich-Salat mit Zitrone (70)
Abendessen	Warmer Favabohnen-Salat (118) + Vollkorn-Fladenbrot	Linsen-Bolognese mit Oliven und getrockneten Tomaten (154) + Vollkornnudeln (Penne)	Auberginen mit Mu-Err-Pilzen nach Szechuan-Art (166) + gedämpfter Vollkornreis mit Schwarzaugenbohnen	Würzige Kichererbsen mit Mangold und Zitrone (112)	Okraschoten mit aromatischer Tomatensauce (151) + Bohnenstampf mit Thymian (87)	Grünkohl und Kidneybohnen mit Knoblauch und Chili (114)	Lasagne mit Röstgemüse (186) + Grünkohl-Salat mit Avocado und Granatapfelkernen (62)

*Hinweis: Seitenangaben in Klammern verweisen auf die Rezepte in diesem Buch.
Dessert- und Snackideen, siehe Seiten 226 und 266.*

Sommer-Speiseplan

Mahlzeit	Sonntag	Montag	Dienstag	Mittwoch	Donnerstag	Freitag	Samstag
Frühstück	Knusperwaffeln mit heißer Erdbeer-Rhabarber-Sauce (258)	Einfache Polenta (189) + Chiasamenkleie + Sojamilch	Quinoa mit Zimt und Trockenobst + Hausgemachter Sojajoghurt (294)	Mehrkorn-Porridge mit Zimt + Walnüssen + Sonnenblumenkernen + Obstkompott + Sojamilch	Weizenkeimbrot + Nuss-Brotaufstrich + Quitten-Apfel-Kompott mit Pflaumen (277)	Hirse mit Macadamianüssen und Korinthen + Sojamilch	Vollkornfladenbrot + Zahtar mit Olivenöl extra vergine + Gurkenscheiben + Tomatenscheiben + Minzeblätter
Mittagessen	Süßkartoffel-Linsensuppe mit Zitrone (195) + Knäckebrot	Röstgemüse-Salat mit Orangen-Tahin-Dressing (67)	Pita-Brot + Cremiger Hummus (216) + Walnuss-Pilz-Bratlinge mit Tomatensauce (190) + gemischter Salat	Bruschetta und Auberginensalat mit Minze und roter Paprika (42)	Linsensuppe mit Mangold und Zucchini (207) + Soja-Leinsamen-Brot	Gebratener Vollkornreis mit Cashewkernen (111)	Kichererbsen-Schmortopf mit überbackenen Auberginen (183) + Wirsingsalat mit Zitronendressing (51)
Abendessen	Zucchini-Feta-Pizza mit Chili (115)	Kichererbsen-Curry mit Kürbis und Spinat (142) + gedämpfte Naturreis-Wildreis-Mischung	Gelbe Schälerbsensuppe mit Lauch und Thymian (209) + Vollkornbrot	Penne mit cremiger Pilz-Spinat-Sauce (156) + Shirataki-Nudeln (168)	Tofuspieße mit indonesischer Satay-Sauce (161) + Gedämpfter Baby-Pak-Choi mit Knoblauchsauce (61) + Chinesische Glasnudeln mit Bohnensprossen (78)	Couscous mit Röstgemüse und marokkanischem Dressing (140)	Tofu-Schatzkästchen (165) + Exotischer Bulgur mit Amaranthblättern (89)

Hinweis: Seitenangaben in Klammern verweisen auf die Rezepte in diesem Buch. Dessert- und Snackideen, siehe Seiten 226 und 266. „Quinoa mit Zimt und Trockenobst" (Dienstag) und „Hirse mit Macadamianüssen und Korinthen" (Freitag) sind Rezepte aus The Breakfast Book von Sue Radd.

Herbst-Speiseplan

Mahlzeit	Sonntag	Montag	Dienstag	Mittwoch	Donnerstag	Freitag	Samstag
Frühstück	Ägyptische Bohnen (172) + Tomatenwürfel + Zwiebelwürfel + Vollkorn-Pita-Brot	Porridge mit Zimt + Walnüsse + Chiasamen + Blaubeeren + Sojamilch	Dunkles Roggentoast + Cremiger Hummus (216) + Tomatenscheiben + gerebelter Oregano	Einfache Polenta (189) + gemahlene Leinsamen + Sojamilch	Mehrkorn-Porridge + Mandeln + Sonnenblumenkerne + Dattel-Karamell-Sauce (230) + Sojamilch	Hirse mit Macadamianüssen und Korinthen + Sojamilch	Möhren Zucchini-Muffins mit Rosmarin
Mittagessen	Knusprige Auberginen-Täler mit Paprika-Knoblauch-Sauce (152) + Vollkornbrot + Fenchel-Rucola-Salat mit Apfel (44)	Vollkornbrötchen + Cremiger Hummus (216) + Zucchini-Bratlinge mit Frühlingszwiebeln (126) + gemischter grüner Salat + Tomatenscheiben	Sellerie-Blumenkohl-Suppe (197) + Sauerteig-Dinkelvollkornbrot mit Sonnenblumenkernen	Linsen-Bulgur mit karamellisierten Zwiebeln (84) + Tomatensalat mit Gurke und Brunnenkresse	Auberginen-Paprika-Sauce mit Korinthen (158) + Vollkorn-Penne	Tofu-Burger mit Ingwer, Chili und Knoblauch (134)	Indisches Tofu-Curry mit Kartoffeln und Blumenkohl (145) + Dreierlei Dal (146) + gedämpfter Vollkornreis
Abendessen	Schwarze-Bohnen-Burger mit frischer Salsa (102)	Braune-Linsensuppe mit Oregano (210) + Leinsamen-Soja-Brot	Spaghetti-Bolognesesauce mit Zimt (157) + Vollkornspaghetti + Sizilianischer Orangen-Fenchel-Salat (52)	Erbseneintopf mit Minze nach griechischer Art (106) + Mischung aus Vollkornreis und roter Quinoa	Bohnen-Möhren-Suppe mit Petersilie (201) + Sauerteig-Dinkelvollkornbrot mit Sonnenblumenkernen	Walnuss-Pilz-Bratlinge mit Tomatensauce (190) + Einfache Polenta (189) + grüner Blattsalat	Graupenrisotto mit Steinpilzen und Salbei (83) + Kohlrabi-Apfel-Salat mit Minze (47)

Hinweis: Seitenangaben in Klammern verweisen auf die Rezepte in diesem Buch.
Dessert- und Snackideen, siehe Seiten 226 und 266. „Hirse mit Macadamianüssen und Korinthen" (Freitag) und „Möhren-Zucchini-Muffins mit Rosmarin" sind Rezepte aus The Breakfast Book von Sue Radd.

Winter-Speiseplan

Mahlzeit	Sonntag	Montag	Dienstag	Mittwoch	Donnerstag	Freitag	Samstag
Frühstück	Knusperwaffeln mit Erdbeer-Rhabarber-Sauce (258)	Bircher-Müsli (275) mit Papaya und Passionsfrucht	Soja-Leinsamen-Brot + Mandelaufstrich	Mehrkorn-Porridge + gemahlene Leinsamen, gemahlen + Körner + Pflaumen + Sojamilch	Sauerteig-Vollkornbrot mit Dinkel und Sonnenblumenkernen + Tahin + Bananenstücke	Chia-Porridge + Saisonobst	Graupen mit Pekannüssen und Sultaninen (278)
Mittagessen	Schwarzaugenbohnen-Salat mit Zwiebeln und Zitrone (127) + Griechischer Kartoffelsalat (94) + Griechischer Bauernsalat (56)	Bittermelonen-Bratlinge (121) + Wildreis-Salat mit Wasabi-Dressing (77)	Graupensalat mit Tomaten, Feta und Pinienkernen (129)	Vollkornbrötchen mit Bio-Erdnussbutter + gemischter Salat	Schwarze-Bohnen-Salat mit Orange, Koriander und Minze (120)	Bohnensprossensalat mit Avocado und roter Papaya (32)	Gebackene Limabohnen in Tomatensauce (162) + Griechischer Rote-Bete-Salat mit Zitrone und Olivenöl (48) + Gegarte Endivienblätter mit Zitrone und Olivenöl (64)
Abendessen	Zitronige Kichererbsensuppe (203) + Knäckebrot mit vielen Körnern	Mandel-Salbei-Pesto (215) + Algennudeln (101)	Mediterrane Schmorbohnen mit Tomate (133) + Oliven + Sauerteig-Vollkornbrot	Gedämpfter Seidentofu mit Knoblauchsauce (105) + Geschmorte Kai-lan mit Ingwer-Knoblauch-Sauce (73) + gedämpfter roter Reis	Persischer Erbseneintopf mit Tomate und Limette (147) + gedämpfte Hirse und weiße Quinoa	Gemüse-Curry mit Kokosmilch und Kartoffeln (169) + Mischung aus gedämpftem roten Reis und Vollkornreis	Marokkanische Tajine mit Gemüse und Kichererbsen (179) + gedämpfte weiße Quinoa

Hinweis: Seitenangaben in Klammern verweisen auf die Rezepte in diesem Buch. Dessert- und Snackideen, siehe Seiten 226 und 266.

SO
GELINGT EIN
GESUNDES
LEBEN

Jede Mahlzeit zählt

Was mich schon immer fasziniert hat, ist die Tatsache, dass man nach einer Mahlzeit Tausende von Genen im Körper an- und abschalten kann; dadurch werden Prozesse wie etwa Entzündungen, oxidativer Stress und Insulinresistenz unterdrückt oder verstärkt. Diese Stoffwechselvorgänge können Erkrankungen auslösen oder verschlimmern.

Schleichende Erkrankungen auf einen Blick

Chronisch-systemische Entzündung: Unkontrollierbare, weitreichende Entzündung im Körper, die verschiedene Organe angreift und nicht mehr abklingt. Anfangs löst das Immunsystem einen natürlichen Abwehrmechanismus aus, doch kann eine solche Entzündung unter dem ständigen Einfluss von Ernährungs- und Lebensgewohnheiten chronisch werden. Eine chronisch-systemische Entzündung ist definitiv krankheitsfördernd; im Laufe der Zeit kann sie zu Diabetes, Arteriosklerose sowie zu einer verminderten Leistung von Gedächtnis und Gehirn führen.

Oxidativer Stress: Das körperliche Trauma, wenn das Verhältnis zwischen Freien Radikalen (Beschädigung von DNA, Fettsäuren und Proteinen) und dem körpereigenen antioxidativen Abwehrsystem aus dem Gleichgewicht gerät. Die natürlichen Antioxidantien blockieren die schädigende Wirkung von Freien Radikalen, was auch durch eine entsprechende Ernährung unterstützt werden kann. Haben die Körperzellen einmal einen oxidativen Schaden genommen, ist dieser irreversibel und Herzleiden, Krebs, Alterungsprozesse und Ähnliches werden begünstigt.

Insulinresistenz: Ein Erkrankungszustand, bei dem der Körper nicht mehr normal auf das von ihm ausgeschüttete Hormoninsulin reagiert, was zu stark erhöhten Blutzucker- und Insulinwerten und letztlich zu Diabetes Typ 2 führt. Häufig erhöhte Insulinwerte werden mittlerweile auch mit vielen anderen Erkrankungen in Verbindung gebracht, u. a. mit Herzleiden, Brust- und Darmkrebs.

In den Blutgefäßen

Eine kleinere Studie an gesunden freiwilligen Probanden hat gezeigt, dass die normale Entspannungsfähigkeit ihrer Arterien durch Aufnahme von fetthaltigem Fast Food schon nach einigen Stunden um 50 Prozent vermindert war! Obwohl eine ungesunde Mahlzeit die Blutgefäße funktionell beeinträchtigen kann, wenn diese innere Entzündung allmählich abgebaut wird – nach fünf oder sechs Stunden –, strapazieren viele Menschen ihre Arterien weiterhin, indem sie weitere ungesunde Kalorienbomben mit hohem Fettanteil zu sich nehmen. Es ist nicht schwer zu erkennen, warum Menschen mit ungesunder Ernährungsweise unter chronischen Entzündungen leiden, denn diese regen mit jeder Mahlzeit die Entzündung neu an.

In den Lungen

Nicht nur die Arterien werden beeinträchtigt. Kurz nach dem Essen einer einzigen entzündungsfördernden Mahlzeit wird auch die Anti-Asthma-Wirkung von Medikamenten in den Lungen abgeschwächt. Eine Studie der Universität Newcastle in Australien zur Stabilisierung von Asthmatikern hat nachgewiesen, dass vier Stunden nach dem Verzehr einer kalorienreichen Fast-Food-Mahlzeit mit hohem Fettgehalt im Vergleich zu einer kalorien- und fettarmen Mahlzeit (mit fettarmem Joghurt) die Atemwege deutlich stärker entzündet waren und bronchienerweiterndes Ventolin sich in seiner Wirkung nicht richtig entfalten konnte.

Im Darm

Die Bakterienflora verändert sich schon innerhalb eines Tages nach einer Ernährungsumstellung – im positiven wie im negativen Sinne. Da in unserem Darmsystem zehn Mal mehr Darmbakterien aktiv sind als wir insgesamt Körperzellen besitzen, sollten wir mit unserer Ernährungsweise ein gutes Gleichgewicht zwischen gesunden und schädlichen Bakterienkolonien fördern. Vor über 20 Jahren konnten sich nur wenige vorstellen, dass ein Dickdarm für den allgemeinen Gesundheitszustand eine so wichtige Rolle spielt. Wie man Erkrankungsrisiken oder fast jede chronische Ekrankung in den Griff bekommt, hängt letzten Endes davon ab, ob der Darm gesund ist; dies ist für unser Immunsystem entscheidend. Im Darm befinden sich nämlich 70 bis 80 Prozent der Immunzellen.

Während Probiotika (vermehrungsfähige Bakterienkulturen) verdauungsfördernd sind und Schutz vor schädlichen Mikroben bieten können, ist ihre Wirkung zeitlich begrenzt, wenn sie nicht ständig eingenommen werden. Es bedarf also eines regelmäßigen Verzehrs präbiotischer Nahrungsmittel. Diese sind ballaststoffreich und halten die Darmflora gesund. Meine Rezepte enthalten jede Menge unterschiedliche Arten von Ballaststoffen und präbiotischen Zutaten!

Mikrobiota: Früher Darmflora genannt, versteht man unter Mikrobiota die Gesamtheit der Bakterienkolonien und anderer Mikroben, einschließlich Hefen und Viren, die im Verdauungstrakt aktiv sind. Sie sind wichtig für einen geregelten Stoffwechsel, Immunfunktion und Gewichtskontrolle. Das Darmmilieu kann durch Antibiotika, Probiotika und präbiotische Lebensmittel und sogar durch eine Stuhltransplantation (!) beeinflusst werden. Der regelmäßige Verzehr präbiotischer Lebensmittel erhöht die Vielfalt der Mikrobiota, was letztendlich der Gesundheit zuträglich ist.

Mikrobiom: Das kollektive Genom unserer intestinalen Mikrobiota (verwandt mit dem Humangenom, zu dem alle unsere Gene gehören), die durch DNA-Sequenzierung untersucht wird. Das Mikrobiom ist hierbei entscheidend, weil es die bakteriellen Metaboliten (Stoffwechselprodukte) genetisch anweist, wie sie Lebensmittel, die ihnen als Nahrungsgrundlage zugeführt werden, abzubauen haben. Diese Stoffwechselprodukte senden Signale an diverse Organe im Körper aus. Einige sind bösartig und lösen Entzündungen und Krankheiten aus, während andere entzündungslindernd wirken und das Immunsystem stärken. Das Genom bleibt lebenslänglich unverändert, das Mikrobiom aber unterliegt einem ständigen Wandel.

Dysbiose: Wenn schädliche Darmbakterien die Oberhand gewinnen und für einen „schlechten Bakterienmix" sorgen, der für die meisten Stoffwechselstörungen verantwortlich ist. Von schlechten Bakterien hervorgebrachte Endotoxine können die Darmschleimhäute beschädigen (Leaky-Gut-Syndrom) und durch die Darmwände in den Blutkreislauf gelangen. Sorgen Sie deshalb für ein gesundes Gleichgewicht, indem Sie deutlich mehr präbiotische Nahrungsmittel zu sich nehmen, die das Wachstum gesunder Darmbakterien fördern.

Präbiotika: Arten von gärfähigen Ballaststoffen und Stärken aus pflanzlichen Nahrungsmitteln, die unverdaut durch den Darm wandern und schließlich das Wachstum vorteilhafter Bakterien fördern; dazu zählen u. a. Weizen, Haferflocken, Polenta, Sojabohnen, Linsen, Zichorienwurzel, Topinambur, Lauch, Zwiebeln, Bananen, Mandeln, Honig und viele mehr.

Probiotika: Gesundheitsfördernde, lebende mikrobielle Ergänzungen, denen Präbiotika als Nahrungsgrundlage dienen. Probiotisch wirkende Bakterien befinden sich auch in Joghurts, jedoch sind nicht alle fermentierten Lebensmittel probiotisch angereichert. Probiotika können bei Durchfall, Darmentzündung, Asthma, Diabetes Typ 1, Allergie, Reizdarm und Erkältung helfen.

Wie auch immer man die Sache betrachtet: Wenn Sie länger leben und die Risiken immer häufiger auftretender Zivilisationskrankheiten meiden wollen, dann kommt es auf jede Mahlzeit an. Eine ballaststoffarme Ernährung, die hauptsächlich auf tierischen Lebensmitteln basiert, führt zu Dysbiose und dereguliert ein gesundes Mikrobiom (Schaltzentrale des Immunsystems). Die beste Möglichkeit, eine hungrige Darmflora zu sättigen, so zumindest zeigt es eine zunehmende Zahl an Untersuchungen, ist der reichliche Verzehr von naturbelassener Pflanzenkost.

Im Einklang mit der biologischen Uhr

Um das chronische Erkrankungsrisiko zu mindern, sollten Sie darauf achten, zu welchen Tages- und Nachtzeiten Sie essen; so kann der richtige Stoffwechsel-Rhythmus verinnerlicht werden. Wissenschaftler haben entdeckt, dass in unserem Körper über 20 biologische Uhren ticken, wobei das Hauptuhrwerk im Hirn sitzt. Leber und sogar Darm arbeiten nach ihrem eigenen Takt. Die individuelle Auswahl und der Zeitpunkt der Nahrungsaufnahme regulieren im Wesentlichen diese inneren Zeitzonen. Biorhythmus-Forschungen zufolge sind unsere Körperfunktionen auf einen 24-Stunden-Zyklus eingestellt. Es gibt mehrere komplexe Stoffwechselwege zur optimalen Synchronisation aller Abläufe. Sämtliche Prozesse werden durch genetisch kodierte Zeitzyklen koordiniert.

Beispielsweise erreicht unser Körper die besten Insulinwerte, wenn Kohlenhydrate früh am Tag aufgenommen werden. Das ist der Grund, warum die Insulinresistenz immer höher ist, wenn wir unabhängig von einer Diabetes am Abend Kohlenhydrate zu uns nehmen. Auch Knabbereien zu später Stunde sind immer eine schlechte Idee! Es überrascht also nicht, dass spätes Essen immer wieder mit Übergewicht und anderen Gesundheitsproblemen einhergeht. Selbst Darmkontraktionen, die das Essen durch den Verdauungstrakt schieben, sind gegen 8.30 Uhr häufiger, während sie gegen 22.30 Uhr aufhören zu arbeiten. Diese Muskelkontraktionen werden von unseren inneren Uhren reguliert; deshalb sollten wir vor allem immer zeitig essen. Wenn wir zu den falschen Zeiten essen, irritieren wir den natürlichen Biorhythmus und die Zeitzyklen geraten durcheinander; so steigt auch das Risiko, vorzeitig zu erkranken.

Jede Mahlzeit zählt. Die Auswirkungen machen sich sofort im ganzen Körper und in jeder Körperzelle bemerkbar. Fangen Sie besser heute als morgen an! Für eine Ernährung, die Ihre Gesundheit fördert, ist es nie zu spät.

Lebensmittel statt Nährstoffe

Wenn Ihre Ernährung nur auf einen bestimmten Nährstoff abzielt, wie etwa die Zufuhr einer täglichen Dosis von exakt 200 Gramm Eiweiß, dann ist Ihnen das Wesentliche entgangen. Wir wissen inzwischen, dass Gesundheit und Krankheit von der Ernährungsweise abhängen, nicht von einzelnen Nährstoffen. Wichtiger als ein einzelner Nährstoff ist die Qualität der Kalorien.

Apropos fettarm: Neueren Forschungen zufolge kann sich durch eine fettreduzierte Ernährung das Schlaganfallrisiko erhöhen. Es kommt immer darauf an, durch was die schlechten (gesättigten) Fettsäuren ersetzt werden. Werden sie gegen gute (ungesättigte) Fettsäuren in Nüssen und Olivenöl extra vergine oder durch vollwertige Kohlenhydrate mit niedrigem Glyx-Wert ausgetauscht, verringert sich damit auch das Herzinfarkt- und Schlaganfallrisiko. Werden sie jedoch durch Kalorien aus raffinierten, kohlenhydrathaltigen Lebensmitteln wie weißem Reis oder zuckergesüßten Getränken ersetzt, entsteht ein deutlich höherer Schaden.

Eine große Studie in Dänemark, bei der die Entwicklung gesunder Menschen über einen Zeitraum von zwölf Jahren verfolgt wurde, hat gezeigt, dass das Herzinfarktrisiko deutlich ansteigt, wenn gesättigte Fettsäuren durch Kohlenhydrate mit hohem Glykämischem Index (Seite 346) ersetzt werden. Das Forschungsresultat stellt keinen Freibrief für Butter oder Sahne dar. Inzwischen ist bekannt, dass bearbeitete Kohlenhydrate sogar schädlicher als gesättigte Fettsäuren sind. Diese schaden nämlich insbesondere Übergewichtigen mit bereits bestehenden Insulinresistenzproblemen, da ihr Körper einfach nicht mehr mitspielt. Stark bearbeitete, kohlenhydrathaltige Lebensmittel sind deshalb gesundheitsschädlich. Leider aber wird das Prädikat „fettarm" auf vielen Lebensmitteletiketten besonders hervorgehoben, weil sich das Produkt damit besser verkauft. Doch wodurch wurde dieses Fett ersetzt?

Während die von der Amerikanischen Herz-Vereinigung empfohlene fettarme Kost einen erhöhten Cholesterinspiegel senken kann, belegen Studien, dass sich das Risiko eines Herzinfarkts durch eine fetthaltige Mittelmeerkost und eine rein pflanzliche Ernährungsweise sehr wohl verringert. Einige Rohkost-Fans orientieren sich an einer gesunden fettreichen Kost, weil sie dadurch pflanzliche Nahrungsmittel bis hin zu Nüssen und Samen großzügig konsumieren können, während sie raffinierte Pflanzenkost oder Kokosöle reduzieren.

Bei den meisten Diäten muss einigen Nährstoffen wie Natrium (Salz) und Transfettsäuren mehr Beachtung geschenkt werden. Erstere gilt es zu begrenzen, letztere ganz zu meiden. Veganer und Menschen über 50 hingegen benötigen mehr Vitamin B_{12}. Bei einer abwechslungsreichen und naturbelassenen, überwiegend pflanzlichen Kost bleiben die meisten Vitalstoffe erhalten.

Sollten Sie Ihren Salzkonsum drastisch kürzen?

Viele nehmen durch bearbeitete Lebensmittel und Fast Food übermäßig viel Natrium (Salz) auf. Gesundheitsbehörden empfehlen in der Regel für Erwachsene bis zu maximal 2.300 mg Natrium pro Tag. Wer älter und übergewichtig ist oder bereits einen hohen Blutdruck hat oder wer seinen niedrigen Blutdruck dauerhaft erhalten will, sollte die aktuell empfohlene Tagesdosis an Natrium und anderer Salze (inklusive Gourmetsalze) von 1.600 mg nicht überschreiten.

Nährstoffe und Gene im Dialog

Eine Studie an Zwillingen in Dänemark hat gezeigt, dass nur etwa zehn Prozent unserer Lebensdauer allein von den Genen bestimmt wird, die restlichen 90 Prozent sind lebensstilabhängig. Auf dem spannenden Feld der Nutrigenomik werden gerade zahlreiche Interaktionen zwischen Nährstoffaufnahme und Genexpression enthüllt. Diese Interaktionen können chronische Erkrankungsprozesse fördern oder auch stoppen. Was jemand isst, wird sogar noch wesentlich wichtiger, wenn seine Gene nicht perfekt sind – und das gilt für die meisten von uns.

Ein Beispiel für eine vorteilhafte Gen-Nährstoff-Interaktion ist die Art, wie die Pflanzennährstoffe namens Indole-3-Carbinol (I3C) und Isothiozyanat (von Kreuzblütlern wie Brokkoli, Rucola und Rettich abgeleitet) zu den Genen sprechen, um interne Detox-Mechanismen zu verstärken und damit das Krebsrisiko zu verringern. Aufgrund eines weitverbreiteten Polymorphismus – ein Gen in leicht abgewandelter Form, das von seiner beabsichtigten Funktion etwas abweicht – mangelt es der Hälfte der Bevölkerung an einem wichtigen Leber-Entgiftungsenzym, der sogenannten Glutathion-S-Transferase (GST); dadurch verstärkt sich bei ihnen das genetisch veranlagte Risiko, an Krebs zu erkranken.

Laut Nutrigenomik können die Betroffenen, wenn sie dreimal pro Woche Brokkoli essen, dieses fehlende Enzym ausgleichen und damit ihr erhöhtes Krebsrisiko halbieren. Sogar Personen ohne GST-Mangel, die regelmäßig Brokkoli essen, scheinen damit ihr Krebsrisiko um 20 Prozent zu mindern. So deutet einiges darauf hin, dass Isothiozyanate die internen Detox-Mechanismen verstärken, indem sie mit verschiedenen maßgebenden Genen kommunizieren.

Die wichtige Botschaft ist: Krankheiten werden nicht allein durch Gene bestimmt. Letztere funktionieren, weil sie aktiviert oder deaktiviert werden. Die Ernährung spielt in diesem Prozess eine wesentliche, bisher unterschätzte Rolle.

Fit durch Ernährung statt durch Medikamente

In der Ernährungsforschung wird nachdrücklich betont, dass sich bis zu 90 Prozent aller chronischen Erkrankungen durch eine gesunde Ernährungs- und Lebensweise verhindern lassen. Entsprechende Maßnahmen können wirksamer sein als jede ärztlich empfohlene Therapie. Aber wie bei der Schulmedizin gilt es auch hier, die „Lebensstil-Medizin" jeden Tag einzunehmen, um beste Ergebnisse zu erhalten.

CHOLESTERIN

Viele Leute können eine medikamentöse Behandlung umgehen, indem sie ihre Ernährung auf eine Auswahl an einzigartigen pflanzlichen Cholesterinsenkern stützen – kurz Portfolio-Diät genannt (Seite 336). Dazu gehören unter anderem Soja, Nüsse, viskose Ballaststoffe und Pflanzensterine. Wer bereits Medikamente einnimmt, kann – wie wissenschaftlich nachgewiesen wurde – ihre Wirksamkeit verstärken; und so vielleicht auch die ärztlich verordnete Arzneidosis und das Risiko unerwünschter Nebenwirkungen reduzieren. Klinischen Forschungen zufolge soll es möglich sein, schädliches Cholesterin um 30 Prozent zu senken, je nachdem wie gut diese Diät eingehalten wird.

Cholesterin ist aber nur zu 50 Prozent an Herzerkrankungen beteiligt. Entzündungen und andere Prozesse, die in diesem Kochbuch (Seite 322) erläutert werden, sind für die anderen 50 Prozent verantwortlich. Zum Glück wendet die pflanzliche Vollwertkost alles zum Besseren.

HERZINFARKT

Selbst wenn Sie bereits einen Herzinfarkt hatten, lässt sich laut Ergebnis der Lyon-Herz-Studie durch eine Mittelmeerkost das Rezidivrisiko halbieren. Man hat außerdem festgestellt, dass Personen, die sich entsprechend ernähren, nicht so häufig an diversen Krebsleiden erkranken und einen deutlichen Rückgang in allen Fällen eines vorzeitigen Todes zeigen. Diese Ernährung funktionierte vergleichsweise auch besser als Arzneimittel oder die von der Amerikanischen Herz-Vereinigung empfohlene fettarme Ernährung.

Die PREDIMED-Studie in Spanien zeigte, dass das Risiko eines erstmaligen Herzinfarkts durch die Mittelmeerkost um 30 Prozent sinkt; im Gegensatz zu einer fettarmen Diät war hier allerdings zusätzliches Fett aus Nüssen (30 g pro Tag) oder Olivenöl extra vergine (4 EL pro Tag) erlaubt. Nicht jedes Fett ist schlecht. Natürliche Pflanzenfette, die in diesem Kochbuch verwendet werden, haben eine spezielle Heilwirkung.

Entzündungshemmende Alternativen

ENTZÜNDUNGSFÖRDERNDE LEBENSMITTEL		ENTZÜNDUNGSHEMMENDE LEBENSMITTEL
Weißbrot	⟶	Vollkornbrot mit Samen und Kernen, Sauerteig
Kartoffelchips	⟶	Ungesalzene, ungeröstete Nüsse
Raffiniertes Pflanzenöl mit hohem Anteil an Omega-6-Fettsäuren (z. B. Distelöl)	⟶	Nicht raffiniertes Pflanzenöl mit hohem Anteil an Omega-9- und Omega-3-Fettsäuren (z. B. Olivenöl extra vergine, Leinsamenöl, Chiasamenöl)
Rotes Fleisch	⟶	Hülsenfrüchte, Nüsse, Fisch (Lachs, Thunfisch, Sardinen)
Hackfleisch	⟶	Strukturiertes Pflanzeneiweiß (TVP-Granulat) oder Gemüseschnipsel, Pilze, gehackte/gemahlene Nüsse
Bearbeitetes Fleisch	⟶	Sojasteaks, Soja-Speckersatz
Süßigkeiten	⟶	Trockenobst, dunkle Schokolade mit mindestens 85 % Kakaoanteil (roh und nicht weiter bearbeitet)

INSULINRESISTENZ UND DIABETES

Wenn Sie an einer Insulinresistenz leiden (die u. a. zum Polyzystischen Ovarialsyndrom, kurz PCOS, führen) oder sich auf der Vorstufe zu einer Diabetes befinden, sind laut bekannter Studien zur Diabetes-Prophylaxe eine bessere Auswahl an Nahrungsmitteln und – bei Übergewicht – mehr tägliche Bewegung und eine leichte Gewichtsabnahme doppelt so vorbeugend für den Diabetes Typ 2 als das meist verschriebene Medikament Metformin. Sie wären also unvernünftig, wenn Sie es nicht mit gesunder Ernährung versuchen würden. Und jeder Arzt sollte diese als Erstes verschreiben.

Nutzen der Lifestyle-Medizin

Obwohl es gegebenenfalls Spielraum für noch drastischere Maßnahmen gibt, setzen wir zu sehr auf Medikamente und chirurgische Eingriffe. Viele Menschen lassen die großen Vorteile durch einfache Verbesserungen ihrer Lebensweise völlig außer Acht. Ein Mehr an naturbelassener Pflanzenkost kann jedoch in vielen Fällen präventiv wirken. Hierzu einige Beispiele:

HERZKRANKHEIT

Ihr Herz ist sehr nachsichtig. Studien haben bewiesen, dass Erwachsene ihre Herzrisiken durch eine verbesserte Lebensweise minimieren können. Mit einer interessanten Studie, die über einen Zeitraum von 20 Jahren an 5.000 jungen Erwachsenen durchgeführt wurde, sollte untersucht werden, ob eine gesunde Lebensweise die Verdickung und Verkalkung zweier wichtiger Herz- und Hirnarterien (Arteriosklerose) beeinflussen kann. Mit jeder positiven Lebensveränderung ging die Arterienverstopfung nachweislich zurück. Wurde aber beispielsweise die gesunde Ernährungsweise wieder aufgegeben, verhärteten sich die Arterien stärker. Solche Veränderungen prognostizieren deutlich einen Herzinfarkt oder Schlaganfall im mittleren Lebensalter. Erwachsensein heißt also nicht, dass man „auf der sicheren Seite" ist und gesunde Gewohnheiten aufgeben kann, sondern dass man sie noch intensiver pflegen muss.

Laut der im Zuge der zweijährigen PREDIMED-Studie ausgewerteten Daten konnten bei Menschen mit hohem Herzinfarkt- und Schlaganfallrisiko durch die Mittelmeerkost mit 30 Gramm Nüssen pro Tag Verhärtungen und Ablagerungen in der Hirnschlagader hinausgezögert werden; demgegenüber führte eine fettarme Ernährung ohne zusätzlichen Verzehr von Nüssen zur weiteren Arterienverengung.

Je früher Sie Ihre Familie auf Kurs bringen, desto besser! Eine kleinere Studie an der Klinik Cleveland hat gezeigt, dass sich bei sehr übergewichtigen Kindern durch eine pflanzliche Kost schon nach vier Wochen neun Messwerte in Bezug auf Herz- und Blutgefäßerkrankungen (in diesem Fall fettarme Ernährung mit entsprechend weniger Kalorien) verbessert haben; dazu gehörten u. a. Body-Mass-Index (BMI), Cholesterin, systolischer Blutdruck und C-reaktives Protein (CRP), einem systemischen Entzündungsmarker. Hingegen haben sich in einer weiteren Gruppe mit Kindern, denen gemäß Empfehlungen der Amerikanischen Herz-Vereinigung zu einer gesunden Ernährung aus Fleisch und pflanzlicher Kost geraten wurde, nur vier dieser Messwerte verbessert.

KREBS

Laut Prognose der internationalen Krebsforschungsagentur sollen in den kommenden 20 Jahren Krebser-krankungen um 75 Prozent zunehmen. Behandlung allein ist nicht ausreichend; präventive Maßnahmen sind von grundlegender Bedeutung. Laut Forschungsergebnissen, die im *American Journal of Clinical Nutri-tion* erschienen sind, hatten von 500.000 Probanden, die 13,6 Jahre beobachtet worden waren, diejenigen ein deutlich geringeres Krebs- und Sterberisiko und waren weniger von Krankheiten mit tödlichem Verlauf betroffen, die sich stärker an die Krebsvorsorge-Richtlinien der Amerikanischen Krebsgesellschaft gehalten hatten. Fazit der Forscher: Neben Nikotinverzicht ist es besonders wichtig, an gesunden Ernährungs-gewohnheiten festzuhalten, auch im Hinblick auf Alkoholkonsum, Körpergewicht und Bewegung.

Dr. Dean Ornish, Gründer des *Preventive Medicine Research Institute* (Forschungsinstituts für Präventiv-medizin) in Kalifornien, wollte herausfinden, ob veränderte Lebensweisen, inklusive Umstellung auf eine pflanzliche Ernährung, innerhalb eines Jahres bei Prostata-Krebserkrankungen einen Unterschied machen können, vor allem bei Männern, die sich gegen eine medikamentöse Behandlung und deren Nebenwirkun-gen entschieden hatten. Dr. Ornish stellte fest, dass bei Männern, die ihre Ernährungs- und Lebensweise änderten, die PSA-Werte (Mengen des prostata-spezifischen Antigens) um vier Prozent sanken, während in der „konventionellen Behandlungsgruppe" mit Männern, denen nicht zu einer Radikalumstellung geraten worden war, ein Anstieg um sechs Prozent verzeichnet wurde, was für eine fortschreitende Erkrankung sprach. Zudem wurde den Männern der ersten Gruppe ein Serum entnommen, das im Reagenzgläschen das Wachstum von Prostatakrebszellen achtmal stärker blockierte als das Serum aus der konventionellen Gruppe.

Eine Nachkontrolle im Rahmen dieser Studie hat zudem ergeben, dass die Männer mit weitreichenden Veränderungen der Lebensweise deutlich längere Telomere hatten. Warum ist das wichtig? Telomere sind die Schutzkappen unserer Erbgutfäden (Chromosomen) und deren Verkürzung ist ein Erkrankungs- und Alterungsmarker. Könnten wir die Verkürzung der DNA-Enden stoppen, wären wir auch in der Lage, dem Altern entgegenzuwirken!

Wenn Sie oder ich Krebsüberlebende wären oder anderweitig lebensbedrohlich erkrankten, wäre uns sehr daran gelegen, dass einwandfreies Blut durch unseren Körper fließt, das den Krankheitsverlauf verzögert. Das „Erfolgsgeheimnis" ist eine naturbelassene pflanzliche Kost. Zwar gibt es laufend Fortschritte in der Behandlung von Krebsleiden, sei es durch Bestrahlung, Chemotherapie oder durch operative Eingriffe, doch wird eine pflanzliche Ernährungsweise in Zukunft bei der Minderung von Risiken und Folgen diverser Krebs-leiden als sicherste Methode eine zentrale Rolle spielen.

Die Ornish-Pilotstudie „Lifestyle-Heart-Trial" belegte zum ersten Mal, dass durch intensive Veränderungen der Lebensweise inklusive einer fettarmen vegetarischen Ernährung mäßige bis schwere koronare Herzkrankheiten rückgängig gemacht werden können. Nach nur einem Jahr stellte sich heraus, dass sich bei Patienten, die sich an die ihnen verordnete „Lifestyle-Medizin" hielten, die Durchblutung der Herzkranzgefäße um durchschnittlich 4,5 Prozent verbessert hatte. Nach fünf Jahren lag die Verbesserungsquote sogar bei 7,9 Prozent. Demgegenüber verschlechterte sich die Koronarverengung um 5,4 Prozent bei Patienten, die ihre Lebensweise beibehalten hatten.

Die gute Nachricht ist: Ihr Körper besitzt bemerkenswerte Selbstheilungskräfte und kann sich zudem schneller und effektiver regenerieren als bisher angenommen. Dr. Ornish hat auf diesem Gebiet eine große Pionierleistung vollbracht, indem er nachwies, dass eine einfache, kostengünstige Veränderung des Lebensstils genauso gut oder sogar besser als Medikamente wirkt beziehungsweise bei diversen Krankheiten weitaus wirksamer ist als die Medizintechnik. Die Rezepte in diesem Kochbuch werden Ihnen zeigen, wie sich eine gesunde Ernährungsweise auch in Ihrem Leben umsetzen lässt.

Warum populäre Diäten nicht funktionieren (vor allem für die Gesundheit)

Anders als diverse Trenddiäten zielt mein Kochbuch nicht allein auf eine Gewichtsabnahme ab und verliert auch die gesundheitlichen Aspekte nicht aus dem Blick – stattdessen verschreibe ich eine Wellness-Rezeptur! Wenn Sie der Waage erfolgreich und dauerhaft trotzen wollen, dann steigen Sie möglichst auf eine pflanzliche Kost um. Eine große Bevölkerungsstudie in den USA hat gezeigt, dass Veganer im Durchschnitt 15 bis 20 Kilo weniger wiegen als ihre Freunde, die ohne Lebensmittel- und Kalorienbeschränkung leben. Andere Bevölkerungsstudien, in denen Vegetarier mit Nichtvegetariern verglichen wurden, haben ähnliche Ergebnisse hervorgebracht: Je mehr Pflanzenkost, desto niedriger der BMI und desto geringer die Gewichtszunahme über einen Zeitraum von fünf Jahren! Probanden, die sich im selben Zeitraum von mehr tierischen Produkten ernährten, nahmen hingegen zu.

Welche Ernährung ist für natürliches Abnehmen am besten?
Bei einem Vergleich von fünf Ernährungweisen – von vegan bis hin zu nicht vegetarisch – ergab eine in der Fachzeitschrift *Nutrition* veröffentlichte klinische Untersuchung, dass innerhalb von sechs Monaten die erfolgreichste Gewichtsabnahme mit veganer Kost möglich war und dies trotz minimaler Ernährungsberatung.

Das Problem der meisten gängigen Diäten liegt darin, dass von den normalen Essgewohnheiten nur vorübergehend abgewichen wird. Nachhaltig sind diese auch deshalb nicht, weil die ständige Kalorieneinschränkung eindeutig ein Mangelgefühl auslöst und hungrig macht. Was noch schlimmer ist: Einige Diäten wirken sich gewichtsverändernd aus, sind jedoch gesundheitsschädlich. Dies scheint insbesondere bei großzügigem Verzehr von tierischen Lebensmitteln mit hohem Eiweißanteil der Fall zu sein – das belegen Studien der Harvard University, die über 120.000 Probanden über einen Zeitraum von mindestens 20 Jahren begleitete.

Deswegen bin ich Verfechterin einer Pflanzenkost mit minimal bearbeiteten Lebensmitteln. Schon kurz nachdem Interessierte auf meine Rezepte umgestiegen waren, bekam ich ein positives Feedback: „Unglaublich, aber ich nehme ab, obwohl ich so viel esse wie noch nie" und „Täglich Stuhlgang – super!" Auch die Blutwerte belegen ein vermindertes Erkrankungsrisiko!

Paleokost und ihre Tücken

Steinzeitkost erfährt in letzter Zeit eine große mediale Aufmerksamkeit. Ihre Anhänger vertreten die Ansicht, dass die Ernährungsweise unserer Vorfahren, die Jäger und Sammler waren, genetisch die bestmögliche Ernährungsweise darstellt; jedoch war diese nicht unbedingt optimal (ideale Ernährungsweisen ermöglichen nämlich ein beschwerdefreies Überleben bis ins hohe Alter). Der Ratschlag, übermäßig bearbeitete Lebensmittel zu vermeiden, ist vernünftig. Jedoch ist es gefährlich, Leuten den Konsum von Gemüse und Vollkorn auszureden! Denn es ist wissenschaftlich belegt, dass uns gerade diese Nahrung vor chronischen Erkrankungen schützt.

Die moderne Paleo-Küche setzt auf Fleisch, Fisch, Meeresfrüchte, Eier, Gemüse, Nüsse und Samen und lässt Früchte zu. Einige Leute haben dies als Lizenz zum großzügigen Konsum von Fleisch, inklusive Wurst, Speck und Salami, aufgefasst. Der Verzehr von Fleisch ohne die Schutzwirkung von Bohnen und Vollkorn ist jedoch für die Darmflora riskant.

Paläontologen glauben, dass Höhlenmenschen durch Schnecken, Hirn, Leber, Niere und anderes Wildfleisch Eiweiß aufgenommen haben; diese Art Proteine sind nährstoffreicher und enthalten viel weniger gesättigte Fettsäuren als moderne Fleischsorten. Interessanterweise sind Anthropologen der Ansicht, dass traditionelle Ernährungsweisen je nach geografischer Lage, Klima und Jahreszeiten stark variierten. Sie glauben, dass diese Art der Steinzeitkost oft stärkereiche Kerne und Grassamen beinhaltete. Sogar Spezialisten der Jäger- und Fleischtheorie behaupten, dass etwa 50 Prozent der Kalorien aus gesammelten Pflanzen stammten. In Anbetracht der Energiedichte von Fleisch im Verhältnis zu der von Pflanzen, entspräche dies einer Ernährung, die volumenmäßig größtenteils pflanzlich ausgerichtet war!

Gut für Sie – gut für den Planeten

Wer sich für eine vegane Kost entscheidet, steht auch persönlich zu einem stärkeren CO2-Bewusstsein und nachhaltiger Bodennutzung beziehungsweise zu einem achtsamen Umgang mit Wasser und Pestiziden. Eine fleisch- und milchlastige Ernährung wird mittlerweile als Umweltrisiko erkannt. Moderne landwirtschaftliche Methoden, insbesondere die Massentierhaltung, erzeugen mehr Klimagasemissionen als sämtliche Transportarten zusammengenommen.

Regional zu kaufen kann hilfreich sein. Wissenschaftlern zufolge soll aber eine Ernährungsumstellung hin zu mehr Pflanzenkost noch weitaus wirksamer sein. Man hat errechnet, dass eine Umverteilung der Kalorien weg von rotem Fleisch und Milchprodukten und hin zu Pflanzenkost an nur weniger als einem Tag pro Woche einen positiveren Klimaeffekt hat als der ausschließliche Einkauf regionaler Lebensmitteln!

Lebensmittel, die im „Australischen Leitfaden für gesunde Ernährung" als „Randprodukte" definiert werden, sollten ebenfalls reduziert werden, u. a. Kekse, Kuchen, Gebäck, Chips und Limonaden. Ihre Herstellung ist energieintensiv und ihre Verpackung besteht meist aus zu viel Plastik. Eine 2012 veröffentlichte australische Modellstudie zeigte, dass beiläufig konsumierte Snacks 29 Prozent der Klimagasemissionen in Australien ausmachten, also fast so viel wie die Gruppe der Lebensmittel mit Fleisch und Nebenprodukten mit einem Anteil von 33,9 Prozent.

Letzten Endes ist es für das Heil des Planeten wichtig, dass wir saisonbewusster essen und über eine gute Resteverwertung nachdenken, um Lebensmittelabfälle insgesamt zu reduzieren. Weitere Informationen dazu finden Sie in meinen „Gesunden Speiseplänen" (ab Seite 315).

Die rein pflanzliche Ernährung

Es gibt viele Arten von Pflanzenkost – von modern bis traditionell. Die mediterrane, asiatische oder afrikanische Küche verwendet beispielsweise weniger häufig Fleisch- und Milchprodukte oder zumindest diese nur in geringen Mengen, ist jedoch nicht streng vegetarisch. Doch es gibt einen gemeinsamen Nenner: Das tägliche Essen ist größtenteils pflanzlicher Herkunft. Das umfasst allerdings nicht den Verzehr von Chips oder das Trinken von Coca-Cola! Bei gesunden vegetarischen Mahlzeiten stehen verschiedene Gemüse, Hülsenfrüchte und unbearbeitete Körner (inklusive Nüsse und Samen) im Mittelpunkt; ganze Früchte werden meist als Snack oder Dessert verzehrt.

... dass die UNESCO im Jahr 2010 die Mittelmeerkost zum „Immateriellen Kulturerbe der Menschheit" erklärt hat? Diese traditionelle pflanzliche Kost gilt als eine der schmackhaftesten Ernährungsweisen überhaupt. Auch ist sie als traditionelles Ernährungsmuster bisher am besten wissenschaftlich untersucht worden.

Die verbreitetsten pflanzlichen Ernährungsweisen:

HALB VEGETARISCH – schränkt den Verzehr von rotem Fleisch, Geflügel und Fisch auf weniger als einmal pro Woche ein, jedoch gibt es bei Eiern und Milchprodukten kein Limit.

PESCO-VEGETARISCH – ist im Prinzip vegetarisch, allerdings mit etwas Fisch und Meeresfrüchten ein- oder mehrmals pro Monat. Rotes Fleisch und Geflügel wird weniger als einmal im Monat konsumiert.

OVO-LACTO-VEGETARISCH – schließt rotes Fleisch, Geflügel und Fisch aus, kann aber variable Mengen an Eiern und/oder Milchprodukten enthalten.

VEGAN – ist rein pflanzlich, d. h. fleisch- und milchfrei und auch ohne Eier. Andere Lebensmittel wie Honig und Naturmaterialien wie Leder werden eventuell auch vermieden, wenn die Motivation für Veganismus eher dem Tierschutz als einzig der Gesundheit gilt.

MAKROBIOTISCH – schließt in der Regel Fleisch, Geflügel, Eier oder Milchprodukte aus, hingegen werden Fisch und Meeresfrüchte mehrmals pro Woche konsumiert. Vollkornnahrung wie Vollkornreis und auch reichlich Gemüse und einige Bohnen oder Sojaprodukte stehen im Mittelpunkt.

ROHKOST – konzentriert sich auf die Essenszubereitung ohne Hitze, jedoch werden andere innovative Verfahren angewandt, um Lebensmittel schmackhaft und verdaulich zu machen. Meist ist die Rohkost-Ernährung zugleich vegan; etwa 75 Prozent des Speiseplans bestehen aus frischem Obst und Gemüse (Seite 372).

Pflanzenkost für die Wissenschaft

Einige pflanzlicher Ernährungsweisen wurden entwickelt, um positive Gesundheitseffekte klinisch prüfen zu können. So wurde die DASH-Natrium-Diät (salzarme Ernährung) zusammengestellt, um die Auswirkungen von Pflanzenkost auf den Bluthochdruck zu untersuchen. Später entdeckte man, dass diese Diät auch blutzucker- und cholesterinsenkend wirkt und eine gesunde Verdauung fördert. Die DASH-Diät besteht aus mindestens neun Portionen Obst und Gemüse und bis zu drei fettarmen Milchprodukten pro Tag; daneben wird für Hauptmahlzeiten vier- bis fünfmal pro Woche pflanzliches Eiweiß – wie etwa Hülsenfrüchte, Nüsse und Samen – verwendet, während rotes Fleisch nur begrenzt konsumiert wird.

Pflanzenkost ist reicher an Kalium und Magnesium, was schädlichem Natrium entgegenwirkt. Selbst bei gleichbleibender Aufnahme von Salz lässt sich der Bluthochdruck nachweislich verbessern!

Die Portfolio-Diät kombiniert die klinisch-therapeutische Wirkung von vier Blutfettsenkern: Sojaprotein, Nüsse und Samen, viskose Ballaststoffe und Pflanzensterine. Während jedes dieser Nahrungsmittel für sich allein schon einen erhöhten Cholesterinspiegel senken kann, wirken sie zusammen noch viel stärker.

In meiner Klinik für gesunde Ernährung und Wohlbefinden in Sydney setzen wir die DASH- und Portfolio-Diät sehr erfolgreich therapeutisch ein. Diese Diäten sind ideal, wenn Sie eine lebenslängliche medikamentöse Behandlung umgehen oder hinauszögern wollen. Erfahrene Ernährungsspezialisten können Ihnen sagen, welche Nahrungsmittel Sie essen sollen, um diese Ernährungsweise einzuhalten, während Ihnen die Rezepte in meinem Kochbuch verraten, wie Sie diese praktisch zubereiten können.

8 Alternativen zu Eiern und Milchprodukten

VERZICHTEN SIE AUF	VERSUCHEN SIE
Eier*	Chiasamen, gemahlener Leinsamen, Flohsamenschalen, Nussmus, püriertes Obst oder Gemüse (z. B. Apfel, Banane, Birnen, Pflaumen, Kürbis), Haferflocken, Seidentofu, Vollkorn-Paniermehl, Tomatenmark, gegarte Linsen, Kichererbsenmehl (Besan-Mehl), Vollkornreismehl, Pfeilwurzmehl
Milch	Angereicherte Sojamilch, Reis- oder Mandelmilch
Milchjoghurt	Soja- oder Kokosmilch-Joghurt (Seite 294, Hausgemachter Sojajoghurt)
Sahne zum Dessert	Cashew-Birnen-Creme (Seite 244)
Sahnesauce zu Nudeln	Tahin/Sesampaste; siehe Cremige Pilz-Spinat-Sauce (Seite 156)
Schmand	Schmand aus Sonnenblumenkernen (Seite 218) und Hausgemachter Sojajoghurt (Seite 294)
Hüttenkäse oder Ricotta	Mischung aus extrafestem Tofu und Seidentofu
Frisch- oder Fetakäse	Mandel-Kräuter-Quark (Seite 224)
Mayonnaise oder Sahnedressing	Dressing mit Seidentofu und Gelbwurz (Kurkuma) oder Tahin; siehe Orangen-Tahin-Dressing (Seite 67)

* Hinweis: Eier können vielseitig eingesetzt werden, z. B. als Binde-, Feuchtigkeits- oder Dickungsmittel oder als Geschmacksverstärker, Farbstoff und Treibmittel. Ein gleichwertiger Ersatz, der alle diese Funktionen erfüllt, lässt sich schwer finden. Sie sollten einfach mit verschiedenen Möglichkeiten und Kombinationen experimentieren. Als Treibmittel können Sie industriell hergestellten Ei-Ersatz oder Backpulver verwenden.

Ist Pflanzenkost gleich Pflanzenkost?

Einfach auf Fleisch und Milch zu verzichten, heißt nicht automatisch, sich gesund zu ernähren. Was Sie *konkret* essen, ist wichtig! Sie sollten mehr vollwertige, nicht bearbeitete pflanzliche Produkte zu sich nehmen, und nicht nur Obst und Gemüse. Sie müssen lernen, wie Sie weniger bekannte Lebensmittel einsetzen können, beispielsweise Hülsenfrüchte oder Vollkorngetreide. Genau darum geht es in diesem Kochbuch. Das Wort „Diät" beschwört allzu schnell restriktive Ernährungsvorschriften zur Gewichtsreduktion herauf. Der Begriff *diaita* kommt aus dem Griechischen und bedeutet ganz einfach „Lebensstil". Zwar kann jede kalorienreduzierte Ernährung das Abnehmen unterstützen, jedoch sollten Kalorien ungeachtet ihrer Lebensmittelqualität nie im Mittelpunkt stehen. Was ich an pflanzlicher Ernährung so sehr schätze, ist die Tatsache, dass man damit ein Erkrankungsrisiko senken und bestehende Krankheiten besser in den Griff bekommen kann. Gleichzeitig wird der Fettabbau gefördert, ohne dass man das Gefühl hat, „auf Diät" zu sein.

Mit einer pflanzlichen Ernährungsweise werden Sie sich nie mehr hungrig fühlen. Meine Rezepte werden Ihnen helfen, wieder mehr Freude am Essen zu entdecken. Ihre Gesundheit wird Fortschritte machen, wenn Sie regelmäßig körperlich aktiv sind und ausreichend Schlaf, Ruhe und Entspannung bekommen. Vergessen Sie bei der Lektüre dieses Kochbuchs nicht, alle 30 Minuten für drei Minuten aufzustehen.

Was ist die beste basische Ernährung?

Im Internet finden Sie jede Menge Tipps zu Lebensmitteln, für eine basische Ernährung. Jedoch hat eine rein pflanzliche (vegane) Kost das beste basische Ernährungsmuster, mit dem sich alle verwirrenden Listen für säure- und basenbildende Nahrungsmittel erübrigen. Selbst dann, wenn Sie gesundes Vollkorngetreide wie Weizenvollkorn und Vollkornreis verwenden. Denn es zählt immer Ihre gesamte Ernährungsweise und nicht der gelegentliche Genuss eines grünen Safts. Wenn vor allem eine naturbelassene Pflanzenkost statt Fleisch auf Ihren Teller kommt, dann stellt sich ein ausgeglichener Säure-Basen-Haushalt von selbst ein. Bei einer bereits nachlassenden Nierenfunktion ist das besonders wichtig. Eine Studie mit 1.500 Probanden mit eingeschränkter Nierenfunktion, die 14 Jahre lang beobachtet wurden, ergab, dass eine fleischlastige, stark säurehaltige Ernährung das Risiko eines Nierenversagens zu verdreifachen scheint – so ein Beitrag in der US-Fachzeitschrift für Nierenheilkunde *Journal of the American Society of Nephrology*. Nach wissenschaftlicher Ansicht ließe sich durch eine gesunde Ernährung mit viel Obst und Gemüse eine kostspielige Dialyse-Behandlung, einhergehend mit einer suboptimalen Lebensqualität, abwenden oder hinauszögern.

IMMER
EINE
GUTE
WAHL

Mehr Gesundes essen

GEMÜSE UND SALATE

Gemüse und Salate sollten bei täglichen Mahlzeiten mindestens 50 Prozent ausmachen. Variieren Sie mit intensiven Farben und Aromen. Zumindest ein Teil sollte roh oder frisch serviert werden. Meine Mahlzeiten ergänze ich nach Möglichkeit immer mit Salat. Wild wachsendes oder dunkelgrünes Blattgemüse (z.B. Endivien oder Zichorien) und Gemüse aus der Familie der Kreuzblütler (z.B. Brokkoli, Grünkohl, Brunnenkresse und Rucola) sind besonders wertvoll, denn sie liefern einzigartige krebsbekämpfende pflanzliche Inhaltsstoffe. Auch wenn 70 Prozent der Menschen Bittergemüse genetisch bedingt nicht schmeckt, kann es mit Olivenöl und Zitronensaft beträufelt durchaus köstlich munden.

Die gesamte Zwiebelfamilie, einschließlich Lauch, Knoblauch und Schalotte, ist wichtig zum Schutz des Herzens, aber auch zur körpereigenen Krebsabwehr. Versuchen Sie, täglich Zwiebeln in irgendeiner Form zu verwenden. In der mediterranen Küche bildet die Zwiebel häufig die Grundlage eines Gerichts. Eine tägliche Extraportion Gemüse oder Obst kann die Lungenfunktion verbessern, was besonders bei Asthma oder einem Lungenemphysem wichtig ist. Möglichst das Gemüse immer ungeschält essen. Auch wenn ich hier nur einige spezielle Beispiele angeführt habe, so sollten Sie sich Folgendes klarmachen: Alle Gemüsesorten sind nützlich, und bei reichlichem Verzehr fördern Sie Gesundheit und Wohlbefinden.

Gesundheitsbehörden propagieren oft fünf Gemüseportionen täglich als realistisch und vorteilhaft. Viele Studien aber sprechen dafür, dass noch größere Mengen sogar noch besser sein könnten. Eine Studie an über 65.000 Briten ergab, dass der Verzehr von sieben Portionen Obst und Gemüse im Vergleich zu weniger als einer Tagesportion das Risiko eines frühzeitigen Todes um 42 Prozent mindert! Gemüse scheint dabei den meisten Schutz zu liefern, gefolgt von Salaten und Obst. Dieser regelmäßig hohe Gemüseanteil lässt sich mit einer pflanzlichen Ernährungsweise am einfachsten umsetzen.

Wenn es Ihrer Ernährung an Gemüse fehlt und Sie über Nahrungsergänzungsmittel in Form von Extrakten und Pulvern nachdenken, so können Letztere nie die gleichen Vorteile bieten wie eine Vollkornkost. Die unzähligen Inhalts- und Ballaststoffe von pflanzlichen Nahrungsmitteln funktionieren gemeinsam viel besser – so wie das Zusammenspiel in einem Orchester. Hohe Dosen an Antioxidantien in Pillenform können wissenschaftlichen Studien zufolge sogar krebserregend sein.

Mit der Zeit können Sie neue Gemüsearten kennenlernen. Auf meinen Reisen durch verschiedene Länder entdecke ich immer wieder Neues – und finde heraus, wie man traditionelle Rezepte mit mehr Gemüse zubereiten kann. Wenn Sie meinen köstlichen Türkischen Gemüseeintopf (Seite 137), die Überbackenen Auberginen mit Tomatensauce (Seite 180) und Mediterrane Schmorbohnen mit Tomate (Seite 133) nachkochen, werden Sie sehen, dass es nicht schwer ist, ausreichend Gemüse zu essen.

PFLANZLICHE PROTEINE

Hülsenfrüchte aller Art (wie etwa Trockenbohnen, Linsen, Edamame und andere) – sowie das daraus zubereitete Essen (z. B. Linsenburger) – sollten einen Anteil von 25 Prozent auf Ihrem gesunden Teller ausmachen. Sie können pflanzliches Eiweiß auch in herzhaften Gerichten durch Nüsse und Samen oder als Energiesnack (Seite 124, Walnuss-Sesam-Röllchen) zu sich nehmen. Die Aufnahme von pflanzlichen Proteinen mindert häufig das Risiko chronischer Erkrankungen wie Herzleiden, Diabetes Typ 2 und Krebs. Das rührt wahrscheinlich daher, dass pflanzliche Lebensmittel mit einem hohem Eiweißgehalt im Vergleich zu tierischer Nahrung einen anderen Mix an Aminosäuren enthalten, während sie zugleich Ballaststoffe und einzigartige Inhaltsstoffe liefern, die selbst in Obst und Gemüse nicht reichlich vorhanden sind. Lebensmittel mit pflanzlichem Eiweiß sind sättigend, d. h. man fühlt sich mit weniger Kalorien schneller satt.

In Nüssen steckt viel Arginin, eine Aminosäure, die die Blutgefäße mit fortschreitendem Alter entspannt und erweitert. Ihre Kombination an Inhaltsstoffen in Nüssen wirkt entzündungslindernd, was der Schlüssel zur Bekämpfung chronischer Krankheiten sein könnte. Genau wie Sojabohnen liefern auch Nüsse cholesterinsenkende Pflanzensterine. Am wichtigsten aber ist, dass der Verzehr von Nüssen eine leicht umzusetzende lebensrettende Herangehensweise sein könnte. 1992 erschien erstmals eine Studie, die erstaunlicherweise nachwies, dass sich bei fünfmaligem Nusskonsum pro Woche das Herzinfarktrisiko halbiert. Dieses Ergebnis wurde durch andere umfassende Bevölkerungsstudien belegt und auch klinische Tests konnten eine cholesterinsenkende Wirkung nachweisen. So war den Nüssen ihr Status als Superfood gewiss und sie wechselten von der Liste der zu meidenden Lebensmittel auf die Liste der förderlichen Lebensmittel der Herzstiftungen weltweit.

In Spanien erfolgte mit der PREDIMED-Studie die bisher größte klinische Erprobung. Diese ergab, dass der Verzehr einer Handvoll Nüsse täglich als Teil einer mediterranen Ernährungsweise Diabetes Typ 2, diabetische Retinopathie (PDR) und dem Entstehen klassischer kardiovaskulärer Risikofaktoren vorbeugen konnte.

Weltweit raten nun Gesundheitsexperten verstärkt zu Nüssen, wenn es um „Health Food" geht. Zwar fürchten sich einige Konsumenten noch immer vor einer Gewichszunahme durch Nüsse, aber die Zahlen belegen einhellig, dass Nussfreunde eher schlank sind und seltener an Übergewicht leiden. Klinische Studien haben nachgewiesen, dass Nüsse appetithemmend wirken und die Insulinempfindlichkeit verbessern. Das Fett der Nüsse wird nicht vollständig vom Körper aufgenommen, da es in den Nusszellwänden eingeschlossen bleibt, die selbst durch gründliches Kauen nicht ganz aufbrechen.

Was sind aktivierte Nüsse?

Diese Nüsse werden eingeweicht und anschließend bei niedriger Temperatur schonend getrocknet, sodass ihre Textur der von gerösteten Nüssen ähnelt. Durch das Einweichen können die enthaltenen Antioxidantien und andere Inhaltsstoffe besser vom Körper aufgenommen werden. Jedoch gibt es aktuell keinen wissenschaftlichen Nachweis, dass aktivierte Nüsse mehr Gesundheitsvorteile bieten als normale.

Am besten sollten Nüsse roh verzehrt werden, denn beim Rösten bei hoher Temperatur bilden sich schädliche Substanzen wie Acrylamid und AGE (Seite 380). Bei Mandeln beispielsweise entsteht Acrylamid bereits bei Kerntemperaturen von etwa 130 °C. Die industrielle Röstung erfolgt meist bei Temperaturen von 140 bis 180 °C.

Wenn Ihnen das Kauen der Nüsse Probleme bereitet, weichen Sie diese einfach in Wasser ein oder greifen Sie auf Nusspasten zurück! Auf traditionellen libanesischen Hochzeitsfeiern werden eingeweichte Mandeln als Fruchtbarkeitssymbol angeboten. Eingeweichte Mandeln sind immer etwas süßer im Geschmack!

Hülsenfrüchte regen das Wachstum guter Darmbakterien an und fördern die Bakterienvielfalt. Diese sind für die Vergärung von Ballaststoffen und unverdaulichen Kohlenhydraten wichtig und erzeugen kurzkettige Fettsäuren wie Propionat und Butyrat. Diese Endprodukte helfen, den Cholesterinspiegel zu senken, die Ausbildung neuer Fettzellen zu verlangsamen und selbst Darmkrebs vorzubeugen. Essen Sie deshalb mehr ballaststoffreiche Hülsenfrüchte und resistente Stärke aus Nahrungsmitteln wie Polenta, um die Vermehrung solcher Fettsäuren zu steigern.

Australier essen zu wenige Hülsenfrüchte und sollten die Aufnahme um 470 Prozent steigern! Das ergab eine Modellstudie, die die Australischen Ernährungsrichtlinien untermauert.

Hülsenfrüchte haben den niedrigsten Glyx-Wert (Seite 346) überhaupt. Einer neueren Studie zufolge enthalten Bohnen neben hochwertigem Protein auch die besten Kohlenhydrate und übertreffen darin sogar Vollkorngetreide! Wer einen Reizdarm hat, verträgt besser frische Sprossen. Der Blähungsfaktor hängt davon ab, welche Art von Hülsenfrucht Sie verwenden, wie diese zubereitet wird und ob Ihr Darm an Bohnen gewöhnt ist. Nach einer Einweichzeit von mindestens 18 Stunden verschwinden bis zu 90 Prozent der schwer verdaulichen Oligosaccharide, die für die Gasbildung verantwortlich sind. Andere traditionelle Mittel können ebenfalls hilfreich sein.

3 TIPPS GEGEN BLÄHUNGEN

1. Fenchelsamen kauen oder nach dem Essen Fenchel- oder Kreuzkümmel-Tee trinken.

2. Hülsenfrüchte zusammen mit einem Streifen Kombu (Braunalge) einweichen oder kochen.

3. Nach indischer Art mit Asafoetida-Pulver (Asant) würzen.

Wird ein kohlenhydrathaltiges Gericht durch Nüsse und Samen ergänzt, kann dies helfen, die nach einer solchen Mahlzeit erhöhten Blutzucker- und Insulinwerte zu drosseln. Das wirkt sich bei Diabetes und Insulinresistenz deutlich positiv aus, kann aber auch bei Akne und dem PCOS-Syndrom (Polyzystisches Ovarialsyndrom) helfen.

Laut aktueller Wissenschaftsmeinung könnte ein kontrollierter Insulinspiegel für uns alle wichtig sein, um einen ausreichenden Schutz gegen verschiedene chronische Erkrankungen zu bieten. Die *Nurses Health Study* beispielsweise, eine an 75.000 Krankenschwestern über 30 Jahre hinweg durchgeführte Studie, hat gezeigt, dass bei Frauen, die zweimal oder mehrmals pro Woche Nüsse aßen, das Risiko an Bauchspeicheldrüsenkrebs zu erkranken, um 35 Prozent niedriger war. Nach Meinung der Forscher könnten Nüsse also neben anderen Stoffwechselmechanismen eine insulinregulierende Wirkung haben.

Wenn Sie sich hauptsächlich von bearbeiteten kohlenhydrathaltigen Lebensmitteln ernähren, könnte der zusätzliche Verzehr von Nüssen eine überaus wichtige Rolle spielen. Zwar würde ich keinen regelmäßigen Verzehr von Weißbrot empfehlen, jedoch kann Bio-Erdnussbutter als Brotaufstrich einen Anstieg der Insulinwerte verhindern. Viele traditionelle Gesellschaften haben kohlenhydrathaltige Gerichte (z. B. Linsen-Dal mit Basmati-Reis und Baklava) intuitiv mit Nüssen, Samen oder Hülsenfrüchten ergänzt.

Der regelmäßige Verzehr von Bohnen sowie einer Handvoll (30 Gramm) Nüsse und Samen ist für eine gute Gesundheit wichtig. Hier einige Vorschläge, wie das einfach umzusetzen ist:

1. Probieren Sie meinen Linsen-Mungbohnen-Dal mit grünem Chili (Seite 175).

2. Bereiten Sie Tofuspieße mit indonesischer Satay-Sauce (Seite 161) für eine Grillparty zu.

3. Bereiten Sie am Wochenende Gebackene Limabohnen in Tomatensauce (Seite 162) für die folgende Woche zu.

4. Zaubern Sie im Urlaub meinen beliebten Schwarzaugenbohnen-Salat mit Zwiebeln und Zitrone (Seite 127) auf den Tisch. Inzwischen gibt es die Bohnen auch in der Dose!

5. Für Ihren Hähnchensalat nehmen Sie statt Hähnchenfleisch einfach Tofustreifen – die sehen fast genauso aus.

6. Mischen Sie Sprossen unter Ihre Salate oder verwenden Sie diese auch als Brötchenbelag.

7. Servieren Sie auf der Dinnerparty Walnuss-Pilz-Bratlinge (Seite 190) mit Einfacher Polenta (Seite 189).

8. Ersetzen Sie Schinken und Käse im Sandwich durch Nuss- oder Samenpaste und Bananenscheiben.

Was ist so besonders an Soja?

Je früher Sie anfangen, aus Sojabohnen hergestellte Lebensmittel (z. B. Tofu, Sojasprossen, Miso und Sojamilch) in Ihren Speiseplan einzubauen, desto geringer ist die Wahrscheinlichkeit für Ihre Familie, an einem hormonell bedingten Krebsleiden (wie Brust- oder Prostatakrebs) zu erkranken. Sojabohnen sind reich an Isoflavonen und anderen pflanzlichen Inhaltsstoffen, die über hormonelle und nicht hormonelle Bahnen das Wachstum der Krebszellen hemmen.

Einige Bevölkerungsstudien konnten bei Frauen verschiedener ethnischer Herkunft mit einer Brustkrebs-erkrankung bei vergleichsweise höherem Konsum von Sojalebensmitteln bessere Überlebensquoten und weniger Rezidive nachweisen. Demnach könnte Soja die Wirksamkeit von Krebsmitteln wie Tamoxifen eher steigern, und nicht − wie zuvor befürchtet − stören oder hemmen. Leider schrecken viele Frauen vor dem Verzehr von Soja zurück, nachdem frühere hypothetische Bedenken zu Panikmache führten. Hingegen konnte bisher durch keine Humanstudie belegt werden, dass Soja krebserregend ist.

VOLLKORNGETREIDE

Integrieren Sie naturbelassenes oder minimal bearbeitetes Getreide und daraus hergestellte Lebensmittel in Ihre Ernährung. In dem Wissen, dass diese ausgesprochen gute Kohlenhydrate liefern, können Sie alte Getreidesorten wie Dinkel oder Quinoa und modernere Sorten wie Perlgraupen genießen. Das Image von Weizen hat gelitten, weil einige Menschen allergisch auf Fruktan und/oder Gluten reagieren. Meist aber besteht das Problem darin, dass Weizen als stark bearbeitetes Produkt (in Form von Keksen oder Pizza) und weniger in seiner Urform (etwa als Graupen oder Bulgur) konsumiert wird. Siehe dazu auch meine Liste an nützlichem Vollkorngetreide im Vorratsschrank auf Seite 17.

Mit Urkorn, Bulgur oder Vollkornflocken gelangt der Zucker langsamer ins Blut, das heißt, dass diese Getreideprodukte einen niedrigeren GI-Wert haben − etwa im Vergleich zu stärkehaltigen Lebensmitteln aus fein gemahlenem Mehl, wie es in Weißbrot oder Kuchen verarbeitet wird. Genau diese Art von Getreide brauchen Sie, um die Insulinresistenz zu senken und Ihr Gewicht besser kontrollieren zu können. Anders als ausgemahlenes Getreide macht Vollkorn schneller satt, sodass Sie früher aufhören zu essen.

Was ist der GI?

Der Glykämische Index (GI) ist eine Übersichtstabelle zu kohlenhydrathaltigen Lebensmitteln, die 1981 erst-mals von Prof. David Jenkins an der Universität Toronto für Diabetiker entwickelt wurde. Das Ranking ergibt sich daraus, wie schnell oder langsam durch den GI-Wert der Blutzuckerspiegel steigt. Nahrungsmittel mit niedrigem GI-Wert (unter 55) verwandeln sich langsam in Zucker, während solche mit hohem GI-Wert (über 70) schnellwirkend sind. Es ist deshalb wichtig, bei jeder Mahlzeit zugunsten eines besseren Blutzucker- und Insulinprofils auf Zutaten mit niedrigem GI-Wert zu achten.

Vollkorngetreide ist sehr ballaststoffreich, einige Arten enthalten auch resistente Stärke. Wissenschaftler der Commonwealth Scientific and Industrial Research Organisation (CSIRO) haben inzwischen erkannt, dass gerade die resistente Stärke bei der Darmgesundheit eine entscheidende Rolle spielt, denn sie wirkt wie eine Art Ballaststoff. Resistente Stärke ist auch in extrem ballaststoffarmen Nahrungsmitteln enthalten (beispielsweise in Polenta). Bei Mahlzeiten mit hohem Anteil an resistenter Stärke in Kombination mit Bohnen und Blattgemüse, wie etwa in der ländlichen Küche Afrikas, wurden die niedrigsten Quoten an Darmbeschwerden (inklusive Verstopfung, Hämorrhoiden und sogar Darmkrebs) verzeichnet!

Alle Arten von Vollkornbrot, kaum jedoch luftig-lockeres Weißbrot, unterstützen einen regelmäßigen Stoffwechsel. Wenn die tägliche Darmentleerung problemlos funktioniert, ist das ein Zeichen für eine gute Ernährung und ein gemindertes Darmkrebsrisiko. Funktioniert der Stuhlgang nur alle paar Tage, dann zeigt sich damit, dass nicht genügend Ballaststoffe aufgenommen werden und eine Ernährung mit mehr Vollkorn und Bohnen vorteilhaft sein könnte.

Es ist wissenschaftlich belegt, dass drei bzw. mehrere Portionen Vollkornnahrung pro Tag das Erkrankungsrisiko reduzieren – einschließlich bei Herzinfarkt, Schlaganfall, Diabetes Typ 2, Adipositas und Dickdarmkrebs.

Wie Hülsenfrüchte wirkt auch Vollkorn in vielen Körperteilen entzündungslindernd, so auch in der Lunge. Vollkornnahrung ist ideal bei Asthma, oder auch bei Arthritis oder Multipler Sklerose, bei denen sich eine entzündungshemmende Kost empfiehlt.

Als Grundlage für Salate oder Beilagen verwende ich statt weißem Reis oder Nudeln aus weißem Mehl lieber Vollkornprodukte. Probieren Sie einmal meinen köstlichen Freekeh mit aromatischen Gewürzen und Pinienkernen (Seite 91) oder das Graupenrisotto mit Steinpilzen und Salbei (Seite 83) und Sie werden erkennen, was ich meine. Zu einfachen Zubereitungsarten für eine Reihe von Vollkorngetreide im Reiskocher finden Sie weitere Hinweise auf Seite 76.

Alternativen für einen niedrigen GI-Wert

VERZICHTEN SIE AUF	VERSUCHEN SIE
Puffreis oder Cornflakes	Porridge, Bircher-Müsli
Kartoffelpüree	Cremiger Blumenkohlstampf (Seite 86), weich gekochter Dal oder Bohnenstampf mit Thymian (Seite 87)
Weiß- oder Vollkornbrot	Mehrkornbrot oder Roggen- und Vollkornbrot auf Sauerteigbasis
Weißer Reis, besonders Jasmin oder Arborio	Roter Reis, brauner Basmati-Reis, Perlgraupen, Buchweizen oder Quinoa
Nudelsalate	Salate mit Hülsenfrüchten

Alternativen mit Milchprodukten oder mit angereicherten Pflanzen

Gesundheitsbehörden, etwa die Deutsche Gesellschaft für Ernährung, empfehlen in der Regel eine tägliche Kalziumaufnahme von rund 1.000 mg. Dazu gehören bekanntermaßen Milch und Joghurt, jedoch ist weniger bekannt, dass Kalzium auch aus Pflanzen und angereicherten pflanzlichen Nahrungsmitteln bezogen werden kann.

Schon Sojamilch probiert?

Bei regelmäßiger Verwendung von veganen Milchalternativen müssen unbedingt die Nährwertangaben beachtet werden. Sie sollten auf ein Markenprodukt zurückgreifen, das mit ausreichend Kalzium und Vitamin B12 angereichert ist, insbesondere wenn Sie wenig Milch und kein Fleisch konsumieren.

Es gibt viele gesunde vegane Kalziumlieferanten, wie etwa festen Tofu (300 bis 500 mg pro 125 g, je nach Bindemittel), Hülsenfrüchte, Tahin (insbesondere ohne Schalen), getrocknete Feigen, Mandeln, asiatisches Blattgemüse und Kohlgemüse mit wenig Oxalat (Pak Choi, Brokkoli und Grünkohl). Während Letztere weniger Kalzium enthalten als Milch, werden 40 bis 60 Prozent ihres Kalziumgehalts vom Körper aufgenommen; bei Milch oder Sojamilch sind es nur 30 bis 32 Prozent. Die Kalziumzufuhr aus pflanzlichen Lebensmitteln summiert sich zudem im Laufe des Tages. Seit jeher wird in vielen Ländern, in denen traditionell wenig oder gar keine Milchprodukte konsumiert werden, Kalzium aus Pflanzen bezogen.

Warum probieren Sie nicht einmal Tahin (Sesampaste) für ein seidenweiches Dressing? Wie etwa in meinem Röstgemüse-Salat mit Orangen-Tahin-Dressing (Seite 67). Oder verwenden Sie Tahin, um eine Nudelsauce cremig zu pürieren wie etwa bei der Penne mit cremiger Pilz-Spinat-Sauce (Seite 156). Oder wie wäre es mit einem Mandelbutteraufstrich für den Frühstückstoast – statt Margarine? Sie können auch Grünkohl roh marinieren und weich kneten, um einen herrlich aromatischen Rohkostsalat zu zaubern. Probieren Sie meinen Grünkohl-Salat mit Avocado und Granatapfelkernen (Seite 62).

Schon Nährhefe probiert?

Einige vermissen Parmesan, wenn sie Milchprodukte aufgeben. Nährhefe kann einem Gericht einen Hauch von Käsearoma verleihen und lässt sich in Nudelsaucen, Suppen und Schmorgerichten gut auflösen. Sie ist nicht mit der bitteren Bier- oder Backhefe zu verwechseln. Es gibt sie in Flocken- und Pulverform. Kaufen Sie am besten Würzhefeflocken in der Streudose aus dem Reformhaus, diese lassen sich vielseitig einsetzen.

FRÜCHTE

Ob frisch, tiefgekühlt oder getrocknet: Sie sollten zwei- bis dreimal über den Tag verteilt Früchte essen. Früchte sind Desserts aus der Natur und Energiesnacks zugleich!

Der dauerhafte Verzehr von vielerlei farbintensiven Früchten versorgt Sie mit einem enormen Angebot an Vitalstoffen. Kein Wunder, dass Früchte eng mit dem Schutz vor Schlaganfall und Herzinfarkt verbunden sind, während Kuchen, Kekse und Süßigkeiten Entzündungen fördern und oxidativen Stress auslösen – mit der Zeit macht das von innen heraus krank!

Sie müssen nicht die teuersten Früchte kaufen. Auch das gängige Angebot einschließlich Äpfel und Orangen ist gesundheitserhaltend. Eine Modellstudie der Universität Oxford, die im *British Medical Journal* erschien, weist darauf hin, dass „ein Apfel pro Tag" in der Altersgruppe 50 plus genauso wirkungsvoll die Lebenszeit verlängern kann wie die Behandlung mit blutfettsenkendem Statin – und das ganz ohne Nebenwirkungen!

Zitrusfrüchte sind den ganzen Winter hindurch ein echter Genuss. Australischen Wissenschaftlern zufolge mindert deren Verzehr auch das Krebsrisiko (z. B. bei Magenkrebs bis zu 50 Prozent). Zwar ist bekannt, dass Orangen eine ausgezeichnete Vitamin-C-Quelle sind (eine Orange liefert die zweifache empfohlene Tagesmenge), jedoch ist nur wenigen bewusst, dass Orangen über 170 verschiedene Inhaltsstoffe enthalten, die vor Oxidationsstress schützen, Entzündungen hemmen, den Alterungsprozess verlangsamen und zu einer gesunden, strahlenden Haut beitragen! Viele dieser Vitalstoffe sind in der weißen Orangenhaut enthalten, weswegen es so wichtig ist, die ganze Frucht zu essen, anstatt nur den Saft zu trinken.

Einige sogenannte „Superfrüchte" haben einen außergewöhnlich hohen Antioxidantien-Gehalt. Die tiefroten, blauen und violetten Pigmente von Himbeeren, Blaubeeren, Kirschen und der Pflaumensorte Queen Garnet weisen einen sehr hohen Gehalt an Anthozyaninen auf (entzündungssenkende Antioxidantien, die vor Diabetes, Herzleiden und Arthritis schützen). Beeren haben ebenfalls einen niedrigen Glyx-Wert (Seite 346) und wenig Kalorien. Wenn gerade keine Beerensaison ist, können Sie tiefgekühlte oder getrocknete Beeren essen, um nicht ganz darauf verzichten zu müssen. Zu dem exotischeren (und oft teureren) Angebot an Beeren, die als Superfood vermarktet werden, gehören Granatapfel, Noni-, Akai- und Mangostanfrucht, Gojibeeren, Physalis und Cranberrys. Das Problem ist, dass Superfrucht-Rankings je nach angewandten Analysen immer anders ausfallen. Bisher gibt es auch keinen Vergleichstest bezüglich ihrer antioxidativen Wirkung im menschlichen Körper.

Wenn Ihr Obstkonsum auf nur eine oder zwei Arten beschränkt ist, dann ist Ihr Vitaminbedarf nicht voll gedeckt. Denn eine pflanzliche Kost enthält Tausende von Inhaltsstoffen, und diese kommen nicht nur in einer Art vor. Langzeitstudien zeigen, dass eine farbintensive Ernährung bei Obst und Gemüse am besten vor chronischen Erkrankungen schützt. Ein einzelnes Nahrungsmittel kann das nicht leisten.

Trockenfrüchte können einen Extrakick Süße verleihen, während sie gleichzeitig Antioxidantien und viskose Ballaststoffe liefern. Während Sie bei Kindern wegen Karies vorsichtig sein müssen, insbesondere was die getrocknete Fruchthaut betrifft, ist es cleverer, Ihren Zuckerbedarf aus dieser natürlichen Süße zu decken. Dörrobst verwende ich gern im Dessert und Porridge als Ersatz für raffinierten Zucker. Vollkornmüslis zum Frühstück schmecken damit noch besser. Probieren Sie die Dattel-Karamell-Sauce (Seite 230).

Essen Sie die Fruchthaut möglichst mit und genießen Sie die Frucht als Ganzes statt nur deren Saft ohne Ballaststoffe. Das wirkt sich positiver auf Ihr Blutzuckerprofil aus. Mit mehr als einem Glas Fruchtsaft täglich können Sie genauso stark zunehmen wie mit Limonade! Studien zu Äpfeln haben gezeigt, dass in der Schale mehr Polyphenole enthalten sind als im Fruchtfleisch. Im Reagenzglas hemmen ungeschälte Äpfel wirksamer das Wachstum von Leber- und Dickdarmkrebszellen.

Saisonales Obst als Nachspeise verringert auch das Herzrisiko. In vielen Mittelmeerländern und in zahlreichen asiatischen Ländern werden Früchte zum Abschluss einer Mahlzeit gereicht. In Bologna wurden mir in einem noblen Restaurant eine Handvoll aromatischer Weintrauben vom Dessert-Wagen serviert. In einem Athener Restaurant bot man mir nach dem Hauptgang Wassermelonenstücke an, und bei einem Essen in einem chinesischen Restaurant in Beijing teilten wir uns am Tisch Orangenspalten.

Wenn Sie Ihren Gästen etwas Edleres kredenzen wollen, versuchen Sie es mit meiner Erdbeer-Bananen-Mousse (Seite 232) oder dem Sauerkirschen-Sago (Seite 262). Meine Desserts (Seite 226) basieren auf Vollwertkost – denn jeder Bissen zählt!

„Im Kindesalter wird der Grundstein für ein gesundes und ungesundes Essen gelegt."

PILZE

Pilze gelten in der Regel als Gemüse, jedoch bilden sie ein Reich für sich. Ich liebe ihre fleischige Textur und ihren erdigen Geschmack, den sie durch den hohen Anteil an natürlich vorkommendem Glutamat haben. Meine Pilzgerichte kommen mit weniger Salz aus, sind aber dennoch kräftig aromatisch.

Pilze sind sehr kalorienarm und bewirken nachweislich einen niedrigen BMI. Zudem sind sie kohlenhydratarm, ballaststoffreich (gut für das Sättigungsgefühl) und glutenfrei. Sie gehören zu den Lebensmitteln, die cholesterinsenkendes Beta-Glucan und antioxidatives Ergothinein liefern können, das der Körper nicht selbst produzieren kann. Die Aminosäure Ergothionein wird vom Körper als wichtiges „Backup" eingesetzt, wenn andere körpereigene Antioxidantien ausfallen.

Mittlerweile kann man auch „Vitamin-D-Pilze" kaufen. Diese unterstützen jede Art von veganer Kost, denn Vitamin D ist normalerweise nicht in pflanzlichen Lebensmitteln enthalten. Trotz bisher anderslautender Marketing-Kampagnen sind Pilze für den menschlichen Körper kein guter Vitamin-B$_{12}$-Lieferant. Wenn Sie vegan oder vegetarisch leben, essen Sie ruhig Pilze, aber sichern Sie sich durch andere Vitamin-B$_{12}$-Quellen ab und/oder verwenden Sie ein Nahrungsergänzungsmittel.

Was Pilze für mich so spannend macht, ist ihr enormes Heilpotenzial. Sie enthalten einzigartige immunstärkende Inhaltsstoffe. Gefördert wird dies durch eine höhere Vielfalt an Darmbakterien. Pilze helfen möglicherweise aufgrund ihrer entzündungshemmenden und immunregulierenden Wirkung auch bei Autoimmunkrankheiten wie etwa Gelenkrheumatismus und Lupus. Einige Tierstudien zeigen, dass Pilze möglicherweise eine nachlassende Denkleistung und eine beginnende Demenz hinauszögern. Neueren Forschungen zufolge sollen Gemüse, Hülsenfrüchte und Pilze auch mit einem verminderten Gichtrisiko verbunden sein. Pilze werden derzeit auf ihre krebshemmenden Eigenschaften hin untersucht, insbesondere in Bezug auf Brust- und Prostatakrebs.

Die gute Nachricht ist, dass diese Vorteile nicht nur auf exotische Pilzarten zutreffen, sondern auch auf ganz normale weiße Champignons. Man muss Pilze auch nicht gleich massenweise konsumieren. Eine Vergleichsstudie an Frauen mit und ohne Krebsleiden belegt, dass sich schon mit durchschnittlich einem Pilz pro Tag das Brustkrebsrisiko halbiert. Möchten Sie auf kreative Art mehr Pilze verwenden? Dann versuchen Sie die Walnuss-Pilz-Bratlinge in Tomatensauce (Seite 190). Ich bereite gerne größere Mengen im Voraus zu und friere sie für eine spätere Verwendung ein.

KRÄUTER UND GEWÜRZE

Ich liebe Kräuter und Gewürze nicht nur wegen ihres erstaunlichen Geschmacks und ihrer wunderbaren Aromen und Farben, sondern weil gut gewürzte Speisen einen gesundheitlichen Nutzen haben. Schon lange vor der Entwicklung synthetischer Medikamente im 19. Jahrhundert bildeten Kräuter und Gewürze die Grundlage für nahezu alle Arzneimittel. Wir wissen heute, dass schon eine bescheidene Beigabe von Kräutern und Gewürzen antioxidativer wirkt als Obst und Gemüse. Deshalb ist es wichtig zu wissen, wie Speisen richtig gewürzt werden. Ernährungswissenschaftler an der Southern Cross University in Australien haben beispielsweise nachweisen können, dass Kräuter wie Oregano, Rosmarin, Minze und Knoblauch in einem Olivenöl-Zitronen-Dressing den antioxidativen Wert eines einfachen Salates verdreifachen können.

Mischungen aus Kräutern und Gewürzen scheinen sogar noch wirksamer zu sein. Sie werden traditionell in Ländern wie Indien verwendet, wo eine Mischung aus bis zu 60 verschiedenen Kräutern und Gewürzen bestehen kann! Das indische Wort „Masala" bedeutet nichts anderes als Mischung. So ist die indische Gewürzmischung *Garam Masala* vergleichbar mit dem orientalischen Gewürz Baharat, dem 7-Gewürze-Pulver.

VIER SALZFREIE WÜRZMETHODEN

1. Rotalgengranulat oder gemischte Algenflocken

2. Ein Spritzer Zitronensaft oder Essig

3. Frische und getrocknete Kräuter (z. B. Oregano, Basilikum)

4. Würzen mit Nährhefe

Kräuter und Gewürze enthalten unzählige Inhaltsstoffe, die die Genexpression intelligent beeinflussen, sodass sich chronische Erkrankungen besser bekämpfen lassen. Studien zu ihrem antioxidativen, entzündungshemmenden Wirkungsspektrum zeigen, dass diese Eigenschaften beim Kochen und im Verdauungsprozess nicht verschwinden. Hier einige Beispiele:

Cassia-Zimt (gängige Zimtart) kann möglicherweise die Insulinsensitivität des Körpers verbessern. Das ist bei Diabetes, Stoffwechsel- und PCOS-Syndrom wichtig. Cassia-Zimt kann auch bei einer Fettleber Vorteile liefern. Schon 1 Gramm Zimt (¼ TL) pro Tag kann bei Diabetes Typ 2 nachweislich den Blutzuckerspiegel um 18 bis 29 Prozent senken. In Versuchsreihen mit jeweils unterschiedlichen Ergebnissen wurden 1 bis 6 Gramm verabreicht. Vermeiden Sie hohe Tagesdosen (über 6 Gramm oder 1½ TL), insbesondere durch Nahrungsergänzungsmittel, denn diese könnten toxisch auf die Leber wirken. Für Porridge, Heißgetränke und Desserts verwende ich Cassia-Zimtpulver, für das Kochen von Vollkorngetreide gebe ich eine Cassia-Zimtstange bei, z. B. für meinen Aromatischen Buchweizen-Quinoa-Pilaw (Seite 92) oder für die Spaghetti-Bolognese-Sauce mit Zimt (Seite 157).

Ingwer kann immunstärkend und entzündungshemmend wirken. Mehrere seiner Inhaltsstoffe zeigen krebshemmende Eigenschaften. Traditionell wird er gegen Übelkeit (schon 1 Gramm Ingwerextrakt wirkt nachweislich vorteilhaft) und Magenbeschwerden eingesetzt. Neuere Studien zeigen, dass Ingwer im Reagenzglas 19 Bakterienarten von *Helicobacter pylori* abtötet, die Magengeschwüre auslösen können. Ingwer wird in vielen meiner Rezepte verwendet. In meinen kulinarisch-medizinischen Kochseminaren führe ich vor, wie leicht sich unterwegs auf Reisen frischer Ingwertee zubereiten lässt, wie sich Ingwer mit einem Metalllöffel auf indonesische Art schälen lässt und wie sich Reste einfrieren lassen.

Oregano ist unter allen Kräutern eine der reichsten Quellen an Polyphenolen. Während er seit Jahrhunderten im Mittelmeerraum angebaut wird, sowohl als Küchenkraut wie auch als Heilmittel, hat die moderne Ernährungswissenschaft nachgewiesen, dass er mehrere Antioxidantien mit entzündungshemmenden, blutzucker- und blutfettsenkenden Eigenschaften enthält. Wenn es ein unentbehrliches Küchenkraut gibt, dann Oregano! In meinen Rezepten verwende ich großzügig gerebelten Oregano, der Speisen einen intensiven Geschmack verleiht. Frischer Oregano wird meist von Profiköchen verwendet. In der libanesischen Küche wird ein Salat mit frischen Oreganoblättern zubereitet.

Rosmarin enthält signifikante Mengen an verschiedenen Antioxidantien mit Anti-Tumor-Wirkung. Vor allem Rosmarinsäure gilt als vielversprechend bei der Vorbeugung von Alzheimer, denn sie scheint die Amyloid-Plaque-Belastung im Gehirn wie auch die Arterienverkalkung zu verhindern. Seit jeher wird Rosmarin viel gepriesen, weil er die Gedächtnisleistung fördert. Wird er vor dem Braten bei hoher Hitze in Frikadellen und Bratlingen eingearbeitet, reduziert das intensive Kräuteraroma erheblich die Ausbildung krebserregender Stoffe (siehe HAA, Seite 379).

Kurkuma bietet entzündungshemmende, antioxidative und krebshemmende Eigenschaften. Sie ist in fast jeder indischen Gewürzmischung enthalten und wird auch in Asien täglich verwendet. Es gibt zwei Arten von Kurkumapulver mit unterschiedlich hohem Gehalt an Kurkumin, dem hauptsächlich aktiven gelben Wirkstoff. Das häufiger erhältliche hellgelbe Madras-Currypulver enthält 1,5 bis 1,8 Prozent Kurkumin, wohingegen das dunklere Allepey 3,5 bis 4 Prozent Kurkumingehalt aufweist. Currypulver enthält meist nur wenig Kurkumin. In seinem Sachbuch *Blue Zones* über Menschen, die ein hohes Alter erreichen, zitiert Dan Buettner eine Studie, die feststellte, dass Kurkuma ein Fünftel der Heilkraft von Cisplatin besitzt, einem der wirksamsten Chemotherapeutika! Wissenschaftler haben entdeckt, dass Kurkuma auf 100 verschiedene Arten Krebszellen schädigen und sämtliche Stadien der Metastasenbildung blockieren kann.

Einer Studie aus dem Jahr 2012 zufolge sollen Nahrungsergänzungsmittel mit Kurkumin der Vorbeugung von Diabetes Typ 2 bei besonders gefährdeten Personen dienen. Eine neuere Studie hat ergeben, dass bereits 1 Gramm Kurkuma pro Tag bei älteren Menschen mit Diabetes im Frühstadium die Gedächtnisleistung verbessern kann (wichtig für Planungs-, Problemlösungs- und Denkfähigkeit).

Kurkuma ist allem Anschein nach auch vielversprechend bei der Vorbeugung von Alzheimer und Demenz, beginnender Arthritis, Darmentzündung und möglicherweise sogar bei Leberfibrose und -zirrhose, Psoriasis sowie Verbrennungs- und Wundschmerzen. Laut Forschungsergebnissen des medizinischen Zentrums der Universität Maryland sollen sich schon 1 bis 3 Gramm Kurkuma pro Tag positiv auf die Gesundheit auswirken. Sie können täglich ein Glas Sojamilch mit ¼ TL Kurkumapulver trinken. Oder versuchen Sie es mit meiner köstlichen goldgelben Kurkuma-Sojamilch (Seite 309). Rühren Sie eine Prise Kurkuma in den Tee und nippen Sie daran über den ganzen Tag verteilt, wie das die Hundertjährigen auf den japanischen Okinawa-Inseln tun. Vergessen Sie bei der Zubereitung von grünen Smoothies nicht, eine frische Kurkumawurzel mitzupürieren.

Schwarzer Pfeffer, für sich allein schon stark antioxidativ, steigert durch den Inhaltsstoff Piperin, der für den scharf-prickelnden Geschmack verantwortlich ist, erheblich die Bioverfügbarkeit des aktiven Kurkuma-Hauptbestandteils und scheint auch Krebszellenwachstum und Metastasenbildung zu stoppen. Piperin kann die Bioverfügbarkeit von Kurkuma-Inhaltsstoffen und grünem Tee um über 1000 Prozent verbessern, ein Beleg dafür, dass die Verwendung von Gewürzmischungen immer vorteilhaft ist. Zudem wirkt Pfeffer antibakteriell und entzündungshemmend.

Während Kräuter und Gewürze für die ganze Familie gut und bei allen chronischen Erkrankungen äußerst wichtig sind, scheint ihr Heilpotenzial in den westlichen Ländern weitgehend unbekannt zu sein. Meine Rezepte zeigen Ihnen verschiedene Verwendungsmöglichkeiten, sodass Ihr Essen zukünftig noch mehr Power bekommt!

ALGEN

Auch als „Meeresgemüse" bekannt, wurden Algen als neuartige Möglichkeit erkannt, Speisen schmackhafter zu machen und das Risiko chronischer Erkrankungen zu mindern. Algen sind in verschiedenen Farben, Geschmacksrichtungen und Texturen erhältlich, obwohl die meisten nach dem Kochen grün aussehen. Algen gehören in der Regel nicht zur modernen Kost, sondern behaupten in einigen Esskulturen seit Jahrtausenden ihren Status als Traditionskost. In Asien gelten verschiedene Arten von Algen sogar heute noch, neben Soja und Fisch, als Schlüssel zur Langlebigkeit.

Humanstudien zu Algenkonsum gibt es nur wenige, einige haben jedoch gezeigt, dass eine erhöhte Algenzufuhr die Erkrankungshäufigkeit bei bestimmten Krebsarten senkt. Essbare Algen enthalten einzigartige Proteine und Polysaccharide (Kohlenhydrate), die in Pflanzen an Land nicht vorkommen. Sie sind zudem eine brauchbare Alternative zu öligem Fisch, um Omega-3-Fettsäuren (Eicosapentaensäure, kurz EPA) aufzunehmen. Algen sind in der Regel reich an Mineralstoffen wie Eisen und Kalzium und enthalten zudem viele Polyphenole (einschließlich Phlorotannine) und reichlich Jod.

Während Japan in der Herstellung und dem Export von Algen immer noch führend ist, ziehen Kanada, Frankreich, Portugal, Schottland und Australien als wachstumsstarke und nachhaltige Bezugsquellen für den menschlichen Ernährungsbedarf nach.

Wie Sie Ihren Jodbedarf decken

Jod ist wichtig für die Schilddrüsenfunktion. Ein Mangel an Jod während der Schwangerschaft kann bei Kindern zu mentaler Retardierung, IQ-Verlust und Lernschwierigkeiten führen. Während bisher Fisch und andere Meeresfrüchte, Milchprodukte und Jodsalz wichtige Jodquellen waren, erhalten wir heute aus diesen Lebensmitteln nicht mehr genügend Jod.

Durch gelegentlichen Algenkonsum können Sie eine Extradosis Jod zu sich nehmen. Warum versuchen Sie nicht einmal, einige Ihrer Gerichte anstatt mit Salz mit einem zerkrümelten Noriblatt (oder Noripulver) zu würzen? Oder kaufen Sie jodhaltiges Algengewürz (Granulat). Schon ein Teelöffel kann Ihnen eine Tagesdosis Jod, Eisen und Magnesium liefern! Sie können aber auch Wakame als Suppeneinlage essen, etwa in Form meiner Wakame-Miso-Suppe mit Seidentofu (Seite 198). Manchmal gebe ich bei der Zubereitung von Fonds, Eintöpfen oder beim Kochen von Trockenbohnen einen getrockneten Kombu-Streifen (Braunalge) hinzu, um meine Rezepte mit Mineralien anzureichern und die Blähwirkung von Hülsenfrüchten zu reduzieren. Auch in Desserts verwende ich statt tierischer Gelatine sehr gerne Agar-Agar (Seite 247). Rohköstler essen Algennudeln (Seite 101), denn diese können ohne Hitze rehydriert werden. Gehen Sie mit Ihrem Jodkonsum nicht zu weit. Ein Zuviel kann auch gesundheitsschädlich sein.

SPEISEÖLE EXTRA VERGINE

Unraffinierte, kalt gepresste Speiseöle (extra vergine) sind immer die beste Wahl. Halten Sie nach Ölen Ausschau, die aus Oliven, Macadamia, Avocado, Erdnuss, Senfsamen, Chiasamen und Leinsamen gewonnen werden. Raffinierten Pflanzenölen (z. B. Canola-Öl) fehlt es an Vitalstoffen. Die meisten raffinierten mehrfach ungesättigten Öle und Margarinen liefern große Mengen an entzündungsfördernden Omega-6-Fettsäuren, wenn diese nicht ausreichend mit Omega-3-Fettsäuren kompensiert werden.

Für gleichbleibendes Wohlbefinden und zur besseren Bekämpfung chronischer Erkrankungen sollten Sie unraffinierte Öle mit viel Omega-9- und Omega-3-Fettsäuren verwenden. Diese nicht chemisch bearbeiteten Öle enthalten entzündungshemmende Inhaltsstoffe, wie es von der Natur beabsichtigt ist. Die Omega-9-Fettsäure wirkt eher ergänzend als körperfeindlich. Im Gegensatz dazu konkurrieren Omega-6-Fettsäuren um das gleiche Enzym-System, das pflanzliches Omega-3 in entzündungshemmende Omega-Fettsäuren verwandelt, die in Fischen vorkommen.

Um den Omega-3-Gehalt weiter zu steigern, bereiten Sie Salate, Gemüse- oder Nudelgerichte vorzugsweise mit Leinsamen- oder Chiasamenöl zu. Diese sind kräftiger im Geschmack und sollten immer im Kühlschrank gelagert werden. Diese Öle möglichst nie erhitzen!

Olivenöl ist spitze!

Für die Alltagsküche verwende ich Olivenöl extra vergine. Dazu fülle ich aus Großkanistern jeweils eine kleinere Menge in eine Flasche aus dunklem Glas ab und bewahre diese im Küchenschrank auf. Möchten Sie im Geschmack variieren, bieten sich auch Macadamia-, Avocado- oder Senfsamenöl an. Olivenöl hat sich als „Allround-Speiseöl" bewährt, ist überall erhältlich und verbindet sich gut mit den meisten Aromen. Olivenöl extra vergine wird seit Jahrhunderten erfolgreich eingesetzt. Zahlreiche Studien bestätigen seine erstaunlichen gesundheitsfördernden Eigenschaften, um chronische Erkrankungen zu verringern.

Olivenöl extra vergine hemmt die Oxidationsvorgänge im Körper (und schützt gutes Cholesterin, DNA und Zellmembranen), lindert Entzündungen, senkt die Zucker- und Insulinwerte und den Blutdruck. Neuesten Studien zufolge soll dies größtenteils durch eine positive Beeinflussung der Darmflora geschehen (Seite 324). Seinen Pfeffergeschmack verdankt qualitativ hochwertiges Olivenöl mit hohem Polyphenolgehalt dem Wirkstoff Oleocanthal, der im Rachenraum scharf nachbrennt. Dieser Inhaltstoff wirkt auf natürliche Weise entzündungshemmend. Er funktioniert ähnlich wie Ibuprofen, indem er entzündungsauslösende COX-2-Enzyme blockt.

Macht Olivenöl dick?

Studien zeigen allgemein, dass Menschen, die regelmäßig und hauptsächlich Olivenöl extra vergine verwenden, eher wenig wiegen und im Lauf der Zeit auch nicht stark zunehmen. Eine Studie wies nach, dass Patienten, die im Rahmen einer Schlankheitsdiät Olivenöl extra vergine verwendeten, besser abschnitten als diejenigen, die einer fettarmen Diät folgten.

Im Vergleich von Rapsöl mit Olivenöl extra vergine erliegen einige Leute wiederum der Annahme, dass die beiden Öle dieselbe Wirkung im Körper haben. Olivenöl extra vergine enthält nicht nur gesunde einfach ungesättigte Omega 9-Fettsäuren, sondern auch über 40 verschiedene Inhaltsstoffe wie Polyphenole, Tocopherole (Vitamin E), Pflanzensterine und hautkrebshemmende Squalene (UV-Schutz); darin sehen Wissenschaftler heute auch das Geheimnis seiner gesundheitsfördernden Eigenschaften.

Bestimmte frische Olivenöle extra vergine stecken voller Polyphenole (bis zu 2.500 mg pro Kilogramm!). Australische Olivenöle extra vergine enthalten durchschnittlich rund 300 mg pro Kilogramm. Das einzige Öl mit einem Polyphenolgehalt, der noch irgendwie daran heranreichen kann, ist Kokosöl extra vergine, das jedoch durchschnittlich nur 50 mg pro Kilogramm aufweist.

Frisch ist immer am besten, weshalb regional erzeugte Öle auch unschlagbar sind. Durch Lagerung und starkes Erhitzen gehen selbst bei den besten Ölen Inhaltsstoffe verloren. Beim Kochen reduziert sich beispielsweise der Anteil an Polyphenolen, Tocopherolen und Squalenen um rund 30 Prozent. Trotzdem liefert Olivenöl extra vergine immer noch mehr Vitalstoffe als ein raffiniertes Öl wie etwa ein kalorienreduziertes Olivenöl, Raps- oder Sonnenblumenöl.

Die richtige Wahl bei Olivenöl

Bei der Auswahl sollten Sie immer auf das Herstellungsdatum achten. Ein gutes Olivenöl extra vergine ist bei korrekter Lagerung 18 Monate haltbar. In der Europäischen Union (EU) ist hingegen die Angabe des Abfülljahrs gesetzlich erlaubt. Ein nach Australien importiertes europäisches Olivenöl kann möglicherweise schon ziemlich alt sein. Olivenöl extra vergine ist häufig auch ein Verschnitt aus einem neuen und einem älteren Öl aus überschüssigem Lagerbestand – deswegen wird in der EU auch kein Erntejahr angegeben.

Wenn es Ihnen um Ihre Gesundheit geht, kaufen Sie nie Olivenöle „light" oder aus Tresterrückständen. Solche Öle sind nämlich ohne jeden Nährwert und ohne Geschmack. Interessanterweise halten selbst raffinierte Olivenöle bei hohen Brattemperaturen der Oxidation ebenso wenig stand wie raffinierte Samenöle. „Reines" Olivenöl ist raffiniert und wird für mehr Farbe und Geschmack zusätzlich mit etwas Olivenöl extra vergine versetzt. Für den höchstmöglichen Polyphenolgehalt, und somit für den maximalen Gesundheitswert, achten Sie beim Kauf auf regional erzeugtes frisches Olivenöl extra vergine und lagern Sie es möglichst dunkel.

Der Cardio2000-Studie zufolge ist die Wahrscheinlichkeit, dass bei Griechen von heute, die zur Speisezubereitung oder zum Kochen ausschließlich Olivenöl verwenden, Herzerkrankungen diagnostiziert werden, um 49 Prozent niedriger im Vergleich zu denjenigen, die Olivenöl mit anderen Fetten oder Ölen kombinieren.

Kochen mit Olivenöl

Entgegen landläufiger Meinung lässt sich mit Olivenöl extra vergine bedenkenlos kochen und sogar braten. Als einfach ungesättigte Fettsäure oxidiert es nicht leicht und ist reich an natürlichem Vitamin E, das Öle und Nüsse davor bewahrt, ranzig werden. Sobald das Vitamin E aufgebraucht ist, bilden sich durch Oxidation ranzige Fettsäuren.

Olivenöl extra vergine bleibt genauso gut oder sogar länger stabil als andere Pflanzenöle. Langjährigen Forschungen zufolge erhöht sich der Rauchpunkt von Olivenöl, während sich der Gehalt an freien Fettsäuren reduziert. Das heißt also, dass qualitativ hochwertiges Olivenöl extra vergine mit einem niedrigen Gehalt an freien Fettsäuren bis zu 220 °C erhitzt werden kann. Übrigens liegt die ideale Brattemperatur bei 180 °C.

Lebensmittel mit Auberginen fritiere ich nicht, brate sie aber – wie in der Mittelmeerküche üblich – in Olivenöl extra vergine, das ich jedoch nicht bis zum Rauchpunkt erhitze.

Was ist der Rauchpunkt?

Der Rauchpunkt ist die Temperatur, bei der eine deutlich sichtbare Rauchentwicklung beginnt, einhergehend mit der Freisetzung von toxischen Substanzen. Es ist wichtig, diesen Punkt nicht zu überschreiten. Der Rauchpunkt ist von der Qualität des Olivenöls abhängig. Je hochwertiger das Öl, desto höher der Rauchpunkt!

Wie viel Olivenöl ist gesund?

Olivenöl extra vergine sollten Sie auf Ihren Speisen und beim Kochen großzügig verwenden. Die Forschung belegt, dass dadurch auch mehr Gemüse und Hülsenfrüchte gegessen werden. Als Richtlinie empfiehlt die amerikanische Ernährungswissenschaftlerin und Olivenölforscherin Prof. Mary Flynn mindestens 1 Esslöffel pro 250 Gramm zubereitetem Gemüse.

Obwohl seit Jahrzehnten eine „fettarme Ernährung" propagiert wird, mag es überraschen, dass der Körper die höchstwirksamen, krebsbekämpfenden Carotinoide nicht ohne Fett aus dem Gemüse ziehen kann. In der berühmten PREDIMED-Studie (der größten randomisierten Kontrollstudie der Welt) verringerten sich in Probanden, die sich von Mittelmeerkost mit Olivenöl extra vergine ernährten, die Entzündungswerte und auch der Blutdruck sank bei ihnen deutlich. Bei Teilnehmern mit dem höchsten Olivenölkonsum sank im Vergleich zu Probanden mit fettarmer Ernährung das Risiko einer Herz-Kreislauf-Krankheit (insbesondere Schlaganfall) sogar um 35 Prozent und das Diabetesrisiko (Typ 2) um 50 Prozent. Mit jeder zusätzlichen Tagesdosis von 10 Gramm Olivenöl extra vergine sank das Herz-Kreislauf-Risiko um 10 Prozent und das Risiko eines frühzeitigen Todes um 7 Prozent.

Die ersten Studien zur Mittelmeerkost aus den 1960er-Jahren beschrieben die Speisen auf der Insel Kreta als ein „Schwimmen in Olivenöl"! Nachdem ich diese wunderschöne Insel besucht und dort in einigen traditionellen Restaurants gespeist habe, kann ich diese Aussage nur bestätigen und weiß nun, wie sehr gutes Olivenöl extra vergine dazu beiträgt, mehr Gemüse zu essen.

Denken Sie jedoch daran, dass Olivenöl extra vergine nicht nur ein Lebensmittel ist, sondern auch eine Medizin. Schon 2 bis 3 Esslöffel pro Tag sind vorteilhaft, jedoch werden bei einer traditionellen und aktiven mediterranen Ernährungsweise noch höhere Tagesmengen konsumiert.

Kokosöl – heilsam oder Hype?

Trotz vieler Marketing-Slogans und Referenzen, die Kokosöl – bei Alzheimer bis hin zu Diabetes – als Allheilmittel anbieten, gibt es kaum wissenschaftliche Belege, die die uneingeschränkte Verwendung von Kokosöl im westlichen Lebenstil unterstützen. Traditionell genutzt (meist nur das Kokosfleisch oder die Kokosmilch), etwa im Rahmen einer fisch- und gemüsereichen Kost inklusive körperlicher Aktivität, scheint Kokosöl das Herzrisiko nicht zu erhöhen. Wird diese Ernährung jedoch um Fleisch, Eier und bearbeitete Kohlenhydrate ergänzt, steigt die Herzerkrankungsquote gleich enorm an. Forschungen in Indonesien haben gezeigt, dass sich mit der gegenwärtigen Verwestlichung des Ernährungsstils Herzleiden mehren, obwohl weiterhin ähnlich große Mengen an Kokosöl verwendet werden. Wenn Sie Kokosnuss lieben, wählen Sie also im Rahmen einer veganen Kost weniger raffinierte Kokosmilch oder -sahne.

REINES WASSER

Die Forschung zeigt, dass bereits bei einer Dehydrierung von nur 1 bis 2 Prozent (entspricht einem Flüssigkeitsmangel von lediglich 400 ml) Müdigkeitserscheinungen auftreten und die Aufmerksamkeit nachlässt. Jedoch kann in den meisten hochentwickelten Ländern frei zugängliches (nach Belieben auch gefiltertes) Trinkwasser vom Wasserhahn einer nahenden Erschöpfung vorbeugen, den Feuchtigkeitsgehalt der Haut bewahren und die körperlich-geistige Leistungsfähigkeit verbessern. Eine ausreichende Wasseraufnahme unterstützt die Darmtätigkeit, reduziert die Gefahr von Nierensteinen und kann sogar vor übermäßigem Essen schützen, denn viele Leute verwechseln Durst mit Hunger.

Nach neuesten Erkenntnissen soll reines Wasser äußerst wichtig sein, um ernsthafteren Erkrankungen vorzubeugen. Gemäß einer Beobachtungsstudie der Harvard University halbierte sich bei Männern durch das Trinken von mindestens sechs Gläsern Wasser im Vergleich zu nur einem Glas pro Tag das Blasenkrebsrisiko. Nach einer großen Bevölkerungsstudie der Siebenten-Tags-Adventisten, veröffentlicht im *American Journal of Epidemiology*, reduziert sich bei mindestens fünf Gläsern Wasser pro Tag im Vergleich zu nur zwei oder weniger Gläsern das Herzinfarkt-Sterberisiko um 40 bis 50 Prozent. Überraschenderweise hatten andere Flüssigkeiten wie Säfte oder Tee keine Schutzwirkung.

Der Australische Rat für Gesundheits- und Medizinforschung empfiehlt Frauen mindestens zwei Liter Flüssigkeit pro Tag. Körperlich aktive Männer sollten täglich mindestens 2½ Liter Wasser trinken. Auf Grundlage aktueller Forschungsdaten, die Wassermangel mit chronischer Krankheit verbinden, würde ich täglich etwa 1½ Liter Flüssigkeit in Form von reinem Wasser empfehlen. Um zu kontrollieren, ob Sie ausreichend trinken, prüfen Sie die Verfärbung Ihres Urins. Wenn Sie gut hydriert sind, sollte er ziemlich klar sein. Dunkelgelbe Verfärbungen deuten darauf hin, dass Sie nicht ausreichend Wasser trinken – außer bei Einnahme von Riboflavin als Nahrungsergänzungsmittel, das für eine Gelbfärbung sorgt, oder unter dem Einfluss bestimmter Nahrungsmittel.

Kaffee im Klartext

Trotz der Erkenntnis, dass Kaffee Antioxidantien enthält, ist er nicht urplötzlich zu einem gesunden Lebensmittel avanciert. Während einige Studien auf leichte Vorteile bei gesteigertem Kaffeekonsum hindeuten – nämlich bei Erkrankungen wie Parkinson, Leberzirrhose oder Leberkrebs und Diabetes Typ 2 – gibt es dazu bisher keine wissenschaftlichen Belege. Bis auf Weiteres sprechen sich Gesundheitsbehörden gegen die Kaffeekultur aus. Hingegen gibt es viele Anhaltspunkte dafür, dass große Tagesmengen an Koffein Symptome von Unruhe, Reizbarkeit und Refluxkrankheit (Sodbrennen) verstärken, den Pulsschlag erhöhen und zu schlechtem Schlaf führen. Koffein sorgt, sobald der Kaffeekonsum sinkt, für Entzugserscheinungen wie Kopfschmerzen und Erschöpfung. Ferner behaupten einige Forscher, dass der aus regelmäßiger Koffeinzufuhr gewonnene Leistungsbonus eher die Kehrseite der Medaille sein könnte als ein direkter Vorteil.

Ungefilterter Kaffee und Kaffeesorten auf Espressobasis können ein Zuviel an schädlichem LDL-Cholesterin bewirken. Aber selbst Filterkaffee kann Homocystein und andere Risikofaktoren für entzündliche Herz-Kreislauf-Krankheiten zur Folge haben oder zur Entstehung von Fieberstoffen in der Blutbahn beitragen. Besorgniserregend ist, dass sich sogar bei gesunden Menschen die Blutgefäße nach nur einer Tasse Kaffee schon innerhalb von 30 Minuten nicht mehr normal weiten können, obwohl sie dies nicht wahrnehmen. Eine chronische Koffeinaufnahme versteift die Hauptschlagader (Aorta), entkoffeinierter Kaffee hingegen entspannt die Blutgefäße.

Die Geschichte rund um den Kaffee ist nicht so eindeutig, wie es scheint. Kaffee steht als Nahrungsmittel nicht für sich allein, sodass eine Untersuchung schwierig ist und Ergebnisse auch genabhängig sein können. Anhand der aktuellen Erkenntnisse glaube ich, dass es sich empfiehlt, den Kaffeekonsum einzuschränken und andere stark koffeinhaltige Getränke zu meiden oder zu begrenzen. Wenn Sie ein Aufputschmittel brauchen, dann trinken Sie lieber grünen Tee! Dieser enthält weniger Koffein, kein Acrylamid (Seite 380) und ist generell ohne erkennbare Risiken mit einer verbesserten Blutgefäßfunktion und anderen Gesundheitsvorteilen verbunden. Oder machen Sie einen Spaziergang im Sonnenschein und treffen Sie sich mit Freunden!

Ungesundes reduzieren oder meiden

ROTES FLEISCH

Fleischlastige Ernährungsweisen (insbesondere mit stark bearbeitetem Fleisch) werden gemäß zahlreicher großer Bevölkerungsstudien stark mit Darmkrebs, Herzleiden und Diabetes Typ 2 in Verbindung gebracht. Aus diesem Grund empfiehlt der World Cancer Research Fund (WCRF) vorzugsweise andere Eiweißlieferanten wie etwa Fisch oder Geflügel. Insbesondere werden pflanzliche Proteine wie Hülsen-früchte (Seite 343) beworben, denn diese Art Nahrung bekämpft aktiv chronische Erkrankungen. Deshalb liegt auch der Schwerpunkt dieses Kochbuchs auf pflanz-licher Kost.

GEFLÜGEL

Zwar bestätigen die meisten Studien keinen Zusammenhang zwischen Geflügel und einem erhöhtem Erkrankungsrisiko, doch soll laut einer Studie, die vom Nationalen Krebsinstitut der USA finanziert wurde, der Verzehr von Geflügel einmal pro Woche oder häufiger das Dickdarmkrebsrisiko stark erhöhen. Die schädlichen Verbindungen, die beim Grillen entstehen (Seite 379), sowie die Wirkung von zu viel L-Carnitin (Seite 365) auf die Darmflora, sogar bei mäßigem Konsum von rotem Fleisch, müssen noch näher untersucht werden.

FISCH

Fisch ist eine vorteilhafte Quelle für Omega-3-Fettsäuren und andere wertvolle Inhaltsstoffe. Jedoch herrscht wachsende Besorgnis wegen einer Überfischung der Weltmeere und des Grads der Kontamination diverser Fischarten durch Schwermetalle und Pestizide. Deshalb würde ich empfehlen, kleinere und nachhaltigere Spezies zu wählen, die in der Nahrungskette weiter unten stehen, wie Brassen, Wittlinge und Makrelen, und Fisch zweimal pro Woche statt rotem Fleisch in den Speiseplan einzubauen. Während kleine Fische wie Sardinen in vielen westli-chen Ländern nicht sehr beliebt sind, werden sie in der Mittelmeerregion sehr gern gegessen und sind eine ausgezeichnete Omega-3-Quelle. Wenn Sie keinen Fisch essen, keine Sorge! Sie können immer noch genügend Protein aus Pflanzen sowie Omega-3-Fettsäuren aus Leinsamen, Chiasamen, Walnüssen, Meeresgemüse und Algenpräparaten aufnehmen.

Warum Fleisch gesundheitsschädlich sein kann

Nicht nur der Fettgehalt in Fleisch kann, wie bisher angenommen, Ihrer Gesundheit schaden. Eine wie immer geartete fleischlastige Ernährung könnte sich in vielerlei Hinsicht als problematisch erweisen.

Drei Gründe, warum Fleisch nach Ansicht von Wissenschaftlern Krebs oder andere Gesundheitsprobleme verursachen kann:

1. Ein Überangebot an Eisen verstärkt die Oxidation DNA-angreifender Abbauprodukte im Körper.
2. Es entstehen toxischer Substanzen (z.B. PAK, HAA) durch bestimmte Kochmethoden (Seite 379), die sich DNA-schädigend auswirken.
3. Bei erhöhter Darmbelastung durch tierisches Eiweiß entstehen durch bakterielle Vergärung schädliche Abbauprodukte (z.B. Ammoniak, Nitroso-Verbindungen und Sulfide), die mit Krebs und anderen Gesundheitsproblemen einschließlich Darmentzündung verbunden sind.

Rotes Fleisch, Geflügel, Fisch und Milchprodukte enthalten L-Carnitin. Einige Arten von Darmbakterien können L-Carnitin aus Lebensmitteln und Nahrungsergänzungen durch diverse Körperprozesse zu Trimethylamin-N-oxid (TMAO) umwandeln. TMAO ist mittlerweile als hoch prädiktiver Risikofaktor für Arterienverstopfung anerkannt, sogar bei Menschen ohne klassische Risikofaktoren wie etwa erhöhtes Cholesterin.

Durch den Verzehr von viel tierischen Produkten könnte unabsichtlich das Wachstum schädlicher Bakterien und deren Abbauprodukte im Darm unterstützt werden. Jedoch scheinen Menschen, die sich pflanzlich ernähren, davor geschützt zu sein; denn sie haben eine größere Vielfalt an überwiegend guten Darmbakterien. Veganer beispielsweise, denen in einer Untersuchung L-Carnitin bzw. Rindfleisch verabreicht wurde, generierten kein TMAO, denn es fehlt ihnen aufgrund ihrer hauptsächlich fleischlosen Ernährung an diesen schädigenden Darmbakterien.

Ihre übliche Kost bestimmt maßgeblich, welche Bakterienarten sich in Ihrem Darm einnisten. Eine Ernährungsumstellung kann sich – egal in welche Richtung – innerhalb nur eines Tages verändernd auf Ihr Mikrobiom auswirken.

In einer von einem amerikanischen Kardiologen durchgeführten Studie zu der Frage, wie Blutströme im Herzkranzgefäß verlaufen, wurde festgestellt, dass eine stark proteinhaltige, fettarme Ernährung ohne weitere Lebensmitteleinschränkung den Blutkreislauf behindert. Nach 12 Monaten verschlechterte sich die Schwere der Herzgefäßerkrankung um 5 bis 10 Prozent und es traten vermehrt diverse Risikofaktoren auf. Allerdings fand man heraus, dass die Arterien von Patienten mit fettarmer, stark kohlenhydrathaltiger Ernährung „sich öffneten".

Über 17 Bevölkerungsstudien in verschiedenen Ländern haben übereinstimmend ergeben, dass eiweiß-reiche, kohlenhydratarme Ernährungsweisen mit einem erhöhten Risiko eines vorzeitigen Todes verbunden sind.

Wenn Sie also gern viel Fleisch essen und eine spürbare Verringerung Ihres Gefährdungsrisikos erreichen wollen, empfehle ich Ihnen fürs Erste, einmal pro Woche auf Fleisch zu verzichten. Warum führen Sie nicht einen fleischfreien Montag ein? Solche Initiativen erfreuen sich weltweit wachsender Beliebtheit.

EIER

Mittlerweile weiß man, dass gesättigte Fettsäuren in der Ernährung eine viel wichtigere Rolle bei der Blutfetterhöhung spielen als Cholesterin aus dem Eigelb. Aber in der Diskussion zum Eierkonsum geht es nicht nur um die Folgen auf das Blutcholesterin. Cholesterin kann zudem Entzündungsreaktionen und oxidativen Stress fördern, was insbesondere bei Diabetes zu einer gefährlichen Bildung von arterieller Plaque führt. Wenn Sie also, wie zuvor erwähnt, bestimmte Darmbakterien haben und regelmäßig L-Carnitin aus Fleisch- und Milchprodukten (Seite 365) sowie Cholin aus Eiern aufnehmen, kann es zu einer TMAO-Bildung kommen. TMAO begünstigt bekanntermaßen ein rasches Fortschreiten von Arteriosklerose ohne das geringste Warnzeichen im Blutfettprofil! Viele Studien haben gezeigt, dass ein moderater Eierkonsum bei Männern mit einem deutlich höheren Prostatakrebsrisiko verbunden ist. Die Forschung hierzu ist noch lange nicht abgeschlossen.

Unabhängige kanadische Wissenschaftler haben davor gewarnt, dass Eier deshalb nicht unüberlegt und ohne Rücksicht auf genetische Veranlagung, allgemeine Essgewohnheiten und Herzinfarktrisiko gegessen werden sollten. Kurzzeitstudien, in denen es bei Diabetikern, die im Rahmen einer zu 30 Prozent kalorienreduzierten Diät Eier statt Fleisch als Proteinquelle verwendeten (Seite 367), zu keiner Blutfetterhöhung kam, beweisen noch nicht, dass Eier für Diabetiker dauerhaft sicher sind, solange die typisch westliche Ernährungsweise beibehalten wird. In folgenden Fällen empfehle ich den Eierkonsum auf maximal zwei Stück pro Woche zu begrenzen: in der Vorstufe zu Diabetes oder bei bestehender Diabetes, wenn Risikofaktoren für einen Herzinfarkt oder Schlaganfall vorliegen, oder bei erhöhten PSA-Werten (mögliches Anzeichen für Prostatakrebs). Vergessen Sie nicht, beim Kochen und in Rezepten die Menge der verwendeten Eier zu zählen! Wer jung und kerngesund ist, kann etwas mehr Eier verkraften. Jedoch gibt es bisher keine Langzeitstudien, die eine Verträglichkeit einer erhöhten Tagesmenge an Eiern selbst bei jüngeren, gesunden Menschen nachweisen. Auch hier könnte sich ein Zuviel an Eiern negativ auf das Mikrobiom auswirken.

Eine pflanzliche Vollwerternährung als Alternative zu Eiern ist die beste Lösung, denn diese kann mit ihren Nähr- und Wirkstoffen (wie Sojaprotein in Tofu) die Blutgefäße aktiv entspannen, chronische Erkrankung verhindern oder rückgängig machen.

MILCHPRODUKTE

Milchprodukte wurden in westlichen Ländern beständig für ihr knochenstärkendes Kalzium beworben. Jedoch konnten große Bevölkerungsstudien und randomisierte klinische Untersuchungen bisher nicht überzeugend belegen, dass Milcherzeugnisse tatsächlich Osteoporose verhindern. Viele vermeiden Vollmilch aus Angst vor gesättigten Fettsäuren. Die Forschung interessiert sich zunehmend für Laktose (Milchzucker) und Milcheiweiß sowie andere hormonelle Faktoren. Selbst beim Konsum von fettarmer Milch sind sie von Belang.

Einige Wissenschaftler glauben, dass Laktose (bzw. die im Verdauungsprozess abgespaltene D-Galaktose) natürliche Alterungsprozesse fördern könnte. Werden Tiere mit Milch gefüttert, begünstigt D-Galaktose oxidativen Stress, chronisch-systemische Entzündungen, die Degeneration des Nervensystems und eine schlechtere Immunreaktion. Diese Prozesse führen nicht nur zum Fortschreiten der Erkrankung bei Herzleiden und Krebs, sondern auch zu altersbedingtem Knochenabbau und Osteoporose. Bevölkerungsstudien zufolge sollen bei Menschen mit hohem Milchkonsum vergleichbare Mechanismen wirken. Hingegen sind fermentierte Milchprodukte wie Joghurt (in dem Laktose größtenteils in Milchsäure umgewandelt wird) weder mit einem erhöhten Frakturrisiko noch mit vorzeitigem Tod verbunden und scheinen eine erhöhte Schutzwirkung zu zeigen. Forschungen haben nachweisen können, dass bei drei Portionen fettarmer Milchprodukte pro Tag im Rahmen einer überwiegend pflanzlichen Kost der Blutdruck sinkt (Seite 336). Milcherzeugnisse gehen generell mit einem reduzierten Erkrankungsrisiko für das Stoffwechsel-Syndrom und Diabetes einher.

Allerdings wurde die Folge einer lebenslangen Hormonbelastung bei Menschen durch den Konsum von Milchprodukten, die aus einer Tierzucht mit wachstumsfördernden Mitteln stammen, hinsichtlich hormonabhängiger chronischer Erkrankungen bisher nicht näher erforscht. Hingegen haben mehrere Studien ergeben, dass hoher Milchkonsum mit erhöhtem Prostatakrebsrisiko einhergeht. Zugleich erhöht sich der dem Insulin ähnliche Wachstumsfaktor IGF-1 im Blut, auf den ein höheres Risiko einer Prostatakrebserkrankung zurückgeführt wurde. Nach Auswertung von 32 Studien kam der World Cancer Research Fund zu dem Ergebnis, dass viele Molkereiprodukte zusammengenommen, nicht aber ergänzende Kalziumpräparate oder Kalzium aus Pflanzenkost, das Prostatakrebsrisiko steigern könnten.

Eine große laufende Bevölkerungsstudie in den USA unter der Leitung von Dr. Gary Fraser vergleicht Gesundheitsfolgen bei Probanden mit unterschiedlichen Ernährungsmustern: omnivor, halb vegetarisch, pesco-vegetarisch, ovo-lacto-vegetarisch und vegan (Definitionen siehe Seite 336). Den neuesten Ergebnissen zufolge verringerten sich bei vegan lebenden Probanden im Vergleich zu omnivoren Essern das Prostatakrebsrisiko um 35 Prozent, und das Risiko sämtlicher weiblicher Krebserkrankungen (Brust-, Vagina-, Gebärmutterhals-, Uterusschleimhaut-, Uterus- und Eierstockkarzinom) um 34 Prozent. In den beiden vegetarischen Gruppen hingegen gingen die Krebserkrankungsraten um nur 8 Prozent zurück.

Bis weitere Forschungsergebnisse vorliegen, möchten Sie und Ihre Familie vielleicht die Kalziumquellen diversifizieren oder ganz vegan leben. Bei der richtigen Auswahl können Sie aus pflanzlichen Lebensmitteln ausreichend Kalzium aufnehmen (Seite 348).

Die asiatische, seit jeher milchfreie Traditionskost wird aufgrund des niedrigen chronischen Erkrankungsrisikos (einschließlich Osteoporose) vielfach gepriesen. In der traditionellen Mittelmeerkost der Insel Kreta, die ihres Geschmacks wegen und auch aufgrund ihres gesundheitsfördernden Charakters überaus beliebt ist, wurde nie Kuhmilch konsumiert. Ziegenmilch und Schafsmilch waren Kindern vorbehalten, während Erwachsene nur wenig Joghurt und fermentierte Weichkäsesorten (z. B. Feta) auf dieser Milchbasis verzehrten. Zu erwähnen sei, dass diese im Vergleich zu moderner Kuhmilch A2-Beta-Casein und mehr Omega-3-Fettsäuren enthalten.

Bei Interesse an fermentierten Nahrungsmitteln ist eine milchfreie Ernährung ebenfalls möglich. Sie können pflanzlichen Joghurt und Kefir aus Nuss- oder Getreidemilch kaufen oder selber ansetzen und zusätzlich eine milchfreie, probiotische Nahrungsergänzung verwenden. Wenn Sie Käse gedanklich vermissen, warum probieren Sie es nicht mit köstlichem, innovativem „Käse auf Nussbasis", der immer häufiger auf Bauernmärkten angeboten wird, oder bereiten Sie meinen leckeren Mandel-Kräuter-Quark (Seite 224) zu.

NAHRUNGSERGÄNZUNGSMITTEL

Dank innovativen Marketings nehmen viele Leute Nahrungsergänzungspräparate ein, mit denen die Branche ein großes Geschäft macht. Bisher rät jedoch keine Gesundheitsbehörde, eine nährstoffreiche Vollwertkost durch Pillen und Pülverchen zu ersetzen. Die jüngsten wissenschaftlichen Erhebungen haben ergeben, dass die meisten Nahrungsergänzungen weder chronische Erkrankungen noch einen frühzeitigen Tod verhindern können. Ihr Gebrauch ist nicht begründet und könnte sogar schädlich sein. Ergänzungen und Surrogate zeigen bei Personen, die sich gut und ausgewogen ernähren, auch keine klaren Vorteile.

Es gibt jedoch Ausnahmen. Nahrungsergänzungsmittel können hilfreich sein, wenn es Ihnen an bestimmten Nährstoffen mangelt oder diese nicht aus der gewohnten Ernährung aufgenommen werden können. Pflanzen enthalten beispielsweise kein Vitamin B_{12}. Wenn Sie vegan leben oder auf Milch- und Eiprodukte weitgehend verzichten, ist es wichtig, eine entsprechende Nahrungsergänzung und/oder angereicherte Lebensmittel zu verwenden. Auch könnte zusätzliches Vitamin D hilfreich sein, wenn Sie zu der zunehmenden Gruppe von Menschen mit Sonnenlichtmangel gehören.

In Sachen Nahrungsergänzung sollten Sie zusammen mit einem qualifizierten medizinischen Spezialisten Nutzen und Risiken abwägen. Die sicherste Gesundheitsstrategie ist, sich auf ein breites Spektrum an nährstoffreicher Pflanzennahrung zu stützen. Nach einer Empfehlung des World Cancer Research Fund (WCRF) sollte sich jeder „zum Ziel setzen, seinen Nährstoffbedarf allein durch eine optimierte Ernährung zu decken".

Echte Ess-Sünden

SNACKS UND FAST FOOD

Den ganzen Tag hindurch (oder abends!) Kekse oder Knabbersachen zu naschen oder auch schnell mal eine Fertig-Pizza am Wochenende, ist für viele inzwischen so alltäglich geworden, dass sie kaum noch darüber nachdenken. Der Marktforschung zufolge geben einige Leute mehr Geld für Snacks aus als für Obst und Gemüse insgesamt! Beiläufige Snacks haben mittlerweile Gemüse zu unserem eigenen Nachteil aus der Ernährung verdrängt.

Während viele Leute vielleicht zustimmen, dass Fast Food und verarbeitete Snacks zu einem erhöhten Herz-, Krebs-, Fettleber- und Adipositas-Risiko beitragen können, bedenken nur wenige die Auswirkungen auf ihre Kinder, als seien diese dagegen immun. Vielleicht drücken Sie aber auch nur wegen des hohen Quengelpotenzials ein Auge zu.

Da 70 Prozent unserer Nahrungsvorlieben schon früh festgelegt werden, ist die beste Möglichkeit der Einflussnahme, dem Kind ein gutes Vorbild zu sein!

Wenn Sie Ihren Kindern den besten Start ins Leben geben wollen, dann verbannen Sie Chips oder Kekse aus der Lunchbox. Es gibt viele köstliche Bio-Snacks (siehe meine Liste Schneller Snacks auf Seite 269). Kaufen Sie keine süßen Muffins, Schnellkochnudeln und Schokoriegel als Heißhunger-Happen nach der Schule oder als Knabberei am Abend. Ideen für selbst gemachte vollwertige Naschereien finden Sie ab Seite 266.

SÜSSE GETRÄNKE

Wenn Sie abnehmen oder Ihr Wohlbefinden steigern wollen, empfiehlt es sich, Süßgetränke zu meiden; dazu gehören Softdrinks, Coca-Cola und Limonaden, Getränkesirup, Sportgetränke, Energy-Drinks, Vitaminwasser, Eistee, alkoholfreier Cidre, Ingwerbier und -limonade sowie Getränke mit Fruchtgeschmack.

Süße Getränke sind bei Kindern wie auch Erwachsenen stark mit einer Gewichtszunahme und mit Übergewichtigkeit verbunden. Studien zufolge führen mit Zucker gesüßte Getränke häufig zu Diabetes Typ 2, Herzinfarkt und Schlaganfall, Krebs, Gicht sowie bei Mädchen zu einer zu früh einsetzenden Regelblutung. Sie sind alljährlich Ursache für rund 180.000 vorzeitige Sterbefälle weltweit.

Mittlerweile empfehlen die meisten Gesundheitsbehörden, den Konsum sämtlicher Getränke mit schnell absorbierbarem Zucker auf maximal ein Glas pro Tag zu beschränken; sogar noch weniger ist wahrscheinlich besser. Siehe auch meine einfachen, jedoch erfrischenden Tipps rund ums Wasser (Seite 298).

Egal, um welches alkoholische Getränk es sich auch handelt, mittlerweile ist überzeugend belegt, dass regelmäßiger Alkoholkonsum – selbst in kleinen Mengen – das Krebsrisiko für Mund, Kehlkopf, Rachen, Speiseröhre (bei Männern) und Brust (bei Frauen) deutlich erhöht. Wahrscheinlich vergrößert sich auch der Taillenumfang in jedem Alter, denn Alkohol ist eine leicht konsumierte Kalorienbombe. Und sollten Sie Ihre graue Hirnsubstanz erhalten wollen, bedenken Sie nur, dass Alkohol schädliche Oxidationsprozesse und Entzündungen im Gehirn fördert.

Aber was ist mit der Ansicht, dass Rotwein gut fürs Herz ist? Der Australische Krebsrat (Cancer Council Australia) hält dies für irreführend. In einer Stellungnahme von 2011 wird gewarnt, dass sich durch Alkohol das Krebsrisiko stark erhöhen kann. Demnach soll bei leichten bis mäßigen Trinkern die Rolle des Alkohols für ein abnehmendes Risiko einer Herzerkrankung bisher anscheinend überschätzt worden sein.

Selbst wenn Alkohol einen bescheidenen Vorteil für das Herz bieten würde, sind Forscher der Meinung, dass dies nur für Frauen ab einem Alter von 55 Jahren gelten könnte. Es gibt bessere Möglichkeiten, das Herzinfarktrisiko zu reduzieren, etwa durch Nikotinverzicht, regelmäßigen Verzehr von Nüssen und körperliche Aktivität. Während wir ständig über Tabak und schlechte Ernährung reden, so sagt Dr. David Nelson, Leiter des Krebsvorsorge-Fellowship-Programms am Nationalen Krebsinstitut der USA, werde Alkohol als Ursache von vermeidbaren Krankheiten und Todesfällen oft übersehen. Alkohol verursacht weltweit zehn Mal mehr Todesfälle, als er verhindert.

Wenn es hart auf hart kommt, so sind sich die Gesundheitsbehörden einig, dass es tatsächlich keine sichere Obergrenze gibt. Die Risiken steigen mit jeder regelmäßig zugeführten Menge Alkohol. In einem Leitartikel des *British Medical Journal* schrieb Mike Daube, Professor für Gesundheitspolitik an der Curtin University in Australien, dass die bisher gepriesenen Vorteile des mäßigen Trinkens sich mittlerweile „verflüchtigen".

Lohnt sich Bio?

Ob Bio-Produkte wirklich besser sind, lässt sich schwer nachweisen, wenn man nur den Vitamin- und Mineraliengehalt vergleicht. Nach Überprüfung zahlreicher Studien kam die britische Food Standards Agency (Agentur für Lebensmittelnormen) zu dem Schluss, dass es zwischen ökologisch und konventionell angebauten Produkten keinen Nährwertunterschied gibt. Unter Berücksichtigung von Pflanzeninhaltsstoffen wie Antioxidantien ergibt sich ein etwas anderes Bild.

ANTIOXIDANTIEN-SCHUB

In mehreren kleineren Studien wurde in Erdbeeren, Äpfeln, Tomaten und Ketchup in Bio-Qualität ein höherer Gehalt an pflanzlichen Inhaltsstoffen festgestellt. Nach Begutachtung von 344 Studien kam eine im *British Journal of Nutrition* veröffentliche Rezension zu dem Schluss, dass bestimmte Nahrungsmittel laut Statistik erhebliche und praktisch bedeutsame Unterschiede im Antioxidationsgehalt aufweisen. Bei ökologischen Anbaukulturen liegt der Antioxidantiengehalt zwischen 19 und 69 Prozent. Nach wissenschaftlichen Erkenntnissen entspräche dies 1 bis 2 Extraportionen Obst und Gemüse pro Tag.

Pflanzen produzieren zu ihrem eigenen Schutz gegen Virus-, Bakterien- und Schimmelbefall viele Nährstoffe. Beim konventionellen Anbau (mit Pestiziden) sind ihre Resistenzbedürfnisse gegen Schädlinge gemindert, das heißt sie produzieren weniger pflanzliche Inhaltsstoffe. Bei ökologischen Anbaumethoden hingegen treten die natürlichen Abwehrmechanismen ein und der Nährstoffgehalt steigt an.

Vielen Studien zufolge sind nährstoffreiche (zwangsläufig pflanzliche) Ernährungsweisen mit den niedrigsten chronischen Erkrankungsquoten verbunden. Mehr pflanziche, insbesondere ökologisch angebaute Lebensmittel steigern mit Sicherheit Ihre persönliche Nährwertdosis.

CHEMIEFREIE NAHRUNGSMITTEL

Bio-Lebensmittel haben einen weiteren Vorteil: Sie enthalten keine Rückstände an Pestiziden, Schädlingsbekämpfungs- und Pflanzenschutzmittel, die sich bei Menschen gesundheitsschädigend auswirken könnten. Trotz amtlich genehmigter Verwendung einzelner Substanzen kann niemand sicher beurteilen, wie sich der lebenslange Konsum selbst bei einem niedrig dosierten Schadstoffmix auswirkt. Pestizidbelastung und landwirtschaftlich genutzte Chemikalien stehen in Zusammenhang mit einem erhöhten Krebsrisiko, Depression, Parkinson und ADHS.

Mit Blick auf die menschliche Gesundheit ist dies meines Erachtens der Hauptgrund, warum Bio-Produkte besser sind und die Zusatzkosten rechtfertigen. Zudem sind sie weitaus umweltverträglicher. Glücklicherweise ist wissenschaftlich nachgewiesen, dass bei einer Ernährungsumstellung auf Bio-Kost die Pestizidbelastung in verschiedenen Körperteilen sowohl bei Erwachsenen als auch bei Kindern messbar sinkt.

Auf den jährlich erstellten „Dirty-Dozen-Listen" der amerikanischen Umweltarbeitsgruppe, die zwölf Landwirtschaftserzeugnisse mit höchster Schadstoffbelastung benennt und anprangert, stehen Früchte mit dünner Haut wie Äpfel, Beeren, Weintrauben und Pfirsiche sowie Blattgemüse (Spinat und Grünkohl), Tomaten, Kartoffeln und Sellerie ganz oben – diese sollten Sie in Bio-Qualität kaufen!

Der Verzehr von ausreichend bis viel Obst und Gemüse jeder Art, egal aus welchem Anbau, sollte nach wie vor oberste Priorität haben. Einigen aussagekräftigen Daten zufolge sollen bestimmte Pflanzeninhaltsstoffe selbst aus konventionell angebauten Erzeugnissen schädlichen Pestiziden entgegenwirken. In Studien mit Vegetariern, die generell mehr Obst und Gemüse aus biologischem Anbau essen, hat man größere Mengen Salicylsäure im Blut festgestellt. Dadurch sind sie vor Herzinfarkt und Schlaganfall gut geschützt, und auch Darmkrebs lässt sich wahrscheinlich besser bekämpfen. Vielen ist dieser aktive Wirkstoff vielleicht durch Aspirin bekannt.

Unter dem Strich sind Lebensmittel in Bio-Qualität kein Luxus, sondern der Idealzustand unserer Ernährung. Machen Sie sich mit dem ökologischen Anbau vertraut. Wenn Sie keinen grünen Daumen haben, dann kaufen Sie auf Bauernmärkten ein! Wichtig aber ist, insgesamt mehr Bio-Produkte zu essen.

So gesund ist Rohkost

Rohkost-Fans behaupten, mehr Ausdauer, besseren Schlaf, eine reibungslose Verdauung, reinere Haut und eine höhere Konzentrationsfähigkeit zu haben. Einigen Studien zufolge sollen Rohkostdiäten bei chronischen Erkrankungen wie Fibromyalgie, Gelenkrheumatismus, Herzleiden, Diabetes Typ 2, Krebs und Adipositas therapeutisch wirksamer sein als gekochte Speisen auf pflanzlicher Basis. Diese Ergebnisse stellen orthodoxe Ernährungsmuster infrage.

Mehr Frischkost wie Salate und Obst und weniger stark bearbeitete Lebensmittel könnten auch den Alterungsprozess wirksam verlangsamen. Mittlerweile ist wissenschaftlich eindeutig belegt, dass sich bei Fortsetzung des westlichen Ernährungsstils mit gekochten Speisen die Vorteile einer früheren Rohkostdiät wieder zu verlieren scheinen. Es sieht so aus, als müsse man sich immer wieder auch mit Frischkost ernähren.

ROHKOSTVARIANTEN

Einige Menschen berichten, dass sie sich bereits durch eine Rohkostmahlzeit pro Tag voller Energie fühlen, wie zum Beispiel durch einen großen Smoothie zum Frühstück oder einen üppigen Salat zum Mittagessen. Andere entscheiden sich für eine aggressivere Herangehensweise, um eine ernsthafte Erkrankung rückgängig zu machen. Dementsprechend essen sie täglich zwei Rohkostmahlzeiten und behalten sich eine gekochte pflanzliche Mahlzeit vor, die sie zusammen mit Familie und Freunden genießen können.

Eine Umstellung auf Rohkost erfordert Engagement und etwas Übung im Umgang mit Utensilien wie dem Dörrapparat. Sie müssen lernen, wie Sie ohne Hitze „kochen" können, um weiterhin mit Genuss zu essen, insbesondere mit Blick auf die Konsistenz des Essens. Richtig zubereitete Rohkostmahlzeiten wie mexikanische Tacos mit knusprigen Leinsamenhülsen und eine Rohkost-Lasagne (mit „Walnussfleisch" und jungem Kokosfleisch zum Schichten der Teigplatten) können köstlich schmecken. Essen Sie in einem Rohkost-Restaurant! Und versuchen Sie den Mandel-Kräuter-Quark (Seite 224) oder das Grüne Thai-Curry (Seite 98).

ALTERNATIVEN MIT ROHKOST

VERZICHTEN SIE AUF	VERSUCHEN SIE
Bindemittel	Datteln, Leinsamen, Chiasamen, Flohsamenschalen
Fond	Getrocknete Pilze, Miso
Brot	Romanasalat, Kohlblätter, gedörrte Kräcker aus Samen und Sprossen, Rohkost-Brot aus Keimlingen
Butter	Avocado, Nuss- und Samenpasten, Olivenöl extra vergine, Kokosöl extra vergine
Schokolade	Rohes Kakaopulver, Carobpulver
Zwiebel/Knoblauch, gedünstet	Knoblauchpulver, Asafoetida (Asant)
Tomaten, gekocht	Sonnengetrocknete, rehydrierte Tomaten
Mehl	Mandelmehl, gemahlene Nüsse und Samen
Fleisch	Gemahlene Nüsse und Samen, getrocknete oder frische Pilze
Nudeln oder Reis	Spiralisiertes oder fein geschnitzeltes Gemüse – z.B. Zucchini-Linguine, Rohes Rüben-Risotto (Seite 100), Algennudeln (Seite 101)
Milch, Käse und Sahne	Nussmilch, Käse oder Paste auf Nussbasis, Cashew-Birnen-Creme (Seite 244)

NÄHWERTBONUS DANK FRISCHKOST

Genau wie gekochte Speisen aus unbearbeiteten pflanzlichen Lebensmitteln, so ist auch Rohkost frei von Transfettsäuren und Cholesterin, enthält wenige oder keine gesättigten Fettsäuren (außer bei häufiger Verwendung von Kokosprodukten) und ist reich an Ballaststoffen, Pflanzensterinen und pflanzlichen Inhaltsstoffen. Rohkost ist jedoch meist kalorienärmer (auch weil durch das Garen mehr Kalorien entstehen) und enthält weniger oder gar keine bearbeiteten Kohlenhydrate. Ein Bonus, wenn Sie schnell abnehmen oder Ihre Blutzucker- und Insulinwerte in den Griff bekommen wollen! Mehr Rohkost jeden Tag kann auch die Aufnahme von präventiven Nährstoffen ankurbeln und die chemischen Schadstoffe reduzieren helfen, die durch moderne Kochmethoden bei hoher Hitze entstehen (Seite 379). Haben Sie schon meinen beliebten Grünen Monster-Smoothie (Seite 301) probiert?

Rohkost-Anhänger sollen verschiedenartigere Darmbakterien aufweisen als omnivore Esser, die auch Gekochtes zu sich nehmen. Dies ist mit Blick auf eine Immunstärkung und ein vermindertes chronisches Erkrankungsrisiko wünschenswert. Diese Beobachtungen gelten auch für Vegetarier und Veganer und beruhen wahrscheinlich auf dem Umstand, dass sie mehr knackfrische pflanzliche Nahrungsmittel essen.

ANTI-AGING POTENZIAL

Die Kernthese der Anti-Aging-Forschung konzentrierte sich bisher darauf, dass eine Kalorienrestriktion (30 bis 50 Prozent der gewöhnlichen Aufnahme und vorzugsweise um Mikronährstoffe ergänzt) die Lebenserwartung erhöhe. Jüngste Studien legen nahe, dass sich bei einer Begrenzung der Aufnahme von Proteinen, verglichen mit Kohlenhydraten, die Lebenserwartung erhöhen könnte selbst wenn die Kalorien nicht reduziert werden. Dazu passen Studien, wonach stark eiweißhaltige Ernährungsweisen das Leben verkürzen.

Eine westliche Ernährung mit viel Eiweiß, das insbesondere verzweigte-kettige Aminosäuren (BCAA) wie Leucin (in großen Mengen Milch und Fleisch) liefert, kann zu einer Dauerstimulation des Proteinkomplexes m-TORC1 in den Mitochondrien führen. Mitochondrien sind die „Kraftwerke der Zellen", die den gesamten Wachstums- und Entwicklungsprozess von der Körperzusammensetzung über Fortpflanzung bis hin zum Alterungsprozess beeinflussen. Wie Zucker und raffinierte Stärken mit hohem GI-Wert (Seite 346) aus ungesunden Lebensmitteln, sind diese verzweigt-kettigen Aminosäuren ein wichtiges Signal für die Insulinausschüttung im Körper. Erhöhte Insulinwerte scheinen ein Krebswachstum zu fördern und das Risiko für Diabetes und Herz-Kreislauf-Krankheiten sowie vorzeitiges Altern zu verstärken.

Deshalb raten Anti-Aging-Ernährungsexperten zu weniger Protein (insbesondere aus Milch und Fleisch) und zum Verzicht auf Kohlenhydrate mit hohem GI-Wert (Seite 346), um einen starken Anstieg der Insulinwerte zu verhindern und dadurch so sein Leben zu verlängern. Rohkost und sogar nicht bearbeitete pflanzliche Kost bieten eine natürliche Möglichkeit, dies zu erreichen.

Fasten – kurz gefasst

Totales oder periodisches Fasten kann Veränderungen in Ihrem Körper herbeiführen, die Alterungsprozesse und chronische Erkrankungen verlangsamen. Dabei legen die Kraftwerke der Zellen (Mitochondrien) eine Pause ein und konzentrieren sich weniger auf Wachstum und Entwicklung, sondern stärker auf die Selbst-regulierungsmechanismen des Körpers. Es gibt verschiedene Fasten-Arten, sei es durch zeitweisen Totalver-zicht oder Einschränkung bezüglich Menge und Art der Nahrung. Fasten ist allerdings nicht für jedermann geeignet, insbesondere nicht für Kinder, Schwangere, insulinabhängige Diabetiker und bei Essstörungen. Wer Medikamente einnimmt, sollte am besten nur unter Kontrolle eines medizinischen Spezialisten fasten.

NUTZEN VON LEBENSMITTELENZYMEN

Viele Jahre lang ging man davon aus, dass Lebensmittelenzyme aus rohen pflanzlichen Nahrungs-mitteln wertvoll seien. Wissenschaftliche Untersuchungen fanden jedoch heraus, dass diese Enzyme in der Verdauung nur eine untergeordnete Rolle spielen, denn in der Regel überleben sie die sauren Bedingungen im Magen nicht, um es bis in den Dünndarm zu schaffen, in dem ein Großteil des Verdauungsprozesses abläuft. Einigen neueren Studien zufolge könnten jedoch Pflanzenenzyme schon vor der Verdauung eine einzigartige Rolle bei der Aktivierung wichtiger pflanzlicher Inhaltsstoffe spielen. Diese Nährstoffe können bekanntlich auch ernste Erkrankungen wie Krebs bekämpfen.

MYROSINASE

Das Enzym Myrosinase ist in rohem Brokkoli und in anderen ungekochten Kohlarten und Gemüsen der Kreuzblütlerfamilie enthalten. Beim Umbau inaktiver Pflanzeninhaltsstoffe, den sogenannten „Glucosinola-ten", in krebshemmende „Isothiocyanaten" spielt dieses Enzym eine zentrale Rolle. Es existieren verschie-dene Arten einzelner Isothiocyanate, die bekanntesten sind wohl die scharf schmeckenden Sulforaphane (Senföle).

Leider ist die Myrosinase im Kohlgemüse von der Zellwand umgeben; so muss das Enzym durch Kauen erst freigesetzt werden, um die Glucosinolate umzuwandeln. Dies sollte noch vor dem Kochen geschehen, denn durch Hitze wird die Myrosinase nach und nach zerstört. Sobald sich jedoch die krebshemmenden pflanz-liche Inhaltsstoffe wie Sulphoraphane gebildet haben, sind sie hitzeresistent und können auch hohe Koch-temperaturen aushalten.

Sulforaphane werden als Nahrungsergänzung mit krebshemmender Wirkung beworben. Man kann sie auf natürliche Weise in großen Mengen in Form von Brokkolisprossen zu sich nehmen.

Wären aus rohem Kreuzblütlergemüse noch mehr Sulforaphane und weitere Isothiocyanate zu gewinnen? Die Antwort lautet Ja! Deswegen ist es auch so wichtig, regelmäßig frische Salate wie den Wirsingsalat mit Zitronendressing (Seite 51) oder den Daikon-Rettich-Salat mit Zitrone (Seite 70) zu essen oder mehrmals pro Woche einen grünen Gemüsesaft aus Grünkohl zu trinken. Wissenschaftlichen Schätzungen zufolge weisen Menschen nach dem Essen von rohem oder leicht gekochtem Brokkoli (maximal 3 Minuten dämpfen, bis er hellgrün wird) drei Mal mehr Sulforaphane im Körper auf, als wenn sie vollständig gegarten Brokkoli mit inaktiver Myrosinase verzehrt hätten.

Wenn Sie weich oder sogar sämig gekochtes Kohlgemüse bevorzugen, hier ein Tipp, wie Sie immer noch von den potenziellen Sulforaphanen profitieren können. Essen Sie dazu ein weiteres rohes Kreuzblütlergemüse. Sie können beispielsweise ohne Vitaminverlust zu Ihrem Lieblingsnudelgericht mit zart gekochtem Brokkoli einen frischen Brunnenkresse-Rucola-Salat (Seite 68) essen! Das zusätzliche frische Blattgemüse bringt sein aktives Myrosinase-Enzym mit ein. Alternativ können Sie den rohen Brokkoli zerkleinern und 40 Minuten vor dem Garen ruhen lassen, damit sich Sulforaphane bilden, bevor das Enzym beim Garen zerstört wird.

Aber selbst wenn Sie das vergessen, gibt es noch einen Last-Minute-Trick! Bestreuen Sie den gegarten Brokkoli einfach mit Senfsamenpulver oder reichen Sie Wasabi oder Meerrettich dazu. Aus Untersuchungen geht hervor, dass Kreuzblütlerarten auch Myrosinase abgeben können, sodass aus inaktivem Glucosinolaten immer noch – wie bei rohem Brokkoli – Sulforaphane freigesetzt werden können!

Den Brokkoli vor dem Tiefkühlen zu blanchieren ist keine gute Idee, denn dies zerstört wie beim Garen auch die Myrosinase. Industriell verarbeitetem, meist blanchiertem Brokkoli fehlt es nachweislich an der Fähigkeit, krebshemmende Sulforaphane zu bilden!

ALLIINASE

Alliinase ist ein pflanzliches Enzym, das in frischem Knoblauch enthalten ist. Wie auch Myrosinase wird es durch Erhitzen nach und nach zerstört. Wenn Sie aber Knoblauch vor dem Kochen zerstoßen (oder kauen), brechen Sie die Zellwände in der Knoblauchzehe auf und die Alliinase kann mit dem inaktiven Pflanzennährstoff „Alliin" in Kontakt kommen. Alliin wird dann durch das Enzym schnell in medizinisch wirksames und stechendes Allicin verwandelt. Knoblauch und Knoblauchpräparate sind für diesen schwefelhaltigen Aromastoff wohlbekannt!

Wenn man Knoblauch nach dem Schälen und Kleinschneiden nur 10 Minuten stehen lässt, wird bereits ausreichend Alliin in Allicin umgewandelt. Es ist sinnvoll, Knoblauch auch roh zu essen, denn zu langes und starkes Erhitzen zerstört den aktiven Wirkstoff Allicin. Haben Sie mein herrliches Mandel-Salbei-Pesto (Seite 215) schon probiert?

Ist Knoblauch im Glas genauso gut wie frischer?

Zwar ist bereits fertig geschälter Knoblauch im Glas praktisch, wenn auch weniger geschmacksintensiv. Er stammt meist nicht aus regionalem Anbau und enthält verschiedene Zusatzstoffe wie einen Säureregulator (Essigsäure oder Phosphorsäure), Zucker und Salz. Wahrscheinlich enthält er auch weniger Allicin, als der Knoblauch, den sie frisch schälen und zerstoßen, denn dieser Pflanzennährstoff ist nicht lagerungsbeständig. Japanische Studien zeigen, dass zerstoßener Knoblauch in Wasser eingelegt innerhalb von sechs Tagen etwa die Hälfte seines Allicingehalts verliert (oder bei Zimmertemperatur in Pflanzenöl eingelegt in weniger als einer Stunde).

Während Allicin hingegen an der entzündungs- und blutgerinnungshemmenden Wirkung von Knoblauch seinen Anteil hat, sind noch andere Antioxidantien im Knoblauch zu finden, sodass der Gebrauch von gehacktem Knoblauch im Glas nicht völlig wirkungslos ist. Stellen Sie nur sicher, dass Sie ab und an auch frischen Knoblauch genießen (in Ihrem Salat oder auf Ihr Brot gerieben)!

Ist Rohkosternährung riskant?

Eine Umstellung auf eine Ernährungsweise mit Rohkost birgt bestimmte Risiken, je nach Anteil der rohen Bestandteile und unterstützender Nahrungsergänzungsmittel. Neben einem Mangel an Vitamin B_{12} und D wurde eine unterschiedlich hohe Aufnahme von Protein und Kalzium festgestellt. In einer Studie wurde bei Rohkost-Fans auch eine geringe Mineraldichte der Knochen verzeichnet. Wer sich also unbedingt ausschließlich von Rohkost ernähren will, sollte dies in kleinen Schritten tun und sich in die Hände eines qualifizierten Gesundheitsexperten begeben.

Bei Kindern, schwangeren oder stillenden Frauen sowie gebrechlichen älteren Menschen wird von reiner Rohkost abgeraten. Dennoch kann jeder mehr Rohkostgerichte in seinen wöchentlichen Speiseplan aufnehmen. Versuchen Sie meine herrlich schaumige Gazpacho (Seite 202), den beliebten Bohnensprossensalat mit Avocado und roter Papaya (Seite 32) oder den Chia-Pudding mit Blutorange und Granatapfelkernen (Seite 240) als Party-Dessert.

SCHADSTOFFE REDUZIEREN

Clever kochen

Wissenschaftler erkennen in zunehmendem Maße, dass die Art, wie Essen zubereitet wird, ebenfalls dem Wohlbefinden dienlich sein kann. Modernes Schnellkochen mit hoher Hitze und Trockengaren setzen in Lebensmitteln verschiedene chemische Schadstoffe frei.

10 TIPPS FÜR SCHADSTOFFREDUZIERTES ESSEN

1. Essen Sie mehr Rohkost und integrieren Sie frisches Obst und Gemüse in Ihre Mahlzeiten und Snacks.

2. Nutzen Sie größtenteils feuchte Gartechniken, beispielsweise für Suppen, Eintöpfe und Currys. Dämpfen Sie Ihr Gemüse oder braten Sie Kartoffeln langsam, damit sie saftig bleiben, so wie meine köstlichen Zitronen-Ofenkartoffeln (Seite 82). Obwohl die Zubereitung im Wok mit höheren Temperaturen einhergeht, lässt sich damit schneller garen, sodass weniger chemische Stoffe freigesetzt werden.

3. Vermeiden Sie Fleisch, Geflügel und Fisch aller Art, ob geräuchert oder anderweitig bearbeitet. Die chemischen Stoffe, die sich beim Räuchern entwickeln, sind schädlich. Räucherfleisch oder Fleisch aus Konserven können die Darmschleimhäute beschädigen.

4. Grillen Sie in Maßen, und wenn, dann möglichst Gemüse und Pilze! Marinieren Sie Produkte aus tierischem Protein in Gewürzmischungen oder wickeln Sie sie in Bananenblätter ein und garen Sie diese anschließend.

5. Nutzen Sie den Grill des Backofens nicht so häufig, und auch das Frittieren und Trockenrösten sollten Sie möglichst einschränken, vor allem von Fleisch. Zwar mögen wir gebräunte und knusprige Speisen besonders gern, doch zeigt sich deutlich, dass bei der Zubereitung chemische Schadstoffe gebildet werden. Wenn Sie Ihr Fleisch gegrillt oder gebraten essen wollen, wenden Sie es häufig, damit es nicht zu stark bräunt, und schneiden Sie vor dem Verzehr verkohlte Stellen weg. Verwenden Sie keine AGE-belastete Auffangfette für Bratensaucen (Seite 380).

6. Vermeiden Sie stark bearbeitete Knabbereier, Kekse, Kräcker und stark geröstetes Toastbrot. Darin versteckt sich Acrylamid (Seite 380). Lagern Sie Ihre Kartoffeln vor dem Kochen nie im Kühlschrank (und auch nicht im Tiefkühlfach). Letzteres ist gängige Praxis in vielen Fast-Food-Restaurants, weil dadurch knuspriger frittiert werden kann; allerdings entsteht dabei auch mehr Acrylamid.

7. Trinken Sie – statt Kaffee und anderer Getränke aus gerösteten Pflanzenteilen – vorzugsweise Tee; denn beim Rösten von Kaffeebohnen und Körnern entsteht Acrylamid. Sie finden ausreichend Kräuterteesorten und Teesorten ohne Koffein.

8. Vermeiden oder begrenzen Sie den Konsum von Käse mit hohem Fettanteil (etwa Brie, Parmesan und Frischkäse). Wählen Sie stattdessen bei Milchprodukten Ricotta oder Hüttenkäse. Oder bereiten Sie aus nicht gerösteten Nüssen und Samen Ihren eigenen „Käse" auf Pflanzenbasis (beim Rösten entstehen immer deutlich mehr AGEs) zu. Probieren Sie einmal meinen leckeren Mandel-Kräuter-Quark (Seite 224).

9. Vermeiden oder beschränken Sie die Verwendung von Butter, Margarine, Mayonnaise und chemisch raffinierten Speiseölen sowie die gängigen Pflanzenöle aus dem Supermarkt ohne die Bezeichnung „extra vergine". Diese stark AGE-haltigen Aufstriche und Öle enthalten keine ausgleichenden, entzündungshemmenden Inhaltsstoffe vollwertiger Pflanzenkost, wie sie in Nüssen oder kalt gepressten nativen Speiseölen (siehe Olivenöl, Seite 359) enthalten sind. Verwenden Sie möglichst Öle extra vergine, doch erhitzen Sie diese nicht zu stark.

10. Wärmen Sie Essen nie in Plastikbehältern auf und waschen Sie diese Gefäße auch nicht in der Geschirrspülmaschine, denn dadurch entweichen noch mehr chemische Schadstoffe.

Schädliche Chemie beim Kochen

Hier erhalten Sie eine kurze Einführung in die am besten erforschten chemischen Schadstoffe, die beim Kochen entstehen:

Heterozyklische aromatische Amine (HAA) und **aromatische Kohlenwasserstoffe (PAK)** entstehen in erheblichen Mengen bei rotem Fleisch, Geflügel und Fisch, wenn sie bei hoher Hitze oder durch trockene Garverfahren zubereitet werden, wie etwa beim Grillen (Backofen, Grill oder BBQ-Smoker), Braten und Räuchern; d.h. selbst auf offener Flamme gegrilltes Hähnchenbrustfilet und Räucherlachs im Burger oder Bagel sind nicht schadstofffrei. PAK können sich auch in Nahrungsmitteln auf Pflanzenbasis bilden (z.B. Räuchertofu), jedoch dann in deutlich geringerem Maße. In pflanzlichen Speisen bilden sich keine HAA.

Der häufige Verzehr HAA- und PAK-lastiger Nahrung geht mit einem erhöhten Krebsrisiko einher, insbesondere bei Erkrankungen von Magen, Darm, Prostata und Bauchspeicheldrüse. Bevorzugen Sie gesündere Garmethoden (Seite 378–379) und beugen Sie möglichen Risiken vor, indem Sie mehr Gemüse grillen und häufiger pflanzliche Gerichte essen.

Fortgeschrittene Glykierungsendprodukte (AGE) sind natürliche Bestandteile tierischer Lebensmittel wie Steaks und Käse mit hohem Fettgehalt und treten bereits vor dem Kochen in großen Mengen auf. Bei unbearbeiteten pflanzlichen Lebensmitteln wie Obst und Getreide ist der AGE-Gehalt am niedrigsten. Die Verarbeitung – insbesondere bei hohen Temperaturen und durch trockene Garverfahren – führt hingegen in allen Lebensmitteln zur Bildung neuer AGE. Trockene Hitze fördert die Bildung von AGE lebensmittelübergreifend um das Hundertfache im Vergleich zu roher Nahrung. Zwar kommt beim Anblick einer gebräunten oder knusprigen Kruste wohl den meisten ein „Mmh, wie lecker!" in den Sinn, doch enthalten gebratene, geröstete und frittierte Speisen meist die höchsten Mengen an AGE. Bei der Verarbeitung hocherhitzter Nussprodukte (Erdnussbutter aus gerösteten Nüssen, geröstete Pekannüsse) und Getreideerzeugnisse (Kekse, Cerealien und Reiskräcker) können bei regelmäßigem Verzehr große Mengen zusammenkommen.

AGE fördern schwache chronische Entzündungen und oxidativen Stress (Seite 322). Oft gehen sie mit vielfachen Erkrankungen einher wie beispielsweise Grünem und Grauem Star, Alzheimer, Herz- und Nierenleiden und beschleunigter Alterung. Tierversuche zeigen, dass eine stark AGE-haltige Ernährung beginnende Diabetessymptome beschleunigt sowie Blutgefäße, Augen, Nieren und Nerven schädigt! Die gute Nachricht ist: Bei Tierstudien wurde nachgewiesen, dass schon eine AGE-Reduktion um 50 Prozent in der üblichen Nahrungsaufnahme sehr vorteilhaft sein kann. Eine kleine Studie mit gesunden übergewichtigen Australiern zeigte, dass sich durch eine Umstellung von einer AGE-hochlastigen auf eine AGE-geringlastige Ernährung die Insulinsensitivität der Teilnehmer verbesserte, d. h. die Wahrscheinlichkeit der Entstehung von Diabetes oder Herzkrankheiten fiel damit geringer aus. Eine Studie mit Teilnehmern, die bereits Diabetes Typ 2 hatten, fand heraus, dass sich bei einer anderen Kochmethode (Dämpfen statt Braten) die AGE-Aufnahme sogar schon bei einer einzigen gedämpften Mahlzeit im Vergleich zu einer AGE-hochlastigen Mahlzeit um über 80 Prozent reduzierte und die Funktion der Blutgefäße verbesserte. Speisen mit niedrigem AGE-Gehalt könnte vor allem für Diabetiker wichtig sein, denn bei Zuckerkrankheit werden mehr körpereigene Glykierungsendprodukte erzeugt.

Acrylamide bilden sich in kohlenhydratreichen Lebensmitteln, die bei hohen Temperaturen durch Frittieren, Rösten, Backen und Braten entstehen. Zum Beispiel wurden erhebliche Mengen in knusprigen Pommes frites, stark geröstetem Toast, Keksen, gerösteten Kaffeebohnen und fertig gekauften Cerealien festgestellt. Sogar Schokolade enthält Acrylamide, die beim Rösten der Kakaobohnen entstehen (einer der Gründe, weshalb ich vorzugsweise rohes Kakaopulver verwende). Je knuspriger und gebräunter das Essen ist, desto mehr Acrylamid enthält es meist auch.

Während die negative Wirkung von Acrylamid nicht übereinstimmend nachgewiesen ist und hauptsächlich aus Tierstudien abgeleitet wurde, gibt es zahlreiche Studien, die eine Verbindung zwischen einer hohen Acrylamid-Belastung und einem erhöhten Krebsrisiko herstellen, insbesondere bei der Entstehung von Eierstock- und Gebärmuttertumoren, Nieren- und Brustkarzinomen sowie Krebsarten im Mundbereich.

Da acrylamid-haltige Lebensmittel zu 40 Prozent den typisch amerikanischen Ernährungsstil bestimmen, konzentriert sich die Industrie vor allem darauf, die Schadstoffentstehung zu mindern, statt belastete Lebensmittel ganz aus dem Handel zu nehmen. Vitamin-C-reiche Beigaben wie Zitronensaft und Rosmarinextrakt können den Acrylamid-Gehalt kohlenhydrathaltiger Lebensmittel verringern, wie etwa bei meinen leckeren Zitronen-Ofenkartoffeln (Seite 82).

Was ist mit der Mikrowelle?
Einige beunruhigt der Gebrauch der Mikrowelle, jedoch ist wissenschaftlich bisher nicht eindeutig belegt, ob diese Kochmethode schädlich ist. Mich interessiert vor allem die Strahlenbelastung unserer modernen Lebenswelt insgesamt – man denke nur an Laptop, Handy, Funknetze oder Vielfliegen. In Bezug auf die Zurückhaltung von Nährstoffen besagen Studien, dass das Erwärmen von Mahlzeiten in der Mikrowelle einige Nährstoffe entzieht, teils aber auch erhält, weil die Garzeit kürzer und der Wasserverbrauch niedriger sind. Wenn Sie die Mikrowelle praktisch finden, achten Sie unbedingt darauf, hitzebeständiges Glas- oder Keramikgeschirr, nie aber Plastikbehälter oder aufliegende Plastikfolie zu verwenden.

Schadstoffe in Behältern und Kochgeschirr

Einige Haushaltsgifte können in Ihr Essen übergehen; Sie finden unten dafür drei Beispiele, wie Sie können Ihre Schadstoffaufnahme erheblich reduzieren, wenn Sie die Richtlinien in diesem Kochbuch befolgen.

Bisphenol A (BPA) wird zur Herstellung von transparenten und hitzebeständigen Polycarbonat-Kunststoffen verwendet, wie für Trinkflaschen, Messbecher und Aufbewahrungsbehälter. Auch die meisten Dosen haben eine entsprechende Rostschutzbeschichtung. Die Hauptsorge besteht darin, dass BPA ein bekannter „endokriner Disruptor" (ED) ist, d. h. es kann Hormone imitieren und verwandeln und damit das gesamte körpereigene Hormonsystem verändern.

Vielen Studien zufolge führt eine chronische BPA-Belastung – sogar in geringen Mengen – zu Brust- und Prostatakrebs, Übergewicht, Herzkrankheiten, Bluthochdruck und Diabetes. Während die langfristige Problematik nicht nachgewiesen ist, haben Wissenschaftler die Hersteller von Lebensmittelbehältern zur Verwendung von alternativen Materialien aufgerufen. Eine kleine im Fachmagazin *Environmental Health Perspectives* erschienene Studie ergab, dass der BPA-Anteil im Urin schon nach drei Tagen Umstellung auf Frischkost bei gleichzeitigem Verzicht auf Lebensmittel in Kunststoffverpackungen oder aus der Dose sinken kann.

Laut einer Studie an Frauen aus dem Jahr 2016, erschienen im Journal of Clinical Endocrinology & Metabolism, *scheint Sojanahrung im Rahmen einer In-vitro-Fertilisation (IVF) vor der fruchtbarkeitsschädigenden Wirkung von BPA zu schützen.*

Perfluoroctansäure (PFOA) wird freigesetzt, wenn handelsübliches Kochgeschirr mit Antihaftbeschichtung stark erhitzt wird (z. B. Teflon, obwohl dies nur eine bekannte Marke ist). PFOA ist ein weiterer endokriner Disruptor, der bei Menschen grippeähnliche Symptome auslösen kann. Während die Zahl der Humanstudien begrenzt ist, wurden bei Tieren mit PFOA-Belastung zahlreiche Gesundheitsprobleme ermittelt, darunter Unfruchtbarkeit, Immunschwäche, erhöhte Schilddrüsenhormonaktivität, Leberprobleme, Krebs und negative Auswirkungen im Hirn- und Nervensystem. PFOA wurde im Blut von 98 Prozent der amerikanischen Erwachsenen und bei 100 Prozent aller Neugeborenen festgestellt.

Studien mit Frauen im gebärfähigen Alter ergaben, dass es bei einem hohen PFOA-Anteil im Blut länger dauert, schwanger zu werden. Zwei neueren Studien zufolge, die von der Europäischen Behörde für Lebensmittelsicherheit (EBL) überprüft wurden, hatten Babys von Müttern mit PFOA-Belastung während der Schwangerschaft ein niedrigeres Geburtsgewicht. Eine dänische Studie zeigte, dass die Töchter von (während der Schwangerschaft) PFOA-belasteten Frauen im Alter von 20 Jahren ein dreifach höheres Übergewichtsrisiko hatten! Während diese Zusammenhänge stark alarmierend sind, bedarf es weiterer Studien, um die Folgen von PFOA im menschlichen Körper richtig zu verstehen.

Nicht nur Antihaftpfannen und -Backbleche können PFOA freisetzen. Wie viele synthetische Chemikalien kann PFOA aus verschiedenen Quellen stammen; dazu gehören Sandwich-Maker und beliebte Fleischgrills sowie Lebensmittelverpackungen. Reduzieren Sie deshalb Ihre Belastung durch Umstellung auf sicherere Kochgeschirre und Backformen (Seite 20).

Was ist mit Antihaft-Kochgeschirr der neuen Generation?
Viele neuere Marken werben mit dem Prädikat „PFOA-frei". Jedoch liegen keine unabhängigen wissenschaftlichen Daten zu diesen Produkten vor. Ihre langfristigen Gesundheitsfolgen werden noch wenig verstanden und sind schwer vorherzusagen.

Ein Beispiel dieser Art sind Produkte aus „Diamantkristallen", de facto aus Titanoxid. Dieser Typ Titanoxid scheint in Form von Nanopartikeln eingesetzt zu werden, so auch zunehmend in vielen Verbraucherprodukten einschließlich Sonnenschutzmitteln und Kosmetika. Jedoch wächst die Sorge, dass dadurch Lungen und Gehirn mit Giftstoffen belastet werden könnten.

Vorläufige Studien an Menschen mit Darmentzündung deuten darauf hin, dass durch die Nanopartikel bakterielle Endotoxine über die Darmschleimhäute in den Blutkreislauf gelangen könnten (leaky gut – „durchlässiger Darm"). Bis weitere Erkenntnisse aus der klinischen Humanforschung vorliegen, sollten Sie deshalb auf Nummer sicher gehen und in nachweislich sicheres Kochgeschirr investieren (Seite 20).

Phthalate sind chemisch hergestellte Weichmacher, die in verschiedenen Konsumgütern enthalten sind, also nicht nur als mögliche Verunreinigungen in Ihrem Essen. Sie werden zur Herstellung von flexiblen (sogar BPA-freien) Kunststoffen verwendet. Die meisten Kunststoffe sind phthalat-haltig, so auch Lebensmittelverpackungen, PVC-Belag und sogar Medizinprodukte. Zudem werden Weichmacher für Kosmetik- und Körperpflegeprodukte verwendet, einschließlich für Parfums, Seifen, Lotionen, Deos, Selbstbräunungsmittel, Haarsprays und Shampoos sowie Geschirrspülmittel und Duftspender, und werden in den Produktangaben jeweils als „Duftstoff" bzw. „parfümiert" kenntlich gemacht. Jedoch ist es oft schwierig nachzuweisen, ob Phthalate enthalten sind, denn sie müssen nicht genannt werden.

Weichmacher werden seit den 1940er-Jahren mit negativen Gesundheitsfolgen in Verbindung gebracht, insbesondere in Bezug auf die männlichen Fortpflanzungsorgane. Größtenteils wurde bisher aber nur an Tieren geforscht und die Ergebnisse sind nach wie vor widersprüchlich. Im menschlichen Körper scheinen Phthalate in der Lage zu sein, den zeitlichen Ablauf der Geburtswehen zu ändern, die Samenqualität zu reduzieren und sogar Endometriose hervorzurufen.

Eine Studie, veröffentlicht im Fachmagazin *Environmental Health*, fand heraus, dass ein typisch westlich gefütterter Säugling doppelt so viele Phthalate aufnimmt, als das von der US-Umweltschutzbehörde empfohlene Oberlimit! Fleisch (insbesondere Geflügel), Milch (Sahne und Käse), Speiseöle und Butterfett wurden hierbei übereinstimmend als primäre Nahrungszufuhr erkannt. Einige Phthalat-Arten werden besonders von Fett angezogen; d. h. sie gehen aus der Lager- und Produktverpackung in fettreiche Lebensmittel über.

Die Beseitigung sämtlicher Phthalate und anderer endokriner Disruptoren ist fast unmöglich. Jedoch können, so zeigen Studien, gesunde Veränderungen bei der Essensauswahl und Lagerung von Lebensmitteln in puncto Phthalat-Belastung etwas bewirken. In einer Modellstudie mit verschiedenen Ernährungsweisen zur Ermittlung der geringsten chemischen Schadstoffbelastung stellten US-Forscher fest, dass eine Ernährung mit viel Obst und Gemüse die niedrigsten Phthalat-Werte aufwies, wohingegen eine fleisch- und milchlastige Ernährung die höchsten Werte lieferte und für Säuglinge und Heranwachsende als unsicher eingestuft wurde.

Meine Empfehlung lautet: Verbannen Sie so viel Plastik wie möglich aus Ihrer Küche, prüfen Sie Ihre Körperpflegemittel auf das Wort „duftstofffrei" (gilt nicht für natürliche ätherische Öle) und ernähren Sie sich weitestgehend vegan mit mehr Frischkost statt mit länger haltbaren Fertiggerichten, die schon eine Weile im Supermarktregal gestanden haben (siehe Aufbewahrungstipps auf Seite 20). Hinweis: Phthalat sollten nicht mit Phthalid verwechselt werden – Letzteres ist ein vorteilhafter Nährstoff im Sellerie!

Hormone aus tierischen Lebensmitteln

Einige Wissenschaftler mahnen, bei der Bewertung der Gesamtauswirkung hormonähnlicher Stoffe auf unsere Gesundheit die Östrogenbelastung durch tierische Lebensmittel (Fleisch, Milch, Eier) ebenfalls zu bedenken. Das kann vor allem für sensible Gruppen wie Säuglinge und vorpubertäre Kinder relevant sein. Das Sexualhormon Östradiol (eines der wichtigsten natürlichen Östrogene) ist um das Zehntausendfache potenter als jedes synthetische Umweltöstrogen; deshalb wirkt schon eine kleine Menge.

Problematisch ist möglicherweise auch Kuhmilch. Milchkühe von heute geben bekanntlich eine Milch mit höherem Östrogen-Gehalt, denn sie werden fast die ganze Laktationsperiode hindurch trächtig gehalten! Inwiefern dies aber ein Risiko für die menschliche Gesundheit darstellt, ist umstritten. Eine japanische Forschergruppe hat den Kuhmilchkonsum vorpubertärer Kinder mit früh einsetzender Pubertät in Verbindung gebracht.

Während verschiedene Ernährungsweisen noch näher erforscht werden müssen, zeigen bereits einige Daten, dass der im Blut und Urin messbare Östrogenspiegel jüngerer Frauen, die sich überwiegend von wenig Fleisch ernähren, niedriger ist.

Lebensmitteletiketten richtig lesen

Während die meisten Zutaten in Ihrem Einkaufswagen aus der Frischkostabteilung kommen sollten, ist es wichtig zu wissen, worauf man beim Kauf von Lebensmitteln in Packungen, Dosen und Schachteln oder auch von einigen tierischen Produkten achten sollte, falls Sie auf Letztere nicht ganz verzichten wollen.

Tipps rund um den Etikettenjargon

Entscheiden Sie sich für:

- Fettarme Produkte mit weniger als 3 g Fett pro 100 g. (Dieser Richtwert gilt nicht für Nüsse, Samen, Avocado, vollwertige Pflanzennahrung, Fisch und Olivenöl extra vergine)
- Ballaststoffreiche Produkte mit mindestens 3 g Ballaststoffe pro Portion
- Salzarme Produkte mit weniger als 120 mg Natrium pro 100 g
- Zuckerarme Produkte mit weniger als 5 g Zucker pro 100 g
- Bio-Lebensmittel, die oben genannte Kriterien erfüllen

Produktspezifische Nährstoff-Richtwerte

OBST UND GEMÜSE:

- Saisonales Obst und Gemüse, vorzugsweise aus regionalem Anbau.
- Beim Kauf von Dosen- und Tiefkühlware auf Angaben wie „keine zusätzlichen Salze" und „ohne Zuckerzusatz" achten sowie auf eine BPA-freie Verpackung.

BROT, GETREIDE UND CEREALIEN:

- Vollkorn und niedriger GI-Wert.
- Mindestens 4 g Ballaststoffe pro Portion (vorzugsweise 7 g).
- Weniger als 400 mg Natrium pro 100 g.
- Weniger als 15 g Zuckerzusatz pro 100 g in Cerealien, sofern Zucker nicht nach Trockenfrüchten auf der Zutatenliste steht.

ÖLE UND AUFSTRICHE:

- Wählen Sie Speiseöle extra vergine, u. a. aus Oliven, Macadamianüssen, Avocado, Chiasamen.
- Vermeiden Sie chemisch raffinierte Öle wie Olivenöl light, Sonnenblumenkern: Raps- sowie Reiskleie-Öl.
- Geben Sie stark antioxidativen Vollwertaufstrichen wie frischer Avocado, Hummus, Baba Ganoush und Pasten aus naturbelassenen Nüssen den Vorzug gegenüber bearbeiteten gelben Streichfetten.
- Vermeiden Sie tierische oder bearbeitete Fette, die bei Zimmertemperatur fest erscheinen.

NÜSSE UND SAMEN:

- Alle ungesalzenen, rohen Nüsse und Samen, vorzugsweise mit Schale.
- Pasten und Cremes aus naturbelassenen (und nicht gerösteten) Nüssen und Samen.

MILCHPRODUKTE UND ALTERNATIVEN:

- Bei Kuh-, Ziegen- und Schafmilch weniger als 2 g Fett pro 100 g.
- Käse ist meist sehr fetthaltig und erfüllt die zuvor genannten Kriterien nicht; besser sind weiche, weiße und ungereifte Sorten (z. B. Ricotta) mit dem niedrigsten Anteil an gesättigten Fettsäuren und einem Natriumgehalt pro 100 g.
- Weniger als 10 g Zucker pro 100 g.
- Bei Milchalternativen mindestens 250 mg Kalzium pro $^1/_4$ l. Zusätzliches Vitamin B_{12} und D ist vorteilhaft.

FLEISCH UND GEFLÜGEL:

- Vermeiden Sie bearbeitetes Fleisch.
- Begrenzen Sie den wöchentlichen Konsum auf 455 g rotes Fleisch.
- Wählen Sie filetiertes Geflügelfleisch ohne Haut aus der Freilandzucht und vermeiden Sie stark gebräuntes und gegrilltes Geflügelfleisch.

HÜLSENFRÜCHTE UND FISCH:

- Hülsenfrüchte und Bohnen, getrocknet oder aus der Dose.
- Nachhaltig gezüchtete, kleinere Fischarten.
- Achten Sie auf „keine zusätzlichen Salze" und/oder BPA-freie Dosen.

SNACKS UND KNABBEREIEN:

- Auf Vollwertkostbasis.
- Energiegehalt weniger als 600 kJ (140 kcal) pro Portion (bei Gewichtsproblemen).
- Vermeiden Sie Transfettsäuren bzw. teilweise gehärtete Pflanzenöle.
- Suchen Sie nach Produkten mit einem niedrigen Anteil an gesättigten Fettsäuren, Zucker und Natrium und dem höchsten Gehalt an Ballaststoffen pro 100 g.

Empfehlenswerte Internetseiten

Mehr Health Food

Weiterführende Informationen, Links und Quellen rund um das Thema „Health Food" und zur Autorin gibt es unter www.foodasmedicine.cooking

Kochseminare der Autorin

Sue Radd bietet kulinarisch-medizinische Kochseminare als Kombination von Kochschule und Ernährungsworkshop an und vermittelt Grundzüge ihrer gesunden und genussvollen Küche. Dafür erhielt sie 2010 den Innovationspreis des Australischen Ernährungsberaterverbands. Mehr dazu unter www.sueradd.com

Infos zum Thema Ernährung in Deutschland

Bundesanstalt für Landwirtschaft und Ernährung (BLE)
www.ble.de

Bundeszentrum für Ernährung (BZfE)
www.bfze.de

Deutsche Gesellschaft für Ernährung e. V.
www.dge.de

Deutschlands Initiative für gesunde Ernährung und mehr Bewegung
www.in-form.de

Diätverband e. V.
www.diaetverband.de

Verbraucherzentralen der einzelnen Länder
www.verbraucherzentrale.de

Einkaufshilfen

Label-online.de
www.label-online.de

Essplorer-App der Verbraucherzentrale Baden-Württemberg
www.essplorer.de

REGISTER MIT REZEPTEN UND HAUPTZUTATEN

(Rezeptnamen fett hervorgehoben)

Dank

Es ist mir eine große Ehre, Kollegen und Geschäftspartner aus unterschiedlichsten Berufszweigen zu haben - von Pädagogen und Köchen bis hin zu Ernährungsberatern-, die der Überprüfung dieses Kochbuchs großzügig ihre Zeit geopfert und wertvolles Feedback geliefert haben (nachfolgend in alphabetischer Reihenfolge genannt): Carol Boehm, Lindsay Christian, Sibilla Johnson, Nicole Kellow APD, Dr. Grenville Kent, Dr. Robyn Pearce, Tricia Pokorny und Courtney Thornton APD.

Besonderer Dank geht an meine Familie und Freunde, vor allem an Dee Lazic, Angela Lazic, Linda Simpson, Sue Belosev, Nada Schmidt, Claudia Chakar, Nora Pertzel und Monic Saleh, die zu meinen Rezeptideen, Kochexperimenten, Dreharbeiten und Fotoshootings bedeutsam beigetragen haben.

Letzten Endes hätte ich dieses Projekt nicht verwirklichen können ohne die enthusiastische Unterstützung durch mein Personal und meine Klienten an der Klinik für Ernährung und Wohlbefinden in Sydney, die alle Rezepte bereitwillig getestet und nach persönlicher Auswahl gegessen haben. Ich freue mich sagen zu können, dass sie die Rezepte weiterhin zu Hause mit ihren Familien verwenden und gemeinsam genießen.

IMPRESSUM

© 2017 ZS Verlag GmbH
Kaiserstraße 14 b
D-80801 München
1. Auflage 2017

Die ZS Verlag GmbH ist ein Unternehmen
der Edel AG, Hamburg.
www.zsverlag.de
www.facebook.com/zsverlag

Text copyright © Sue Radd, 2016
Photography and design copyright © Signs Publishing, 2016

Projektleitung: Eva Dotterweich
Redaktionelle Mitarbeit: FSM Premedia GmbH
Übersetzung: FSM Premedia GmbH & Co. KG, Karin E. Weidlich
Lektorat: FSM Premedia GmbH & Co. KG, Birgit van der Avoort
Satz: FSM Premedia GmbH
Herstellung: Frank Jansen
Producing: Jan Russok
Druck: aprinta, Wemding
Bindung: m.appl, Wemding

Medizinischer Haftungsausschluss: Die in diesem Buch formulierten Gedanken, Konzepte und Meinungen dienen ausschließlich Informationszwecken. Der Verkauf und Vertrieb dieser Publikation erfolgt mit der Maßgabe, dass die Autoren und der Herausgeber keinerlei hausärztlich-internistische Patientenberatung geben. Weder ersetzt dieses Buch (a) eine kompetente Beratung durch einen medizinisch qualifizierten und zugelassenen Hausarzt noch (b) eine Diagnose, Medikamentenverordnung oder Behandlung von Erkrankungen oder Verletzungen. Vor und während der hierin empfohlenen Lebensstilveränderungen und -aktivitäten sollte stets ärztlicher Rat eingeholt werden, um Fragen im Zusammenhang mit einer Erkrankung professionell zu klären. Ärztlicher Rat sollte aufgrund einer aus diesem Buch herausgelesenen Information nicht missachtet bzw. hinausgeschoben werden. Die Autorin und der Herausgeber dieses Werks übernehmen keine Verantwortung und Haftung – weder als natürliche noch als juristische Person – für Verluste oder Schäden, die direkt oder indirekt durch Gebrauch, Anwendung oder Auslegung der Buchinhalte verursacht oder darauf zurückgeführt werden könnten.

ISBN 978-3-89883-701-9